今注本二十四史

南史

唐 李延壽 撰

趙凱 汪福寶 周群 主持校注

六

傳〔三〕

中國社會科學出版社

南史　卷二二

列傳第十二

王曇首　子僧綽　孫儉　曾孫騫　騫子規　騫弟睒　睒子承　訓
僧綽弟僧虔　僧虔子慈　慈子泰　慈弟志　志弟子筠　志弟彬　寂

　　王曇首，太保弘之弟也。幼有素尚，兄弟分財，曇
首唯取圖書而已。辟琅邪王大司馬屬。[1]從府公脩復洛
陽園陵，與從弟球俱詣宋武帝，帝曰:"並膏粱世德，乃
能屈志戎旅。"曇首答曰:"既從神武，[2]自使懦夫立
志。"時謝晦在坐，[3]曰:"仁者果有勇。"帝悦。及至彭
城，[4]大會戲馬臺，賦詩，曇首文先成。帝問弘曰:"卿
弟何如卿?"答曰:"若但如下官，門户何寄?"帝大笑。

　　[1]大司馬屬:官名。三公府各曹的屬吏。掾爲正、屬爲副，
掌諸曹事。
　　[2]既從神武:大德本、汲古閣本、殿本、百衲本同，中華本
據《宋書》卷六三《王曇首傳》補作"既從神武之師"。
　　[3]謝晦:字宣明，陳郡陽夏（今河南太康縣）人。任荊州刺
史，因挾重兵居藩鎮，爲朝廷所忌，遂擁兵作亂，兵敗被誅。本書

卷一九、《宋書》卷四四有傳。

　　[4]彭城：地名。在今江蘇徐州市。

　　曇首有智局，喜慍不見於色，閨門内雍雍如也。手不執金玉，婦女亦不得以爲飾玩。自非禄賜，一豪不受於人。[1]爲文帝鎮西長史，[2]武帝謂文帝曰：“曇首輔相才也，汝可每事諮之。” 及文帝被迎入奉大統，議者皆致疑，曇首與到彦之、從兄華並勸上行，[3]上猶未許。曇首固諫，[4]并言天人符應。上乃下，率府州文武嚴兵自衛，臺所遣百官衆力不得近部伍。[5]中兵參軍朱容子抱刀在平乘户外，[6]不解帶者累旬。及即位，謂曇首曰：“非宋昌獨見，[7]無以致此。” 以曇首爲侍中，領驍騎將軍，[8]容子爲右軍將軍。[9]誅徐羡之等及平謝晦，[10]皆曇首及華力也。

　　[1]豪：通“毫”。

　　[2]文帝：南朝宋文帝劉義隆。小字車兒，宋武帝第三子。時爲鎮西將軍、荆州刺史。本書卷二、《宋書》卷五有紀。　長史：官名。爲所在官署掾屬之長，故有元僚之稱。

　　[3]到彦之：字道豫，彭城武原（今江蘇邳州市）人。本書卷二五有傳。　華：王華。字子陵，琅邪臨沂（今山東臨沂市）人。本書卷二三、《宋書》卷六三有傳。

　　[4]諫：大德本、汲古閣本、殿本、百衲本同，中華本據《宋書》卷六三《王曇首傳》改作“陳”。

　　[5]臺：東晋、南朝謂朝廷禁省及中樞政權機構爲臺。故禁城稱臺城，禁軍稱臺軍等。

　　[6]平乘：大船。

[7]宋昌：西漢人，爲代王中尉，周勃等迎立，勸王無疑。代王即位，是爲漢文帝。事見《漢書》卷四《文帝紀》。按，此以宋昌喻王曇首。

[8]侍中，領驍騎將軍：侍中，官名。門下省長官。參預機密政務，掌規諫及賓贊威儀，乃至封駁、平省尚書奏事等。宋三品。驍騎將軍，官名。掌皇宮宿衛，領營兵。再以文職清望官（侍中）兼任，號稱"望實優顯"，文武配合，最爲美授（參見周一良《〈南齊書·丘靈鞠傳〉試釋兼論南朝文武官位及清濁》，《魏晉南北朝史論集》，中華書局 1963 年版，第 115 頁）。

[9]右軍將軍：官名。南朝掌宮禁宿衛。宋四品。

[10]徐羨之：字宗文，東海郯（今山東郯城縣）人。與劉裕一起起兵，宋武帝卒後，與謝晦、傅亮等廢黜少帝，迎立文帝，後爲文帝所誅。本書卷一五、《宋書》卷四三有傳。

元嘉四年，[1]車駕出北堂，使三更竟，開廣莫門。[2]南臺云"應須白獸幡、銀字棨"。[3]不肯開。尚書左丞羊玄保奏免御史中丞傅隆以下。[4]曇首曰："既無異敕，[5]又闕幡棨，雖稱上旨，不異單敕。[6]元嘉元年、二年，雖有再開門例，此乃前事之違。今之守舊，未爲非禮。其不請白獸幡、銀字棨，致開門不時，由尚書相承之失，亦合糾正。"上特無問，[7]更立科條。遷太子詹事，[8]侍中如故。

[1]元嘉：南朝宋文帝劉義隆年號（424—453）。

[2]廣莫門：城門名。建康都城的北門。

[3]白獸幡：即白虎幡，本書避唐高祖李淵祖父李虎諱改。有白虎圖像的旗。古代用作傳布朝廷政令的符信。　銀字棨（qǐ）：

出入宫闈、關津用的木製銀字符信。

[4]尚書左丞：官名。尚書臺佐貳之官，居尚書右丞上。輔助令、僕射總理臺事，並職掌糾察彈劾。宋六品。　羊玄保：泰山南城（今山東平邑縣）人。爲官不謀財利，治家儉樸。本書卷三六、《宋書》卷五四有傳。　御史中丞：官名。職掌監察、執法。南朝亦稱南司，其職雖重，世族名士多不樂爲之。宋四品。　傅隆：字伯祚，北地靈州（今寧夏吳忠市北武市）人，傅亮族兄。本書卷一五有附傳，《宋書》卷五五有傳。　以下：大德本、汲古閣本、殿本作“旨下”。中華本據《宋書》卷六三《王曇首傳》改作“以下”。底本不誤。

[5]異敕：大德本、汲古閣本、殿本、百衲本同，中華本據《宋書·王曇首傳》改作“墨敕”。按，作“墨敕”是。墨敕，由皇帝親筆書寫，不經外廷蓋印而直接下達的命令。

[6]單敕：大德本、汲古閣本、殿本、百衲本作“單刺”。《宋書·王曇首傳》亦作“單刺”。單刺，名刺，名片。

[7]上：大德本、殿本、百衲本同，汲古閣本作“土”。

[8]太子詹事：官名。總領東宮官屬、庶務，爲太子官屬之長。兩晋南北朝東宮位重，置官擬於朝廷，時號宮朝。常設重兵，故權任甚重，或參預朝政。宋三品。

自謝晦平後，上欲封曇首等，會讌集，舉酒勸之，因拊御牀曰：“此坐非卿兄弟，無復今日。”出詔以示之。曇首曰：“豈可因國之灾，以爲身幸。陛下雖欲私臣，當如直史何。”封事遂寢。

時弘録尚書事，[1]又爲揚州刺史。[2]曇首爲上所親委，任兼兩宮。彭城王義康與弘並録，[3]意常怏怏，又欲得揚州。以曇首居中分其權任，愈不悦。曇首固乞吴郡，文帝曰："豈有欲建大廈而遺其棟梁？賢兄比屢稱疾，固辭州任，將來若相申許，此處非卿而誰？"時弘久疾，屢遜位，不許。義康謂賓客曰："王公久疾不起，神州詎合臥臨？"曇首勸弘減府兵力之半，以配義康，乃悦。

[1]録尚書事：官名。魏晉南北朝多以公卿權重者居之，總領尚書省政務，位在三公上。又有録尚書六條事、關尚書七條事等。

[2]揚州刺史：官名。東晉、南朝時，往往由宰相兼領，其職權甚至重於尚書令和尚書僕射。

[3]彭城王義康：劉義康。宋武帝第四子。本書卷一三、《宋書》卷六八有傳。

七年卒，時年三十七。文帝臨慟，歎曰："王詹事所疾不救，國之衰也。"中書舍人周赳侍側曰：[1]"王家欲衰，賢者先殂。"上曰："直是我家衰耳。"贈光禄大夫。九年，以預誅徐羨之等謀，追封豫寧縣侯，[2]諡曰文。孝武即位，配饗文帝廟庭。子僧綽嗣。

[1]中書舍人：官名。中書省屬官。南朝諸帝引用寒門人士入直禁中，出納詔命，處理機密而權力漸重，架空了中書省長官（參見周一良《魏晉南北朝史札記》，中華書局1985年版，第146頁）。宋八品。　周赳：寒人，幸臣近習。參見本書卷七七《恩倖傳》。

[2]豫寧縣侯：封爵名。豫寧，縣名。治所在今江西武寧縣西。

僧綽幼有大成之度，眾便以國器許之。好學，練悉朝典。年十三，文帝引見，拜便流涕哽咽，上亦悲不自勝。襲封豫寧縣侯，尚文帝長女東陽獻公主。初爲江夏王義恭司徒參軍。[1]累遷尚書吏部郎，[2]參掌大選，究識流品，任舉咸盡其分。

[1]江夏王義恭：劉義恭。宋武帝第五子。本書卷一三、《宋書》卷六一有傳。　司徒參軍：官名。公府佐史。宋七品。

[2]尚書吏部郎：官名。尚書省吏部曹長官。主管官吏選任、銓叙、調動事務，對五品以下官吏任免有建議權。歷朝皆重其選，職位高於尚書省諸曹郎。宋五品。

　　僧綽深沈有局度，不以才能高人。父曇首與王華並被任遇，華子新建侯嗣，才劣位遇亦輕。僧綽嘗謂中書侍郎蔡興宗曰：[1]“弟名位與新建齊，[2]弟超至今日，蓋姻戚所致也。”遷侍中，時年二十九。始興王濬嘗問其年，[3]僧綽自嫌早達，逡巡良久乃答，其謙退若此。

[1]中書侍郎：官名。爲中書監、令之副，助監、令掌尚書奏事。宋五品。　蔡興宗：濟陽考城（今河南民權縣）人，蔡廓子。士族出身。本書卷二九、《宋書》卷五七有附傳。

[2]弟名位與新建齊：大德本、汲古閣本、殿本、百衲本同，中華本據《宋書》卷七一《王僧綽傳》補作“弟名位應與新建齊”。

[3]始興王濬：劉濬。字休明，宋文帝第二子。後與太子劉劭弑帝。本書卷一四、《宋書》卷九九有傳。濬，大德本、殿本、百衲本同，汲古閣本作“叡”。

　　元嘉末，文帝頗以後事爲念，大相付託，朝政大小皆參焉。從兄微，清介士也，懼其太盛，勸令損抑。僧綽乃求吳郡及廣州，並不許。會巫蠱事洩，[1]上先召僧綽具言之。及將廢立，使尋求前朝舊典。劭於東宮夜饗將士，僧綽密以啓聞。上又令撰漢、魏以來廢諸王故事送與江湛、徐湛之。[2]欲立隨王誕，[3]江湛欲立南平王鑠，文帝欲立建平王宏，議久不決。誕妃即湛之女，鑠妃湛妹也。僧綽曰："建立之事，仰由聖懷。臣謂惟宜速斷，幾事難密，[4]不可使難生慮表，[5]取笑千載。"上曰："卿可謂能斷大事，此事不可不殷勤；且庶人始亡，[6]人將謂我無復慈愛之道。"僧綽曰："恐千載之後，言陛下惟能裁弟，不能裁子。"[7]上默然。江湛出閤謂僧綽曰："卿向言將不傷直邪？"僧綽曰："弟亦恨君不直。"

[1]巫蠱事洩：太子劉劭、始興王劉濬與女巫嚴道育共爲巫蠱，詛咒宋文帝，元嘉二十九年（452）七月事發。詳見本書卷一四《宋宗室及諸王傳》、《宋書》卷九九《二凶傳》。

[2]江湛：字徽淵，本書避唐高祖李淵諱作"徽深"，濟陽考城（今河南民權縣）人。爲宋文帝起草廢太子劉劭詔書，被劉劭所殺。本書卷三六有附傳，《宋書》卷七一有傳。　徐湛之：字孝源，東海郯（今山東郯城縣）人，宋武帝外孫。以廢立事爲太子劉劭所害。本書卷一五有附傳，《宋書》卷七一有傳。

[3]欲立隨王誕：大德本、汲古閣本、殿本、百衲本同，中華本據《宋書》卷七一《王僧綽傳》補作"湛之欲立隨王誕"。

[4]難：大德本、汲古閣本、殿本、百衲本同，中華本據《宋書·王僧綽傳》改作"雖"。

[5]慮表：思慮不及之處。

[6]庶人：指劉義康。宋文帝元嘉二十二年免爲庶人，元嘉二

十八年被殺。

　　[7]子：大德本、汲古閣本、殿本、百衲本作“兒”。

　　及劭弒逆，江湛在尚書上省，[1]聞變，曰：“不用王
僧綽言至此。”劭立，轉僧綽吏部尚書。[2]及檢文帝巾箱
及湛家書疏，得僧綽所啓饗士并廢諸王事，乃收害焉，
因此陷北第諸侯王，以爲與僧綽有異志。孝武即位，追
贈金紫光禄大夫，謚曰愍侯。

　　[1]在：大德本、殿本、百衲本同，汲古閣本作“爲”。　尚
書上省：尚書省長官總辦公署。又稱尚書都省、尚書都坐、尚書都
堂。設在宮中。亦令諸曹尚書入直。
　　[2]吏部尚書：官名。尚書省吏部長官。掌官吏銓選、任免等
事務。東晉、南朝尚書中以吏部爲最貴。宋三品。《資治通鑑》卷
一一九《宋紀一》少帝景平元年胡三省注：“自晉以來，謂吏部尚
書爲大尚書，以其在諸曹之右，且其權任要重也。”

　　初，太社西空地，本吳時丁奉宅，[1]孫皓流徙其家。
江左初，爲周顗、蘇峻宅，[2]後爲袁悦宅，[3]又爲章武王
司馬秀宅，[4]皆以凶終；及給臧燾，[5]亦頻遇禍，故世稱
凶地。僧綽常謂宅無吉凶，請以爲第，始造，未及居而
敗。子儉。

　　[1]丁奉：字承淵，廬江安豐（今河南固始縣）人。三國吳將
領。坐事徙臨川卒。《三國志》卷五五有傳。
　　[2]周顗：字伯仁，汝南安成（今河南汝南縣）人。王敦之亂
時被害。《晉書》卷六九有傳。　蘇峻：字子高，長廣掖（今山東

萊州市）人。與祖約以討庾亮爲名舉兵，攻入建康。後爲溫嶠、陶侃等擊敗，被殺。《晋書》卷一〇〇有傳。

[3]袁悦：即袁悦之。陳郡陽夏（今河南太康縣）人。會稽王司馬道子部下。《晋書》卷七五有附傳。

[4]章武王司馬秀：東晋安帝義熙元年（405）五月，謀反被誅。事見《晋書》卷一〇《安帝紀》。

[5]臧燾：字德仁，東莞莒（今山東莒縣）人，宋武敬皇后兄。本書卷一八、《宋書》卷五五有傳。

儉字仲寶，生而僧綽遇害，爲叔父僧虔所養。數歲，[1]襲爵豫寧縣侯。拜受茅土，流涕嗚咽。幼篤學，手不釋卷。賓客或相稱美，僧虔曰：“我不患此兒無名，政恐名太盛耳。”[2]乃手書崔子玉《座右銘》以貽之。[3]丹楊尹袁粲聞其名，[4]及見之曰：“宰相之門也。栝柏豫章雖小，已有棟梁氣矣，終當任人家國事。”言之宋明帝，選尚陽羨公主，拜駙馬都尉。[5]帝以儉嫡母武康主同泰初巫蠱事，[6]不可以爲婦姑，欲開冢離葬。儉因人自陳，密以死請，故事不行。

[1]數：大德本、汲古閣本、百衲本同，殿本作“四”。

[2]政：通“正”。祗，僅僅。乃晋宋人常語。

[3]崔子玉：崔瑗。字子玉，涿郡安平（今河北安平縣）人。善文辭，工章草。《後漢書》卷五二有傳。　《座右銘》：載《文選》卷五六。　貽：大德本、殿本、百衲本同，汲古閣本作“遺”。

[4]丹楊尹：官名。京畿行政長官，屬於既機要又顯貴之職。宋三品。　袁粲：又名愍孫，字景倩，陳郡陽夏（今河南太康縣）人。宋明帝死，爲顧命大臣。順帝時，遷至中書監、司徒。時執政

蕭道成欲代宋自立，他與荆州刺史沈攸之等謀起兵誅道成，事泄被殺。本書卷二六有附傳，《宋書》卷八九有傳。

[5]駙馬都尉：官名。魏晋此職多以宗室外戚及功臣子孫擔任，或加尚公主者。至南朝梁、陳漸成定制，專加尚公主者。

[6]武康主：大德本、汲古閣本、殿本、百衲本同，中華本據《南齊書》卷二三《王儉傳》改作"武康公主"。馬宗霍《南史校證》云："按儉父僧綽尚宋文帝長女東陽獻公主，與巫蠱事有連，此以爲武康主，《南齊書》本傳同。王鳴盛疑武康誤，錢大昕謂：'當是始封武康進封東陽也。'余謂錢説近是。"（湖南教育出版社2008年版，第392頁）　　泰：大德本、汲古閣本、百衲本同，殿本作"太"。

年十八，解褐秘書郎，[1]太子舍人，[2]超遷秘書丞。[3]依《七略》撰《七志》四十卷，[4]表獻之。又撰定《元徽四部書目》。[5]母憂，服闋，爲司徒右長史。晋令，公府長史著朝服，宋大明以來著朱衣。儉上言宜復舊制，時議不許。及蒼梧暴虐，[6]儉告袁粲求外出，引晋新安主壻王獻之任吳興爲例，補義興太守。[7]

[1]秘書郎：官名。典校書籍。南朝以來爲清流美職，多爲世家甲族子弟起家之選。宋六品。

[2]太子舍人：官名。東宫屬官。掌文章書記。宋七品。

[3]秘書丞：官名。爲秘書監之副。負責典籍圖書的管理和整理校定。南朝以來尤爲清選。宋六品。

[4]《七略》：西漢劉歆編撰。是中國第一部目録學著作。原書已佚，但《七略》概貌，基本上保存在《漢書·藝文志》。

[5]《元徽四部書目》：《隋書·經籍志二》史部簿録類著録王儉撰《宋元徽元年四部書目録》四卷。

[6]蒼梧：劉昱。即宋後廢帝。字德融，被廢，追封蒼梧郡王。本書卷三、《宋書》卷九有紀。

[7]義興：郡名。治陽羨縣，在今江蘇宜興市。

昇明二年，[1]爲長兼侍中，[2]以父終此職，固讓。先是，齊高帝爲相，欲引時賢參讚大業，時謝朏爲長史，[3]帝夜召朏，却人與語久之，朏無言。唯有二小兒捉燭，帝慮朏難之，仍取燭遣兒，朏又無言，帝又呼左右。[4]儉素知帝雄異，後請間言於帝曰："公高不賞，[5]古來非一，以公平日位地，[6]欲北面居人臣，可乎？"帝正色裁之，而神采内和。儉因又曰：[7]"儉蒙公公殊眄，[8]所以吐所難吐，何賜拒之深。宋以景和、元徽之淫虐，[9]非公豈復寧濟；但人情澆薄，不能持久，公若小復推遷，則人望去矣，豈唯大業永淪，七尺豈可得保？"帝笑曰："卿言不無理。"儉又曰："公今名位，故是經常宰相，宜禮絶群后，[10]微示變革。當先令褚公知之，[11]儉請銜命。"帝曰："我當自往。"經少日，帝自造彦回，款言移晷，[12]乃謂曰："我夢應得官。"彦回曰："今授始爾，恐一二年間未容便移。且吉夢未必便在旦夕。"帝還告儉，儉曰："褚是未達理。"虞整時爲中書舍人，甚閑辭翰，儉乃自報整，使作詔。及高帝爲太尉，引儉爲右長史，尋轉左，專見任用。大典將行，禮儀詔策，皆出於儉，褚彦回唯爲詔，[13]又使儉參懷定之。

[1]昇明：南朝宋順帝劉準年號（477—479）。
[2]長兼：官制術語。原指長期兼任某職，後發展爲一種任官

形式。秩位低於正員，可由此升爲正員，亦可由正員降此。自太尉、侍中、御史中尉至行參軍皆可設。錢大昕《廿二史考異》卷三六云："長兼者，未正授之稱。"

[3]謝朏：字敬沖，陳郡陽夏（今河南太康縣）人，謝莊子。本書卷二○有附傳，《梁書》卷一五有傳。

[4]又：大德本、汲古閣本、殿本、百衲本作"乃"。

[5]公：大德本、汲古閣本、殿本、百衲本作"功"。底本誤，應據諸本改。

[6]平：大德本、汲古閣本、殿本、百衲本作"今"。

[7]曰：大德本、殿本、百衲本同，汲古閣本作"言"。

[8]蒙公公：大德本、汲古閣本、殿本、百衲本作"蒙公"。底本誤衍"公"字，應據諸本删。

[9]景和：南朝宋前廢帝劉子業年號（465）。　元徽：南朝宋後廢帝劉昱年號（473—477）。

[10]群后：泛指公卿大臣。

[11]褚公：褚淵。字彥回，下文稱褚彥回，避唐高祖李淵諱以字行。河南陽翟（今河南禹州市）人。宋明帝泰豫元年（472），受帝遺命，與尚書令袁粲同輔蒼梧王（後廢帝）。後參與蕭道成代宋的活動。本書卷二八有附傳，《南齊書》卷二三有傳。

[12]聟：大德本、殿本、百衲本同，汲古閣本作"咎"。

[13]褚彥回唯爲詔：大德本、汲古閣本、殿本、百衲本同，中華本據《南齊書》卷二三《王儉傳》、《通志》卷一三七補作"褚彥回唯爲禪詔"。

齊臺建，遷尚書右僕射，[1]領吏部，[2]時年二十八。多所引進。時客有姓譚者，詣儉求官，儉謂曰："齊桓滅譚，那得有君？"答曰："譚子奔莒，所以有僕。"儉賞其善據，卒得職焉。高帝嘗從容謂儉曰："我今日當以青溪爲鴻溝。"[3]對曰:"天應人順,庶無楚、漢之事。"

[1]尚書右僕射:官名。尚書省次官,與尚書令同居宰相之任。位次左僕射,輔助尚書令執行政務,參議大政,諫諍得失,監察糾彈百官,還可封還詔旨,受命主管官吏選舉。右,汲古閣本、百衲本同,大德本、殿本作"左"。據《南齊書》卷二三《王儉傳》,作"右"是。

[2]領:官制術語。暫攝之意。

[3]青溪:水名。發源於今江蘇南京市鍾山西南,屈曲穿過今南京市區流入秦淮河,長十餘里。六朝時爲京師防守要地,溪上置柵。亦是六朝京都漕運要道。

時朝儀草創,衣服制則,未有定準,儉議曰:"漢景六年,梁王入朝,中郎謁者金貂出入殿門。左司《魏都賦》云'藹藹列侍,金貂齊光',[1]此藩國侍臣有貂之明文。晉《百官表》云'太尉參軍四人,朝服武冠',此又宰府之明文。"又疑百僚敬齊公之禮,儉又曰:"晉王受命,勸進云,'沖等眷眷',稱名則應盡禮。"而世子禮秩未定,[2]儉又曰:"《春秋》曹世子來朝,待以上公之禮,下其君一等。今齊公九命,禮冠列蕃,世子亦宜異數。"並從之。世子鎮石頭城,[3]仍以爲世子宮,儉又曰:"魯有靈光殿,[4]漢之前例也。聽事爲崇光殿,外齋爲宣德殿,以散騎常侍張緒爲世子詹事,[5]車服悉依東宮制度。"

[1]左司:大德本、汲古閣本、殿本、百衲本作"左思"。底本誤,應據諸本改。

　　[2]世子：帝王和諸侯的嫡長子。

　　[3]石頭城：城名。在今江蘇南京市清涼山。六朝時，江流緊迫山麓，城負山面江，南臨秦淮河口，當交通要衝，爲建康軍事重鎮。

　　[4]魯有靈光殿：西漢景帝子魯恭王所建的宮殿。在今山東曲阜市東。

　　[5]張緒：字思曼，吳郡吳（今江蘇蘇州市）人。本書卷三一有附傳，《南齊書》卷三三有傳。

　　高帝踐阼，[1]與儉議佐命功臣，從容謂曰：“卿謀謨之功，莫與爲二，卿止二千户，意以爲少。趙充國猶能自舉西零之任，[2]況卿與我情期異常。”儉曰：“昔宋祖創業，佐命褚公，[3]開國不過二千，以臣比之，唯覺超越。”上又曰：[4]“張良辭侯，何以過此。”

　　[1]踐阼：即位，登基。

　　[2]西零：中華本校勘記云：“‘西零’《漢書·趙充國傳》作‘先零’。錢大昕《廿二史考異》：西零即先零，西、先聲相近。”

　　[3]褚：大德本、汲古閣本、殿本、百衲本作“諸”。底本誤，應據諸本改。

　　[4]又：大德本、汲古閣本、殿本、百衲本作“笑”。

　　建元元年，[1]改封南昌縣公。時都下訛雜，且多姦盜，上欲立符伍，[2]家家以相檢括。儉諫曰：“京師翼翼，四方是湊，必也持符，於事既煩，理成不曠，謝安所謂‘不爾何以爲京師’。”乃止。是歲，有司奏定郊殷之禮，儉以爲宜以今年十月殷祭宗廟，自此以後，五年再殷祭。^[3]二年正月上辛，^[4]有事南郊，^[5]即以其日還祭明堂；^[6]又用次辛饗祀北郊，^[7]而並無配。從之。明年轉左僕射，領選如故。

[1]建元：南朝齊高帝蕭道成年號（479—482）。

[2]符伍：古制，居民五家，共同簽具一份連保連坐契約以相檢束，稱爲符伍。

[3]殷祭：盛大的祭典。指三年一次的祖廟大祭（祫）及五年一次合祭諸祖神主的大祭（禘）。

[4]上辛：農曆每月上旬的辛日。

[5]南郊：都邑之外謂之郊。古代帝王祭天於南郊。

[6]明堂：古代帝王宣明政教的地方。凡朝會、祭祀、慶賞、選士、養老、教學等大典，都在此舉行。

[7]北郊：古代帝王祭地於北郊。

初，宋明帝紫極殿珠簾綺柱，飾以金玉，江左所未有，高帝欲以其材起宣陽門，^[1]儉與褚彦回及叔父僧虔連名表諫，上手詔酬納。宋世，宮門外六門城設竹籬，是年初，有發白武樽言“曰門三重門，竹籬穿不完”。^[2]上感其言，改立都牆。^[3]儉又諫，上答曰：“吾欲後世無以加也。”朝廷初基，制度草創，儉問無不決。上歎曰：^[4]“《詩》云‘惟岳降神，生甫及申’，^[5]今天爲我生儉也。”其年固請解選，見許。

[1]宣陽門：城門名。六朝都城建康的南面正門，前臨御道，東晉起稱宣陽門，又稱白門。在今江蘇南京市淮海路一帶。

[2]白武樽：即白虎樽。本書避唐高祖李淵祖父李虎諱改。古

代一種獎勸直言者的蓋上有白虎圖像的酒器。《宋書·禮志一》："正旦元會，設白虎樽於殿庭，樽蓋上施白虎，若有能獻直言者，則發此樽飲酒……欲令言者猛如虎，無所忌憚也。" 曰：大德本、汲古閣本、殿本、百衲本作"白"。底本誤，應據諸本改。

[3]改立都牆：建康都城的城牆原來用竹籬圍成，此次改作夯土壘築，外包城磚。

[4]歎：大德本、汲古閣本、殿本、百衲本作"每"。《南齊書》卷二三《王儉傳》亦作"歎"。

[5]惟岳降神，生甫及申：語出《詩·大雅·崧高》。甫，國名。讀爲呂。故城在今河南南陽市西。國君姓姜。申，國名。故城在今河南南陽市北。國君也姓姜。此二句言嵩山有神下降，生呂侯和申侯。

　　帝幸樂遊宴集，[1]謂儉曰："卿好音樂，孰與朕同？"儉曰："沐浴唐風，事兼比屋，亦既在齊，不知肉味。"[2]帝稱善。後幸華林宴集，[3]使各效伎藝。褚彥回彈琵琶，王僧虔、柳世隆彈琴，[4]沈季文歌《子夜來》，[5]張敬兒舞。[6]儉曰："臣無所解，[7]唯知誦書。"因跪上前誦相如《封禪書》。上笑曰："此盛德之事，吾何以堪之。"後上使陸澄誦《孝經》，[8]起自"仲尼居"，儉曰："澄所謂博而寡要。臣請誦之。"乃誦《君子之事上章》。上曰："善，張子布更覺非奇也。"[9]於是王敬則脫朝服袒，[10]以絳糾髻，奮臂拍張，[11]叫動左右。上不悅曰："豈聞三公如此。"答曰："臣以拍張，故得三公，不可忘拍張。"時以爲名答。

　　[1]樂遊：樂遊苑。南朝宋置，又名北苑。在今江蘇南京市玄

武湖南岸九華山南。

[2]亦既在齊，不知肉味：《論語·述而》："子在齊聞《韶》，三月不知肉味，曰：'不圖爲樂之至於斯也。'"王儉借用《論語》表達愛好音樂，並且孔子在齊，我亦在齊朝。一語雙關。

[3]華林：園名。前身是三國吳宮苑，東晉仿洛陽園名，改爲華林園。南朝宋文帝元嘉間進行了大規模的擴建。在今江蘇南京市雞鳴寺南古臺城内。

[4]柳世隆：字彦緒，河東解（今山西臨猗縣）人，柳元景侄。本書卷三八有附傳，《南齊書》卷二四有傳。

[5]沈季文：大德本、汲古閣本、殿本、百衲本作"沈文季"。按，作"沈文季"是。沈文季，字仲達，吳興武康（今浙江德清縣）人。本書卷三七有附傳，《南齊書》卷四四有傳。

[6]張敬兒：南陽冠軍（今河南鄧州市）人。後以功高位重，爲齊武帝所疑，被殺。本書卷四五、《南齊書》卷二五有傳。

[7]解：精於，擅長。

[8]陸澄：字彦淵，本書避唐祖李淵諱作"彦深"，吳郡吳（今江蘇蘇州市）人。本書卷四八、《南齊書》卷三九有傳。

[9]張子布：張昭。字子布，彭城（今江蘇徐州市）人。三國吳大臣。《三國志》卷五二有傳。

[10]王敬則：臨淮射陽（今江蘇寶應縣）人，僑居晋陵南沙（今江蘇常熟市）。以屠狗爲業，母爲女巫。齊國建立，歷任重職，官至開府儀同三司。齊明帝嗣位，疑忌舊臣，多殺害，敬則憂懼，遂起兵反，敗死。本書卷四五、《南齊書》卷二六有傳。

[11]拍張：古代武術雜技的一種。

儉尋以本官領太子詹事，加兵三百人。時皇太子妃薨，左衛將軍沈文季經爲宮臣，未詳服不。儉議曰："漢、魏以來，宮僚先備臣隸之節，具體在三。存既盡敬，亡豈無服？昔庾翼喪妻，[1]王允、滕含猶謂府吏宜有小君之服，[2]況臣節之重。宜依舊君之妻齋衰三月而除。"[3]上崩，遺詔以儉爲侍中、尚書令、鎮軍。[4]每上朝，令史恒有三五十人隨上，[5]諸事辯析，未嘗壅滯。褚彥回時爲司徒、録尚書，笑謂儉曰："觀令判斷甚樂。"儉曰："所以得厝私懷，寔由稟明公不言之化。"武帝即位，給班劍二十人，[6]進號衛將軍，[7]掌選事。時有司以前代嗣位，或仍前郊年，或別爲郊始，晋、宋以來，未有畫一。儉議曰："晋明帝太寧三年南郊，[8]其年九月崩；[9]成帝即位，明年改元，亦郊。簡文咸安三年南郊，[10]其年七月崩；孝武即位，明年改元，亦郊。宋元嘉三十年正月南郊，二月崩；孝武嗣位，明年亦郊。此二代明例，差可依放。今聖明係業，幽顯宅心，言化則頻郊非嫌，語事則元號初改，禋燎登配，孝敬兼遂。謂明年正月宜饗禮二郊，虞祭明堂。[11]自兹以後，依舊間歲。"有司又以明年正月上辛應南郊，而立春在上辛後，郊在立春前爲疑。儉曰："宋景平元年正月三日辛丑南郊，其月十一日立春，元嘉十六年正月六日辛未南郊，其月八日立春，此近世明例也。"並從之。

[1]庾翼：字稚恭，潁川鄢陵（今河南鄢陵縣）人，庾亮弟。《晋書》卷七三有附傳。

[2]小君：諸侯之妻。

[3]宜依舊君之妻齋衰三月而除：大德本"齋"作"齋"，汲古閣本、殿本、百衲本作"齊"，餘同。中華本據《南齊書·禮志》補作"宜依禮爲舊君之妻齊衰三月而除"。

[4]尚書令：官名。南朝爲尚書省長官。綜理全國政務，參議大政。　鎮軍：官名。鎮軍將軍省稱。主要爲中央軍職。宋三品。齊官品不詳。

[5]三五十：大德本、殿本、百衲本同，汲古閣本作“三十五”。

[6]班劍：飾有花紋的木劍。漢制，朝服帶劍。至晋代之以木，謂之班劍，虎賁持之，用作儀仗，是皇帝對王公大臣的一種恩賜。

[7]衛將軍：官名。南朝多作爲軍府名號以加授大臣或重要州郡長官。宋二品。齊官品不詳。

[8]太寧：東晋明帝司馬紹年號（323—325）。

[9]其年九月崩：中華本校勘記云：“《晋書·明帝紀》，明帝死於太寧三年閏八月，非九月。”

[10]咸安：東晋簡文帝司馬昱年號（371—372）。　三年：大德本、汲古閣本、殿本、百衲本同，中華本據《晋書·簡文帝紀》《南齊書·禮志》改作“二年”。按，咸安無三年，應改作“二年”。

[11]饗禮二郊，虞祭明堂：大德本、汲古閣本、殿本、百衲本同，中華本改作“饗祀二郊，虔祭明堂”，其校勘記云：“‘饗祀’‘虔祭’各本作‘饗禮’‘虞祭’。王鳴盛《十七史商榷》六〇：‘明堂安得稱“虞祭”？疑當作“虔祭”。’按二郊亦當稱‘饗祀’，今並據《南齊書·禮志》改正。”

永明二年，[1]領丹楊尹。三年，領國子祭酒，[2]又領太子少傅。[3]舊太子敬二傅同，至是朝議接少傅以賓友禮。宋時國學頹廢，未暇脩復，宋明帝泰始六年，置總明觀以集學士，[4]或謂之東觀，置東觀祭酒一人，總明訪舉郎二人；儒、玄、文、史四科，科置學士十人，其餘令史以下各有差。是歲，以國學既立，省總明觀，於儉宅開學士館，以總明四部書充之。又詔儉以家爲府。四年，以本官領吏部。先是宋孝武好文章，天下悉以文采相尚，莫以專經爲業。儉弱年便留意《三禮》，[5]尤善《春秋》，發言吐論，造次必於儒敎，由是衣冠翕然，並尚經學，儒敎於此大興。何承天《禮論》三百卷，[6]儉抄爲八帙，[7]又別抄條目爲十三卷。朝儀舊典，晉、宋來施行故事，撰次諳憶，無遺漏者。所以當朝理事，斷決如流。每博議引證，先儒罕有其例，八坐丞郎，無能異者。令史諮事，賓客滿席，儉應接銓序，傍無留滯。十日一還，監試諸生，巾卷在庭，[8]劍衞令史，儀容甚盛。作解散幘，斜插簪，朝野慕之，相與放效。儉常謂人曰“江左風流宰相，惟有謝安”，蓋自況也。武帝深委仗之，士流選用，奏無不可。

[1]永明：南朝齊武帝蕭賾年號（483—493）。

[2]國子祭酒：官名。晉武帝始立國子學，置國子祭酒等，以敎生徒。南朝齊國學祭酒，位比諸曹尚書。

[3]太子少傅：官名。與太子太傅並稱太子二傅。掌輔佐太子。南朝皆置詹事，二傅不領官屬庶務。宋三品。齊官品不詳。

[4]總明觀：國立學校名。宋明帝以國學廢，立總明觀，隸太常。設總明觀祭酒一人。分玄、儒、文、史四科。齊沿置，武帝永明三年（485）國學建，省。

[5]《三禮》：儒家經典《儀禮》《周禮》《禮記》的合稱。南北朝時，三禮學特盛。

[6]何承天：東海郯（今山東郯城縣）人。通曆法，考定《元嘉曆》。本書卷三三、《宋書》卷六四有傳。

[7]帙（zhì）：書套。一帙相當於後來綫裝書的一函。

[8]巾卷在庭：巾爲巾箱，卷爲書卷，而巾卷連文用以指士人
（參見周一良《魏晉南北朝史札記》，第229頁）。

　　五年，儉即本號開府儀同三司，[1]固讓。六年，重
申前命。先是詔儉三日一還朝，尚書令史出諮事，[2]上
以往來煩數，詔儉還尚書下省，[3]月聽十日出外。儉啓
求解選，上不許。七年，乃上表固請，見許，改領中書
監，[4]參掌選事。其年疾，上親臨視。薨，年四十八。[5]
詔衛軍文武及臺所給兵仗，悉停侍葬。又詔追贈太尉，
加羽葆、鼓吹，[6]增班劍爲六十人，葬禮依太宰文簡公
褚彥回故事。謚文憲公。

[1]開府儀同三司：官名。爲大臣加號，指禮制、待遇與三公
相同，許開設府署，自辟僚屬。係給非三公官員以三公待遇。
　　[2]尚書令史出諮事：大德本、汲古閣本、殿本、百衲本同，
中華本據《南齊書》卷二三《王儉傳》改作“尚書令史出外諮
事”。
　　[3]尚書下省：又稱尚書下舍。魏晉南北朝諸曹尚書辦公之署，
爲當時處理日常政務的主要場所。因設在宮禁中，故亦常令輔政大
臣入直。
　　[4]中書監：官名。與中書令共爲中書省長官，唯入朝時班次
略高於令。典尚書奏事，掌朝政機密，草擬及發布詔令。南朝時多
用作重臣加官。宋三品。齊官品不詳。
　　[5]年四十八：大德本、汲古閣本、百衲本同，殿本、中華本
作“年三十八”。張元濟《南史校勘記》：“查《二凶傳》，元嘉三十
年改太初元年，是年僧綽遇害。自元嘉二十九年至永明七年，恰三
十八年。”《南齊書·王儉傳》亦云“年三十八”。

[6]羽葆：古時葬禮儀仗的一種。羽葆，用鳥羽裝飾的車蓋。葆，蓋。　鼓吹：演奏鼓吹樂的樂隊。皇帝賜予臣下的一種禮遇。

儉寡嗜慾，唯以經國爲務，車服塵素，家無遺財。手筆典裁，爲當時所重。少便有宰臣之志，賦詩云："稷契匡虞夏，伊吕翼商周。"及生子，字曰玄成，取仍世作相之義。撰《古今喪服集記》并文集，[1]並行於世。梁武帝受禪，詔爲儉立碑，降爵爲侯。

[1]撰《古今喪服集記》并文集：《隋書·經籍志一》經部禮類著録齊太尉王儉撰《喪服古今集記》三卷。《隋書·經籍志四》集部別集類著録齊太尉《王儉集》五十一卷。

儉弟遜，宋昇明中爲丹楊丞，[1]告劉彦節事，[2]不蒙封賞。建元初，爲晋陵太守，[3]有怨言。儉慮爲禍，因褚彦回啓聞，中丞陸澄依事舉奏。詔以儉竭誠佐命，特降刑書宥遜，遠徙永嘉郡，[4]於道伏誅。

[1]丹楊丞：官名。東晋、南朝置，丹陽尹屬官。宋八品。
[2]劉彦節：劉秉。字彦節，本書避唐高祖李淵父李昞諱以字行，宋武帝中弟劉道憐孫，以宗室居顯職。時蕭道成輔政，秉密與袁粲等謀舉兵誅道成，事敗被殺。本書卷一三、《宋書》卷五一有附傳。
[3]晋陵：郡名。治晋陵縣，在今江蘇常州市。
[4]永嘉：郡名。治永寧縣，在今浙江温州市。

長子騫嗣。

騫字思寂，本字玄成，與齊高帝偏諱同，故改焉。性凝簡，慕樂廣爲人，[1]未嘗言人之短。諸女子姪皆嬪王尚主，朔望來歸，輜軿填咽，非所欲也，敕歲中不過一再見。[2]嘗從容謂諸子曰：“吾家本素族，[3]自可依流平進，不須苟求也。”歷黃門郎、司徒右長史。[4]不事產業，有舊墅在鍾山八十餘頃，[5]與諸宅及故舊共佃之。常謂人曰：“我不如鄭公業有田四百頃，[6]而食常不周。”以此爲愧。永元末，[7]召爲侍中，不拜。三年春，枉矢書見西方，[8]長十餘丈。騫曰：“此除舊布新之象也。”及梁武起兵，騫曰：“天時人事，其在此乎。”梁武霸府建，引爲大司馬諮議參軍，[9]遷侍中。及帝受禪，降封爲侯。歷位度支尚書，[10]中書令。[11]武帝於鍾山西造大愛敬寺，騫舊墅在寺側者，即王導賜田也。帝遣主書宣旨，[12]就騫市之，欲以施寺。答云：“此田不賣；若敕取，則不敢言。”[13]酬對又脫略。帝怒，遂付市平田價，[14]以直逼還之。由是忤旨，出爲吳興太守。[15]

[1]樂廣：字彥輔，南陽淯陽（今河南南陽市）人。善清言，與王衍並名重於時。《晉書》卷四三有傳。

[2]再：大德本、汲古閣同，殿本、百衲本作“稱”。

[3]素族：兩晉南北朝間凡稱“素”者都沒有貶低的意思，有時與宗室或公侯貴顯相對而言，有時就是士族的異稱（參見唐長孺《魏晉南北朝史論拾遺》，中華書局1983年版，第249頁）。

[4]黃門郎：官名。黃門侍郎省稱。門下省次官，與侍中俱掌門下衆事，位頗重要。宋五品。齊官品不詳。　司徒右長史：官名。左、右長史皆爲司徒府僚屬之長，位次左高右低，共同佐司徒

掌各曹等府事。宋六品。齊官品不詳。

　　[5]墅：南朝時大地主田莊稱墅，亦稱別墅或別業。

　　[6]鄭公業：鄭泰。字公業，河南開封（今河南開封市）人，鄭渾兄。事見《三國志》卷一六《魏書·鄭渾傳》及裴松之注。

　　[7]永元：南朝齊東昏侯蕭寶卷年號（499—501）。元，大德本、殿本、百衲本同，汲古閣本作"嘉"。

　　[8]枉矢：星名。《史記·天官書》："枉矢，類大流星，蚎行而倉黑，望之如有毛羽然。"

　　[9]諮議參軍：官名。王公軍府屬官。掌顧問諫議。其位在列曹參軍上。

　　[10]度支尚書：官名。尚書省度支曹長官。掌土地、戶口、財賦等。宋三品。梁十三班。即唐代的户部尚書。

　　[11]中書令：官名。中書省長官之一。典尚書奏事，掌朝政機密，出納詔命。南朝時中書令清閑無事，多用作重臣加官。宋三品。梁十三班。

　　[12]主書：官名。主書令史省稱。晋置，掌管文書。南朝尚書、中書、秘書等省皆置，爲一種低級辦事員吏。

　　[13]則：大德本、汲古閣本、殿本、百衲本作"所"。

　　[14]平：大德本、汲古閣本、殿本、百衲本作"評"。

　　[15]吳興：郡名。治烏程縣，在今浙江湖州市。

　　騫性侈於味而儉於服，頗以多忌爲累。又惰於接物，雖主書宣敕，或過時不見。才望不及弟暕，特以儉之嫡，故不棄於時。暕爲尚書左丞僕射，當朝用事，騫自中書令爲郡，邑邑不樂，在郡臥不視事。徵復爲度支尚書，加給事中，[1]領射聲校尉。[2]以母憂去職。普通三年卒，[3]年四十九。贈侍中、金紫光禄大夫，[4]謚曰安。子規。

[1]給事中：官名。南朝隸集書省，常侍從皇帝左右，獻納得失，收發文書。宋五品。梁四班。

[2]射聲校尉：官名。南朝爲侍衛武官，隸中領軍（領軍將軍），用以安置勳舊武臣。宋四品。梁七班。

[3]普通：南朝梁武帝蕭衍年號（520—527）。

[4]金紫光禄大夫：官名。指光禄大夫加賜金章紫綬者。宋二品。梁十四班。

　　規字威明，八歲丁所生母憂，居喪有至性。齊太尉徐孝嗣每見必爲流涕，稱曰"孝童"。叔父暕亦深器重之，常曰："此兒吾家千里駒也。"年十二，略通《五經》大義。及長，遂博涉有口辯。爲本州迎主簿。[1]起家秘書郎，累遷太子洗馬。[2]

[1]迎主簿：官名。南朝宋、梁置。爲州屬官。掌迎接新任長官諸事，多由長官挑選有孝行或文學之士擔任。

[2]太子洗馬：官名。東宮屬官。掌文翰。梁六班。《梁書》卷四九《庾於陵傳》："舊事，東宮官屬，通爲清選，洗馬掌文翰，尤其清者。近世用人，皆取甲族有才望。"

　　天監十二年，[1]改造太極殿畢，規獻《新殿賦》，其辭甚工。後爲晋安王綱雲麾諮議參軍，[2]久之，爲新安太守。[3]父憂去職，服闋，襲封南昌縣侯。除中書黃門侍郎，敕與陳郡殷芸、琅邪王錫、范陽張緬同侍東宮，[4]俱爲昭明太子所禮。[5]湘東王繹時爲丹楊尹，[6]與朝士宴集，屬規爲酒令。規從容曰："江左以來，未有兹舉。"特進蕭琛、金紫光禄大夫傅昭在坐，[7]並謂爲知言。朱异嘗因酒卿規，^[8]規責以無禮。

[1]天監：南朝梁武帝蕭衍年號（502—519）。

[2]晋安王綱：蕭綱。即梁簡文帝。字世讚，梁武帝第三子。本書卷八、《梁書》卷四有紀。

[3]新安：郡名。治始新縣，在今浙江淳安縣西北。現已没入千島湖。

[4]陳郡殷芸：中華本校勘記云：“‘殷芸’《梁書》作‘殷鈞’，《册府元龜》二六〇、七〇八、八〇七並同《梁書》。”馬宗霍《南史校證》云：“殷鈞、殷芸俱陳郡長平人，俱爲東宫學士，故其名互出，《梁書》鈞、芸各自爲傳，《南史》於《殷鈞傳》下附宗人芸。”（第392頁）

[5]昭明太子：蕭統。字德施，梁武帝長子。編輯《文選》三十卷（唐李善注《文選》，分爲六十卷），是流傳至今最早的詩文選集。本書卷五三、《梁書》卷八有傳。

[6]湘東王繹：蕭繹。即梁元帝。字世誠，梁武帝第七子。本書卷八、《梁書》卷五有紀。

[7]特進：官名。魏晋南北朝成爲正式加官名號，用以安置閑退大臣，位在三公下。宋二品。梁十五班。　蕭琛：字彦瑜，南蘭陵（今江蘇常州市武進區）人，蕭惠開從子。本書卷一八有附傳，《梁書》卷二六有傳。　傅昭：字茂遠，北地靈州（今寧夏吳忠市北武市）人。本書卷六〇、《梁書》卷二六有傳。

[8]朱异：字彦和，吳郡錢唐（今浙江杭州市）人。梁武帝寵臣，掌機密三十餘年。本書卷六二、《梁書》卷三八有傳。

普通初，陳慶之北侵，陷洛陽，百僚稱慶。^[1]規退曰：“可弔也，又何賀焉。道家有云：非爲功難，成功難也。昔桓温得而復失，宋武竟無成功。我孤軍無援，深入寇境，將爲亂階。"俄見覆没。

[1]陳慶之：字子雲，義興國山（今江蘇宜興市）人。本書卷六一、《梁書》卷三二有傳。

六年，武帝於文德殿餞廣州刺史元景隆，[1]詔群臣賦詩，同用五十韻。規援筆立奏，其文又美，武帝嘉焉，即日授侍中。後爲晉安王長史。王立爲太子，仍爲散騎常侍、太子中庶子，[2]侍東宮。太子賜以所服貂蟬，并降令書，悦是舉也。尋爲吳郡太守，[3]主書芮珍宗家在吳，前守宰皆傾意附之。至是珍宗假還，規遇之甚薄，珍宗還都，密奏規不理郡事。俄徵爲左户尚書。[4]郡境千餘人詣闕請留，表三奏不許。求於郡樹碑，許之。

[1]元景隆：北魏宗室。隨父降梁。《梁書》卷三九有附傳。
[2]散騎常侍：官名。東晉時參掌機密，選望甚重，職任比於侍中。南朝以後隸屬集書省，掌管圖書文翰。地位驟降，用人漸輕。宋三品。梁十二班。　太子中庶子：官名。東宮屬官。掌侍從、奏事、諫議等。宋五品。梁十一班。
[3]吳郡：郡名。治吳縣，在今江蘇蘇州市。
[4]左户尚書：官名。即左民尚書，唐人避太宗李世民諱改。五曹尚書之一。掌户籍和工官之事。宋三品。梁十三班。

規常以門宗貴盛，恒思減退。後爲太子中庶子，領步兵校尉，[1]辭疾不拜，遂於鍾山宋熙寺築室居焉。卒，贈光禄大夫，謚曰文。皇太子出臨哭，與湘東王繹令曰："王威明風韻遒上，神峰摽映，千里絶迹，百尺無枝，實俊人也。一爾過隙，永歸長夜，金刀掩芒，長淮絶涸。去歲冬中，已傷劉子，今兹寒孟，復悼王生。俱往之傷，信非虚説。"規集《後漢》衆家異同，注《續漢書》二百卷。文集二十卷。

[1]步兵校尉：官名。南朝爲侍衞武官，隸中領軍（領軍將軍），用以安置勳舊武臣。宋四品。梁七班。

子褒，魏尅江陵，入長安。[1]

[1]褒：王褒。字子淵。《周書》卷四一、《北史》卷八三有傳。

暕字思晦，騫弟也。年數歲而風神警拔，有成人之度。時父儉作宰相，賓客盈門，見暕曰："公才公望，復在此矣。"弱冠選尚淮南長公主，拜駙馬都尉，歷秘書丞。齊明帝詔求異士，[1]始安王遥光薦暕及東海王僧孺，[2]除暕騎從事中郎，[3]天監中，歷位侍中，吏部尚書，領國子祭酒。門貴，與物隔，不能留心寒素，頗稱刻薄。後爲尚書左僕射，領國子祭酒。卒，謚曰靖。子承、訓，並通顯。[4]

[1]異：大德本、汲古閣本、百衲本同，殿本作"選"。
[2]始安王遥光：蕭遥光。字元暉，齊明帝之侄。本書卷四一

有傳，《南齊書》卷四五有附傳。　王僧孺：東海郯（今山東郯城縣）人。藏書萬餘卷，與沈約、任昉爲當時三大藏書家。本書卷五九、《梁書》卷三三有傳。

[3]除暕騎從事中郎：大德本、汲古閣本、殿本、百衲本同，中華本據《梁書》卷二一《王暕傳》補作"除暕驃騎從事中郎"。應從補。從事中郎，官名。東晉、南朝公府置。僅次於長史、司馬。其職依時依府而異，或主吏，或分掌諸曹，或掌機密，或參謀議，地位較高。

[4]子承、訓：大德本、殿本同，汲古閣本、百衲本作"子承、幼、訓"。《梁書·王暕傳》云"有四子，訓、承、穉、訏，並通顯"。

　　承字安期，初爲秘書郎，累遷中書黃門侍郎，兼國子博士。[1]時膏腴貴遊，咸以文學相尚，罕以經術爲業；唯承獨好儒業。遷長兼侍中，俄轉國子祭酒。承祖儉父暕皆爲此職，三世爲國師，前代未之有。久之，出爲東陽太守。[2]政存寬惠，吏人悦之。卒郡，諡曰章。

[1]兼：官制術語。即以本官兼任。　國子博士：官名。掌教授國子學生學業，並備政治咨詢及參與祭典的顧問。梁九班。
[2]東陽：郡名。治長山縣，在今浙江金華市。

　　承性簡貴，有風格。右衛朱异當朝用事，每休下，車馬填門。有魏郡申英者，門寒才俊，好危言高論以忤權右。嘗指异門曰："此中輻湊，皆爲利往，能不至者，唯大小王東陽耳。"小東陽即承弟幼也。[1]時唯承兄弟及褚翔不至异門，[2]世並稱之。

　　[1]幼：大德本、汲古閣本、百衲本同，殿本作“穉”。按，本名“穉”，避唐高宗李治諱改作“幼”。

　　[2]褚翔：字世舉，河南陽翟（今河南禹州市）人，褚淵曾孫。官至吏部尚書。本書卷二八有附傳，《梁書》卷四一有傳。

　　訓字懷範，生而紫胞，師媼云“法當貴”。幼聰警，有識量，僧正惠超見而奇之，[1]謂門人羅智國曰：“四郎眉目疏朗，舉動和韻，此是興門户者。”智國以白暕，暕亦曰：“不墜基業，其在文殊。”文殊，訓小字也。年十三，暕亡，憂毀，家人莫識。十六召見文德殿，應對爽徹，上目送之久，[2]謂朱异曰：“可謂相門有相。”初補國子生，問説師袁昂。[3]昂曰：“久籍高名，有勞虚想，及觀容止，若披雲霧。”俄而諸袁子弟來，昂謂諸助教曰：“我兒出十數，若有一子如此，實無所恨。”射策，除秘書郎，累遷秘書丞。嘗詩云：[4]“旦奭匡世功，蕭曹佐甿俗。”[5]追祖儉之志也。

　　[1]僧正：掌管佛教事務之僧官。

　　[2]之久：大德本、汲古閣本、殿本、百衲本同，中華本據《册府元龜》卷二〇四改作“久之”。

　　[3]袁昂：字千里，陳郡陽夏（今河南太康縣）人。在朝正直敢言，世號宗臣。本書卷二六有附傳，《梁書》卷三一有傳。

　　[4]嘗詩云：大德本、汲古閣本、殿本、百衲本同，中華本據《通志》卷一四〇補作“嘗賦詩云”。

　　[5]旦奭（shì）匡世功，蕭曹佐甿俗：旦，周公旦。佐周武王伐紂滅商。奭，召公奭。西周開國重臣。蕭，蕭何。沛郡豐邑（今江蘇豐縣）人。秦末從劉邦起兵，劉邦稱帝後，論功第一。任相

國，封鄧侯。《史記》卷五三有世家，《漢書》卷三九有傳。曹，曹參。沛（今江蘇沛縣）人。秦時爲獄掾，後從劉邦起兵。漢高祖六年（前 201），封平陽侯。《史記》卷五四有世家、《漢書》卷三九有傳。

後拜侍中，入見武帝。帝問何敬容曰：[1]“褚彥回年幾爲宰相？”敬容曰：“少過三十。”上曰：“今之王訓，無謝彥回。”訓美容儀，善進止，文章爲後進領袖。年二十六，卒，謚溫子。

[1]何敬容：字國禮，廬江灊（今安徽霍山縣）人。歷官吏部尚書、尚書令。侯景之亂時卒。本書卷三〇有附傳，《梁書》卷三七有傳。

僧虔，金紫光禄大夫僧綽弟也。父曇首，與兄弟集會子孫，任其戲適。僧達跳下地作彪子。[1]時僧虔累十二博棋，既不墜落，亦不重作。僧綽採蠟燭珠爲鳳皇，僧達奪取打壞，亦復不惜。伯父弘歎曰：“僧達俊爽，當不減人；然亡吾家者，終此子也。僧虔必至公，僧綽當以名義見美。”或云僧虔採燭珠爲鳳皇，弘稱其長者云。僧虔弱冠，雅善隸書，宋文帝見其書素扇，歎曰：“非唯迹逾子敬，[2]方當器雅過之。”爲太子舍人，退默少交接。與袁淑、謝莊善，[3]淑每歎之曰：“卿文情鴻麗，學解深拔，而韜光潛實，物莫之窺，雖魏陽元之射，[4]王汝南之騎，[5]無以加焉。”遷司徒左西屬。[6]

[1]彪：《資治通鑑》卷一三五《齊紀一》武帝永明元年作“虎”，本書避唐高祖李淵祖父李虎諱改。

[2]子敬：王獻之。字子敬，琅邪臨沂（今山東臨沂市）人，王羲之子。《晋書》卷八〇有附傳。

[3]袁淑：字陽源，陳郡陽夏（今河南太康縣）人。歷任宣城太守、尚書吏部郎、御史中丞、太子左衛率。太子劉劭將弑宋文帝，不從被殺。本書卷二六有附傳，《宋書》卷七〇有傳。　謝莊：字希逸，陳郡陽夏（今河南太康縣）人，謝弘微子。本書卷二〇有附傳，《宋書》卷八五有傳。

[4]魏陽元：魏舒。字陽元，任城樊（今山東濟寧市兖州區）人。《晋書》卷四一有傳。

[5]王汝南：即王湛。字處冲，太原晋陽（今山西太原市）人。任汝南內史，又稱王汝南。《晋書》卷七五有傳。

[6]司徒左西屬：官名。司徒府僚屬，掌左西曹。多以文史之士充任。梁八班。陳六品，秩四百石。

兄僧綽爲宋元凶所害，親賓咸勸之逃，僧虔泣曰：“吾兄奉國以忠貞，撫我以慈愛，今日之事，苦不見及耳。若同歸九泉，猶羽化也。”孝武初，出爲武陵太守，[1]攜諸子姪。兄子儉中塗得病，僧虔爲廢寢食，同行客慰喻之。僧虔曰：“昔馬援子姪之間，[2]一情不異，鄧攸於弟子，[3]更逾所生，吾實懷其心，誠未異古。亡兄之胤，不宜忽諸，若此兒不救，便當回舟謝職。”還爲中書郎，再遷太子中庶子。

[1]武陵：郡名。治臨沅縣，在今湖南常德市。

[2]昔馬援子姪之間：大德本、汲古閣本、殿本、百衲本同，

中華本據《南齊書》卷三三《王僧虔傳》補作"昔馬援處子姪之間"。馬援，字文淵，扶風茂陵（今陝西興平市）人。《後漢書》卷二四有傳。

[3]鄧攸：字伯道，平陽襄陵（今山西臨汾市）人。晉懷帝永嘉末南逃時，棄子存姪。《晉書》卷九〇有傳。

　　孝武欲擅書名，僧虔不敢顯迹，大明世常用掘筆書，[1]以此見容。後爲御史中丞，領驍騎將軍。甲族由來多不居憲臺，王氏分枝居烏衣者，位宦微減。僧虔爲此官，乃曰："此是烏衣諸郎坐處，我亦可試爲耳。"[2]泰始中，[3]爲吳興太守。始王獻之善書，爲吳興郡，及僧虔工書，又爲郡，論者稱之。

　　[1]大明：南朝宋孝武帝劉駿年號（457—464）。　掘筆：禿筆。掘，通"拙"。
　　[2]此是烏衣諸郎坐處，我亦可試爲耳：高敏《南北史掇瑣》云："此段文字，反映出王氏如此高門世族，在蕭齊時其分支已有淪落之象，何況其他高門世族子弟乎？"（中州古籍出版社2003年版，第122頁）
　　[3]泰始：南朝宋明帝劉彧年號（465—471）。

　　徙會稽太守。[1]中書舍人阮佃夫家在東，[2]請假歸，客勸僧虔以佃夫要幸，宜加禮接。僧虔曰："我立身有素，豈能曲意此輩；彼若見惡，當拂衣去耳。"佃夫言於宋明帝，使御史中丞孫瓊奏僧虔，坐免官。尋以白衣領侍中。[3]

[1]會稽：郡名。治山陰縣，在今浙江紹興市。

[2]阮佃夫：會稽諸暨（今浙江諸暨市）人。臺小史出身，幸臣近習。本書卷七七、《宋書》卷九四有傳。

[3]白衣領侍中：免職留用。官員因失誤削除官職，或以白衣守、領原職，是一種對官員的處罰方式。

元徽中，爲吏部尚書，尋加散騎常侍，轉右僕射。昇明二年，爲尚書令。嘗爲飛白書題尚書省壁曰：[1]"圓行方止，物之定質，脩之不已則溢，高之不已則慄，馳之不已則躓，引之不已則迭，是故去之宜疾。"當時嗟賞，以比《座右銘》。兄子儉每覲見，輒勗以前言往行、忠貞止足之道。

[1]飛白書：一種書體。據説像用掃帚寫的字。

雅好文史，解音律，以朝廷禮樂，多違正典，人間競造新聲。時齊高帝輔政，僧虔上表請正聲樂，高帝乃使侍中蕭惠基調正清商音律。[1]

[1]蕭惠基：南蘭陵（今江蘇常州市武進區）人。善隸書、弈棋，解音律。官至太常。本書卷一八有附傳，《南齊書》卷四六有傳。

齊受命，轉侍中、丹楊尹。郡縣獄相承有上湯殺囚，[1]僧虔上言："湯本救疾，而實行冤暴，若罪必入重，自有正刑，若去惡宜疾，則應先啓，豈有死生大命，而潜制下邑。”上納其言而止。

[1]上湯殺囚：《資治通鑑》卷一三五《齊紀一》高帝建元二年胡三省注：“因囚有時行瘟疫宜汗，遂上湯以蒸殺之。”乃當時暴政之一，王僧虔奏去之，仁術也。

文惠太子鎮雍州，[1]有盜發古冢者，相傳云是楚王冢，大獲寶物：玉履、玉屏風、竹簡書、青絲綸。簡廣數分，長二尺，皮節如新。有得十餘簡以示僧虔，云是科斗書《考工記》，[2]《周官》所闕文也。[3]

[1]文惠太子：蕭長懋。字雲喬，齊武帝長子。本書卷四四、《南齊書》卷二一有傳。　雍州：僑州名。治襄陽縣，在今湖北襄陽市。

[2]科斗書：篆字手寫體的俗稱。　《考工記》：一卷。記秦以前百工之事。

[3]《周官》：即《周禮》。

高帝素善書，篤好不已，與僧虔賭書畢，[1]謂曰：“誰爲第一?”對曰：“臣書第一，陛下亦第一。”帝笑曰：“卿可謂善自爲謀。”或云帝問：“我書何如卿?”答曰：“臣正書第一，草書第二；陛下草書第二，而正書第三。臣無第三，陛下無第一。”帝大笑曰：“卿善爲辭；然天下有道，丘不與易也。”[2]帝示僧虔古迹十一卷，就求能書人名。僧虔得人間所有卷中所無者：吳大皇帝、景帝、歸命侯書，桓玄書，及王丞相導、領軍洽、中書令珉、張芝、索靖、衛伯儒、張翼十一卷，[3]奏之。又上王欣所撰《能書人名》一卷。[4]遷湘州刺史，[5]侍中如故。清簡不營財産，百姓安之。

[1]賭書：比賽書法的優劣。

[2]天下有道，丘不與易也：語出《論語·微子》。

[3]洽：王洽。字敬和，王導子。王僧虔曾祖。《晋書》卷六五有附傳。　珉：王泯。字季琰，王洽子。《晋書》卷六五有附傳。

張芝：東漢末酒泉（今甘肅酒泉市）人。善草書，當時稱爲草聖。與鍾繇並稱鍾、張。　索靖：字幼安，敦煌（今甘肅敦煌市）人。與衛瓘俱以草書知名。《晋書》卷六〇有傳。　衛伯儒：衛覬。字伯儒，河東安邑（今山西夏縣）人。《三國志》卷二一有傳。張翼：東晋下邳（今江蘇睢寧縣）人。官至東海太守，善隸草。參見《宣和書譜》卷七。

[4]王欣：大德本、汲古閣本、殿本、百衲本作“羊欣”。按，底本誤，應據諸本改。羊欣，字敬元，泰山南城（今山東平邑縣）人。善隸書。本書卷三六、《宋書》卷六二有傳。

[5]湘州：州名。治臨湖縣，在今湖南長沙市。

　　武帝即位，以風疾欲陳解，遷侍中、左光禄大夫、開府儀同三司。[1]僧虔少時，群從並會，客有相之云：“僧虔年位最高，仕當至公，餘人莫及。”及此授，僧虔謂兄子儉曰：“汝任重於朝，行當有八命之禮，我若復此授，一門有二台司，[2]實所畏懼。”乃固辭，上優而許之。客問其故，僧虔曰：“吾榮位已過，無以報國，豈容更受高爵，方貽官謗邪。”儉既爲朝宰，起長梁齋，制度小過，僧虔視之不悦，竟不入户。儉即日毀之。永明三年薨，時年六十。追贈司空，侍中如故。謚簡穆。

[1]左光禄大夫：官名。作爲在朝顯職的加官，以示優崇。其地位在光禄大夫之上。

[2]台司：指三公等宰輔大臣。

僧虔頗解星文，夜坐見豫章分野當有事故，[1]時僧虔子慈爲豫章内史，慮有公事；少時而僧虔薨，棄郡奔赴。時有前將軍陳天福，坐討唐寓之於錢唐掠奪百姓財物棄市。[2]先是天福將行，令家人豫作壽冢，未至東，又信催速就。冢成而得罪，因以葬焉。又宋世光禄大夫劉鎮之年三十許，病篤，已辦凶具；既而疾愈，因畜棺以爲壽，九十餘乃亡，此器方用。因此而言，天道未易知也。

[1]豫章：郡名。治南昌縣，在今江西南昌市。　分野：古代星象家把天象星次與地面上各地域相對應配合，稱作分野。如云某星宿爲某州國的分野或某地是某星宿的分野。

[2]唐寓之於錢唐掠奪百姓財物：指齊武帝永明三年（485）至四年，唐寓之領導的“却籍”暴動。參見《南齊書》卷三四《虞玩之傳》、卷四四《沈文季傳》等。

僧虔論書云：“宋文帝書，自言可比王子敬。時議者云‘天然勝羊欣，功夫少於欣’。[1]王平南廙，[2]右軍叔，[3]過江，右軍之前以爲最。亡曾祖領軍，[4]右軍云：‘弟書遂不減吾。’變古制，今惟右軍。領軍不爾，至今

猶法鍾、張。[5]亡從祖中書令書，子敬云：'弟書如騎
騾，騄騄恒欲度驊騮前。'庾征西翼書，[6]少時與右軍齊
名，右軍後進，庾猶不分。[7]在荆州與都下人書云：'小
兒輩賤家雞，皆學逸少書，須吾下當比之。'張翼，王
右軍自書表，晋穆帝令翼寫題後答，右軍當時不別，久
後方悟，云'小人幾欲亂真'。張芝、索靖、韋誕、鍾
會、二衛，[8]並得名前代，無以辨其優劣，唯見其筆力
驚異耳。[9]張澄當時亦呼有意。[10]郗愔章草亞於右軍。[11]
郗嘉賓草亞於二王，[12]緊媚其父。[13]桓玄自謂右軍之流，
論者以比孔琳之。[14]謝安亦入能書録，亦自重，爲子敬
書嵇康詩。羊欣書見重一時，親受子敬。行書尤善，正
乃不稱名。孔琳之書，天然縱放，極有筆力，規矩恐在
羊欣後。丘道護與羊欣俱面受子敬，故當在欣後。范曅
與蕭思話同師羊欣，[15]後小叛，既失故步，爲復小有意
耳。蕭思話書，羊欣之影，風流趨好，殆當不減，筆力
恨弱。謝綜書，[16]其舅云緊生起。是得賞也，[17]恨少媚
好。謝靈運書乃不倫，[18]遇其合時，[19]亦得入流。賀道
力書亞丘道護。庾昕學右軍，[20]亦欲亂真矣。"

[1]天然：自然，當與魏晋玄學崇尚自然有關。　功夫：規矩，
法度。書法需要繼承的成分較多，從而"功夫"顯得重要。

[2]王平南廙：王廙。字世將，王導從弟。曾任平南將軍。
《晋書》卷七六有傳。

[3]右軍：指王羲之。官右軍將軍。《晋書》卷八〇有傳。

[4]亡曾祖領軍：大德本、汲古閣本、殿本、百衲本同，中華
本據《南齊書》卷三三《王僧虔傳》補作"亡曾祖領軍書"。

[5]"變古制"至"至今猶法鍾、張"：丁福林《南齊書校議》云："乃謂若非右軍、領軍變古形而制今體，則至今學書者猶法鍾、張之書也。"（中華書局 2010 年版，第 229 頁）

[6]庾征西翼：庾翼。見前注。

[7]分：當從《法書要録》作"念"，意爲佩服（參見周一良《魏晉南北朝史札記》，第 244 頁）。

[8]韋誕：字仲將，京兆（今陝西西安市）人。書法家。事見《三國志》卷二一《魏書·劉劭傳》。　二衛：西晉衛覬、衛瓘父子。參見《宣和書譜》卷一三。

[9]筆力：指書作的陽剛之美。

[10]張澄：字國明，吳郡（今江蘇蘇州市）人。晋光禄大夫。參見《法書要録》卷五。

[11]郗愔：字方回，高平金鄉（今山東嘉祥縣）人，郗鑒子。《晋書》卷六七有附傳。

[12]郗嘉賓：郗超。字景興，一字嘉賓，郗愔子。《晋書》卷六七有附傳。

[13]緊媚其父：大德本、汲古閣本、殿本、百衲本同，中華本據《册府元龜》卷八六一、《法書要録》補作"緊媚過其父"。媚，指書作柔順可人。

[14]孔琳之：會稽山陰（今浙江紹興市）人。善草隸。本書卷二七、《宋書》卷五六有傳。

[15]范曄：字蔚宗，順陽（今河南淅川縣）人。本書卷三三有附傳，《宋書》卷六九有傳。　蕭思話：南蘭陵（今江蘇常州市武進區）人。本書卷一八、《宋書》卷七八有傳。

[16]謝綜：陳郡陽夏（今河南太康縣）人，謝述子。善隸書。與舅氏范曄等以牽涉彭城王劉義康事，被誅。本書卷一九有附傳。

[17]其舅云緊生起。是得賞也：《法書要録》作"其舅云：緊潔生起，實爲得賞。至不重羊欣，欣亦憚之。書法有力"。

[18]不倫：謂不平衡。

[19]合：義同"佳"。

[20]庾昕：中華本校勘記云："'庾昕'《法書要録》作'康昕'。"

僧虔嘗自書讓尚書令表，辭制既雅，筆迹又麗，時人以比子敬《崇賢》。吳郡顧寶先卓越多奇，自以伎能，僧虔乃作飛白以示之。寶先曰："下官今爲飛白屈矣。"僧虔著《書賦》，儉爲注序甚工。

僧虔宗世嘗有書誡子曰：[1]

[1]宗：大德本、汲古閣本、殿本、百衲本作"宋"。底本誤，應據諸本改。

知汝恨吾未許汝學，欲自悔厲，或以闔棺自欺，[1]或更擇美業，且得有慨，亦慰窮生。但亟聞斯唱，未覩其實，吾未信汝，非徒然也。往年有意於史，取《三國志》聚置牀頭，百日許，復徙業就玄。汝曾未窺其題目，未辨其指歸，而終日自欺人，[2]人不受汝欺也。由吾不學，無以爲訓，然重華無嚴父，放勛無令子，[3]亦各由己耳。汝輩竊議，亦當云'阿越不學，何忽自課'？汝見其一耳，不全爾也。設令吾學如馬、鄭，[4]亦復甚勝，復倍不如，今亦必大減，致之有由，從身上來也。汝今壯年，自勤數倍，許勝劣及吾耳。

[1]或以闔棺自欺：中華本校勘記云："張森楷《南史校勘記》：

'"欺",《南齊書》作"期",於誼較長。'按嚴可均《全齊文》作
'期'。"

　[2]而終日自欺人：中華本校勘記云："'自'字《南齊書》《冊
府元龜》八一七並無。"

　[3]然重華無嚴父，放勛無令子：重華，即虞舜。放勛，即帝
堯。事見《史記》卷一《五帝本紀》。

　[4]馬、鄭：東漢馬融、鄭玄，二人皆爲經學大師。馬融，字
季長，扶風茂陵（今陝西興平市）人。《後漢書》卷六〇上有傳。
鄭玄，字康成，北海高密（今山東高密市）人。《後漢書》卷三五
有傳。

　　吾在世雖乏德素，要復推排人間十許年，[1]故
是一舊物，人或以比數汝耳。[2]即化之後，若自無
調度，[3]誰復知汝事者。[4]舍中亦有少負令譽、弱冠
越超清級者，于時王家門中，優者龍鳳，劣猶武
豹。[5]失蔭之後，豈龍武之議？況吾不能爲汝蔭，
政應各自努力耳。或有身經三公，蔑爾無聞，布衣
寒素，卿相屈體，[6]父子貴賤殊，兄弟聲名異，何
也？體盡讀數百卷書耳。吾今悔無所及，欲以前車
誡爾後乘也。汝年入立境，方應從宦，兼有室累，
何處復得下帷如王郎時邪？各爾身已切，[7]豈復關
吾邪！鬼唯知愛深松茂柏，寧知子弟毀譽事。因汝
有感，故略叙胷懷。

　[1]要復推排人間十許年：大德本、汲古閣本、殿本、百衲本
同，中華本據《南齊書》卷三三《王僧虔傳》補作"要復推排人
間數十許年"。推排，活動。

[2]比數：重視。

[3]調度：即能力之意。

[4]知：管理照料。

[5]武豹：大德本、汲古閣本、殿本、百衲本作“虎豹”。本書避唐祖李淵祖父李虎諱改。下“龍武”同，不再出注。

[6]卿：大德本、汲古閣本、殿本、百衲本作“輕”。中華本據《南齊書·王僧虔傳》、《册府元龜》卷八一七、《通志》卷一三七改作“卿”。按，底本不誤。

[7]各爾身已切：大德本、汲古閣本、殿本、百衲本同，中華本據《南齊書·王僧虔傳》補作“各在爾身已切”。

　　子慈。

　　慈字伯寶。年八歲，外祖宋太宰江夏王義恭迎之内齋，施寶物恣所取，慈取素琴石硯及《孝子圖》而已，義恭善之。袁淑見其幼時，撫其背曰：“叔慈内潤也。”

　　少與從弟儉共學書。[1]謝鳳子超宗嘗候僧虔，[2]仍往東齋詣慈。慈正學書，未即放筆，超宗曰：“卿書何如虔公？”慈曰：“慈書比大人，如雞之比鳳。”超宗狼狽而退。十歲時，與蔡興宗子約入寺禮佛，正遇沙門懺，約戲慈曰：“衆僧今日可謂虔虔。”慈應聲曰：“卿如此，何以興蔡氏之宗。”歷位吳郡太守，大司馬長史，侍中，領步兵校尉，司徒左長史。慈患脚，齊武帝敕王晏：[3]“慈有微疾，不能騎，聽乘車在仗後。”江左以來少例也。

[1]學書：大德本、汲古閣本、殿本、百衲本作“書學”。

[2]超宗：謝超宗。陳郡陽夏（今河南太康縣）人，謝靈運

孫。本書卷一九有附傳，《南齊書》卷三六有傳。

[3]王晏：字休默，一字士彥，琅邪臨沂（今山東臨沂市）人。齊武帝時官至吏部尚書，位任親重。武帝死，蕭鸞（齊明帝）謀廢立，晏有佐命功。後遭齊明帝疑忌，被殺。本書卷二四有附傳，《南齊書》卷四二有傳。

慈妻劉彥節女，子觀尚武帝長女吳縣公主，脩婦禮，姑未嘗交答。江夏王鋒爲南徐州，[1]王妃，慈女也，以慈爲東海太守，行徐州府州事。[2]還爲冠軍將軍、盧陵王中軍長史，未拜，永明九年卒。贈太常，謚懿。子泰。

[1]江夏王鋒：蕭鋒。字宣穎，齊高帝第十二子。本書卷四三、《南齊書》卷三五有傳。　南徐州：州名。治京口城，在今江蘇鎮江市。

[2]行徐州府州事：大德本、汲古閣本、殿本、百衲本同，中華本補作“行南徐州府州事”，其校勘記云：“‘南’字各本並脱。按上云‘江夏王鋒爲南徐州’，則此不當云‘徐州’，今補正。”行事，由於當時多以年幼皇子爲將軍、刺史出鎮諸州，以其長史爲行事，實際負責軍府和州府的軍政事務，權力很大。

泰字仲通，幼敏悟。年數歲時，祖母集諸孫姪，散棗栗於牀，群兒競之，泰獨不取。問其故，對曰：“不取自當得賜。”由是中表異之。少好學，手所抄寫二千許卷。及長，通和溫雅，家人不見喜慍之色。姊夫齊江夏王鋒爲齊明帝所害，外生蕭子友並孤弱，[1]泰資給撫訓，逾於子姪。

[1]外生蕭子友並孤弱：中華本校勘記云："'並'字疑衍文。"

梁天監元年爲秘書丞。自齊永元之末，後宮火延燒秘書，書圖散亂殆盡。[1]泰表校定繕寫，武帝從之。歷中書侍郎，掌吏部，仍即真。[2]自過江，吏部郎不復典大選，令史以下，小人求競者輻湊前後，少能稱職。泰爲之，不爲貴賤請屬易意，天下稱平。

[1]書圖：大德本、殿本、百衲本同，汲古閣本作"圖書"。
[2]即真：官制術語。指"行""兼"或"試守"等試署、暫理某職的官員得到朝廷的正式除授。

轉黃門侍郎，[1]每預朝宴，刻燭賦詩，文不加點，帝深賞歎。沈約常曰：[2]"王有養、炬，謝有覽、舉。"養，泰小字。炬，筠小字也。

[1]黃門侍郎：官名。門下省次官，與侍中俱掌門下衆事，位頗重要。宋五品。梁十班。
[2]沈約：字休文，吳興武康（今浙江德清縣）人。梁武帝時任貴官。詩文注重音律，著有《四聲譜》。本書卷五七、《梁書》卷一三有傳。

始革大理，以泰爲廷尉卿，[1]再歷侍中，後爲都官尚書。[2]泰能接人士，故每願其居選官。頃之，爲吏部尚書，衣冠屬望。未及選舉，仍疾，改除散騎常侍、左驍騎將軍，未拜，卒，謚夷。子廓。

[1]廷尉卿：官名。掌刑獄。南朝又置建康三官，分掌刑法審判，廷尉職權較漢爲輕。梁、陳定名"廷尉卿"。宋三品。梁十一班。

[2]都官尚書：官名。掌管軍事刑獄，兼管水部、庫部、功論三曹。宋三品。梁十三班。隋朝改爲刑部尚書。

志字次道，慈之弟也。九歲，居所生母憂，哀容毀瘠，爲中表所異。弱冠，選尚宋孝武女安固公主，拜駙馬都尉。褚彥回爲司徒，引志爲主簿。[1]謂其父僧虔曰："朝廷之恩，本爲殊特，所可光榮，在屈賢子。"

[1]主簿：官名。負責文書簿籍，掌管印鑒等事。其品位隨府主地位高低而不等。

累遷宣城內史，[1]清謹有恩惠。郡人張倪、吳慶爭田，經年不決。志到官，父老相謂曰："王府君有德政，吾鄉里乃有如此爭。"倪、慶因相攜請罪，所訟地遂成間田。[2]後爲東陽太守，郡獄有重囚十餘，冬至日，悉遣還家，過節皆反，唯一人失期。志曰："此自太守事，主者勿憂。"明旦果至，以婦孕。吏人益歎服之。

[1]宣城：郡名。治宛陵縣，在今安徽宣城市宣州區。
[2]間：大德本、百衲本作"閑"，汲古閣本、殿本作"間"。"閑"同"間"。底本誤，應作"間"，形近而訛。

爲吏部尚書，在選以和理稱。崔慧景平，[1]以例加右軍將軍，封臨汝侯。固讓，改領右衛將軍。[2]及梁武軍至，城内殺東昏，百僚署名送首。志歎曰："冠雖弊，可加足乎?"因取庭樹葉挼服之，[3]僞悶不署名。梁武覽牋無志署，心嘉之，弗以讓也。霸府開，[4]爲驃騎大將軍長史，梁臺建，位散騎常侍、中書令。

[1]崔慧景：字君山，清河東武城（今河北清河縣）人。齊東昏侯時，舉兵反，圍建康城十二日，兵敗被殺。本書卷四五、《南齊書》卷五一有傳。

[2]右衛將軍：官名。隸領軍將軍（中領軍），掌宫廷宿衛營兵，位在左衛將軍下。宋四品。齊官品不詳。

[3]挼（ruó）：搓揉。

[4]霸府：南北朝時稱專朝政的藩王或大臣的幕府爲"霸府"。此指梁武帝即位前的驃騎大將軍府。

天監初，爲丹楊尹，爲政清静。都下有寡婦無子，姑亡舉債以斂，葬既而無以還之。志愍其義，以奉錢償焉。時年饑，每旦爲粥於郡門以賦百姓，衆悉稱惠。常懷止足，謂諸子姪曰："謝莊在宋孝武時，位止中書令，吾自視豈可過之。"三年，爲散騎常侍、中書令，因多謝病，簡通賓客。九年，還爲散騎常侍、金紫光禄大夫，卒。

志善藁隸，[1]當時以爲楷法。齊游擊將軍徐希秀亦號能書，常謂志爲"書聖"。志家居建康禁中里馬糞巷。父僧虔門風寬恕，志猶惇厚，[2]所歷不以罪笞劾人。門下客嘗盜脱志車幰賣之，志知而不問，待之如初。賓客遊其門者，專蓋其過而稱其善。兄弟子姪皆篤實謙和，時人號馬糞諸王爲長者。普通四年，志改葬，武帝厚賵贈之，謚曰安。有五子：緝、休、諲、操、素。

[1]藁隸：大德本、汲古閣本、殿本、百衲本同，中華本據《梁書》卷二一《王志傳》改作"草隸"。

[2]猶：大德本、汲古閣本、殿本、百衲本作"尤"。

志弟揖位太中大夫，[1]揖子筠。

[1]太中大夫：官名。南朝梁、陳多用以安置老疾退免的九卿等大臣，無職事。梁十一班。陳四品，秩千石。

筠字元禮，一字德柔，幼而警悟，七歲能屬文。年十六，爲《芍藥賦》，其辭甚美。及長，清静好學，與從兄泰齊名。沈約見筠，以爲似外祖袁粲，謂僕射張稷曰：[1]"王郎非唯額類袁公，風韻都欲相似。"稷曰："袁公見人輒矜嚴，王郎見人必惧笑。[2]唯此一條，不能酷似。"

[1]張稷：字公喬，吳郡吳（今江蘇蘇州市）人。本書卷三一有附傳，《梁書》卷一六有傳。

[2]惧：大德本、汲古閣本、殿本、百衲本作"娛"。底本誤，應據諸本改。

仕爲尚書殿中郎，[1]王氏過江以來，未有居郎署，或勸不就，筠曰："陸平原東南之秀，^[2]王文度獨步江東。^[3]吾得比蹤昔人，何所多恨。"乃欣然就職。

[1]尚書殿中郎：官名。南朝爲皇帝的文學侍從官，常代擬詔書。梁侍郎六班，郎中五班。

[2]陸平原：陸機。字士衡，吳郡（今江蘇蘇州市）人。曾任殿中郎，平原內史。《晋書》卷五四有傳。

[3]王文度：王坦之。字文度，太原晋陽（今山西太原市）人。《晋書》卷七五有附傳。《晋書·王坦之傳》云："自過江來，尚書郎正用第二人，何得以此見擬。"按，所謂第二人，指第二流士族。

沈約每見筠文咨嗟，嘗謂曰："昔蔡伯喈見王仲宣，^[1]稱曰王公之孫，吾家書籍悉當相與。僕雖不敏，請附此言。^[2]自謝朓諸賢零落，平生意好殆絕，不謂疲暮復逢於君。"約於郊居宅閣齋，請筠爲草木十詠書之壁，皆直寫文辭，不加篇題。約謂人曰："此詩指物程形，無假題署。"約製《郊居賦》，構思積時，猶未都畢，示筠草。筠讀至"雌霓五的反連蜷"，^[3]約撫掌欣抃曰"僕常恐人呼爲霓五兮反"。次至"墜石磓星"及"冰懸垎而帶坁"，筠皆擊節稱贊。約曰："知音者希，真奇殆絕，^[4]所以相要，政在此數句耳。"筠又嘗爲詩呈約，約即報書歎詠，以爲後進擅美。筠又能用強韻，^[5]每公宴並作，辭必妍靡。約常啓上，^[6]言晚來名家無先筠者。又於御筵謂王志曰："賢弟子文章之美，可謂後來獨步。謝朓常見語云'好詩圓美流轉如彈丸'，^[7]近見其數首，方知此言爲實。”

[1]蔡伯喈見王仲宣：蔡伯喈，蔡邕。王仲宣，王粲。事見《三國志》卷二一《魏書·王粲傳》。

[2]此：大德本、汲古閣本、殿本、百衲本作“斯”。

[3]雌霓連蜷：王筠讀霓爲五的反（仄聲中的入聲），沈約“撫掌欣抃”，説他唯恐人讀霓爲平聲，認爲王筠“知音”（參見王楙《野客叢書》；萬繩楠《魏晋南北朝史論稿》，安徽教育出版社1983年版，第242頁）。

[4]奇：大德本、汲古閣本、百衲本同，殿本作“賞”。

[5]强韻：險韻，生僻少用的韻。

[6]常：大德本、汲古閣本、殿本、百衲本作“嘗”。

[7]圓美流轉：指詩歌語言流暢，聲韻協調。

累遷太子洗馬，中舍人，[1]並掌東宮管記。昭明太子愛文學士，常與筠及劉孝綽、陸倕、到洽、殷鈞等遊宴玄圃，[2]太子獨執筠袖，撫孝綽肩曰：“所謂左把浮丘袖，右拍洪崖肩。”[3]其見重如此。筠又與殷鈞以方雅見禮。後爲中書郎，奉敕製開善寺寶誌法師碑文，辭甚麗逸。又敕撰《中書表奏》三十卷，及所上賦頌都爲一集。

[1]中舍人：官名。即太子中舍人。東宮屬官。與太子中庶子共掌東宮文翰，位在中庶子下、洗馬上。宋六品。梁八班。

[2]常：大德本、殿本、百衲本同，汲古閣本作“嘗”。　劉孝綽：字孝綽，彭城（今江蘇徐州市）安上里人。文章爲當世所宗。本書卷三九有附傳，《梁書》卷三三有傳。　陸倕：字佐公，

吳郡吳（今江蘇蘇州市）人。本書卷四八有附傳，《梁書》卷二七有傳。　到洽：字茂泓，彭城武原（今江蘇邳州市）人。本書卷二五有附傳，《梁書》卷二七有傳。　殷鈞：字季和，陳郡長平（今河南西華縣）人。本書卷六〇、《梁書》卷二七有傳。　玄圃：即玄圃園。位於東宮內，齊文惠太子建。

[3]左把浮丘袖，右拍洪崖肩：出自郭璞《游仙詩》之三。參見《文選》卷二一。

　　後爲太子家令，[1]復掌管記。普通元年，以母憂去職。筠有孝性，毀瘠過禮。大通二年，[2]爲司徒左長史。三年，昭明太子薨，敕製哀策文，復見嗟賞。尋出爲臨海太守，[3]在郡侵刻，還資有芒屬兩舫，他物稱是。爲有司奏，不調累年。後歷秘書監，[4]太府卿，[5]度支尚書，司徒左長史。及簡文即位，爲太子詹事。

　　[1]太子家令：官名。與太子率更令、太子僕並號太子三卿，爲東宮要職。梁十班。

　　[2]大通：大德本、汲古閣本、殿本、百衲本同，中華本據《梁書》卷三三《王筠傳》補作“中大通”。按，底本誤，應據補。中大通，南朝梁武帝蕭衍年號（529—534）。

　　[3]臨海：郡名。治章安縣，在今浙江台州市椒江區章安街道。

　　[4]秘書監：官名。南朝時爲秘書省長官，掌圖書經籍等，領著作省。梁十一班。

　　[5]太府卿：官名。南朝梁武帝置。爲十二卿之一。掌管金帛庫藏出納、關市稅收，以供國家、宮廷用度。梁十三班。

　　筠家累千金，性儉嗇，外服羸弊，所乘牛嘗飼以青草。及遇亂，舊宅先爲賊焚，乃寓居國子祭酒蕭子雲宅。[1]夜忽有盜攻，懼墜井，卒，時年六十九。家人十三口同遇害，[2]人棄尸積於空井中。

　　[1]蕭子雲：字景喬，南蘭陵（今江蘇常州市武進區）人，蕭子恪弟。本書卷四二、《梁書》卷三五有附傳。
　　[2]三：汲古閣本、百衲本同，大德本、殿本作“二”。

　　筠狀貌寢小，長不滿六尺。性弘厚，不以藝能高人。而少擅才名，與劉孝綽見重當時。其自序云：“余少好抄書，老而彌篤，雖遇見瞥觀，[1]皆即疏記。[2]後重省覽，懽興彌深。習與性成，不覺筆倦。自年十三四，建武二年乙亥，至梁大同六年，四十載矣。[3]幼年讀《五經》，皆七八十遍。愛《左氏春秋》，吟諷常爲口實。廣略去取，凡三過五抄，餘經及《周官》《儀禮》《國語》《爾雅》《山海經》《本草》並再抄，子史諸集皆一遍。未嘗倩人假手，並躬自抄録，大小百餘卷。不足傳之好事，蓋以備遺忘而已。” 又與諸兒書論家門集云：“史傳稱安平崔氏及汝南應氏並累葉有文才，[4]所以范蔚宗云崔氏彫龍。[5]然不過父子兩三世耳，非有七葉之中，名德重光，爵位相繼，人人有集，如吾門者也。沈少傅約常語人云：‘吾少好百家之言，身爲四代之史。自開闢以來，未有爵位蟬聯、文才相繼如王氏之盛也。’汝等仰觀堂構，[6]思各努力。” 筠自撰其文章，以一官爲一集，自《洗馬》《中書》《中庶》《吏部》《左佐》《臨海》《太府》各十卷，《尚書》三十卷，凡一百卷，行於世。[7]子祥，仕陳位黃門侍郎。揖弟彬。

[1]遇見：大德本、汲古閣本、殿本、百衲本同，中華本改作
"偶見"，其校勘記云："'偶見'各本作'遇見'。李慈銘《南史札
記》:'遇當作偶'，今從改。"

[2]記：大德本、殿本、百衲本同，汲古閣本作"已"。

[3]四十：大德本、汲古閣本、殿本、百衲本同，中華本改作
"四十六"，其校勘記云："'六'字據《册府元龜》七七〇補。按自
齊建武二年至梁大同六年適四十六年。"按，作"四十六"是，應
據補。

[4]安平崔氏：安平崔氏即博陵崔氏，此指東漢崔駰祖孫三代，
因通儒學、善屬文而著稱。參見《後漢書》卷五二《崔駰傳》。
汝南應氏：汝南南頓應氏亦有經史文學傳統，參見《後漢書》卷四
八《應劭傳》。

[5]所以范蔚宗云崔氏彫龍：中華本校勘記云："李慈銘《南史
札記》:'《後漢書·崔駰傳》贊云，"崔爲文宗，世禪雕龍"。此處
"雕"上脱"世禪"二字。'按《梁書》、《册府元龜》八七一並作
'崔氏世擅雕龍'，禪擅古字通用。"

[6]等：大德本、殿本、百衲本同，汲古閣本作"南"。

[7]凡一百卷，行於世：《王筠集》至唐初已不完整，明代始
有輯本。今人黃大宏著《王筠集校注》（中華書局 2013 年版）。

彬字思文，好文章，習篆隸，與志齊名。時人爲之
語曰："三真六草，爲天下寶。"齊武帝起舊宫，彬獻賦，
文辭典麗。尚齊高帝女臨海長公主，拜駙馬都尉。仕
齊，歷太子中庶子，徙永嘉太守。卜室於積穀山，有終
焉之志。梁天監中，爲吏部尚書、秘書監。[1]卒，謚惠。

彬立身清白，推賢接士，有士君子風。彬子寂。[2]

[1] 爲：大德本、汲古閣本、殿本、百衲本作"歷"。

[2] 子：大德本、汲古閣本、殿本、百衲本作"弟"。按，作"弟"是。

寂字子玄，性迅動，好文章。讀《范滂傳》，[1] 未嘗不歎悒。王融敗後，[2] 賓客多歸之。齊建武初，[3] 欲獻《中興頌》，兄志謂曰："汝膏梁年少，[4] 何患不達？不鎮之以靜，將恐貽譏。"寂乃止。位秘書郎。卒年二十一。

[1] 范滂：東漢名士。漢靈帝初遭遇黨錮，下獄死。《後漢書》卷六七有傳。

[2] 王融：字元長，琅邪臨沂（今山東臨沂市）人。本書卷二一有附傳，《南齊書》卷四七有傳。

[3] 建武：南朝齊明帝蕭鸞年號（494—498）。

[4] 膏梁："梁"通"粱"。

論曰：王曇首之才器，王僧綽之忠直，其世禄不替也，豈徒然哉。仲寶雅道自居，[1] 早懷伊、呂之志，竟而逢時遇主，自致宰輔之隆，所謂衣冠禮樂盡在是矣。齊有人焉，於斯爲盛。其餘文雅儒素，各禀家風，箕裘不墜，[2] 亦云美矣。

[1] 仲寶：王儉。字仲寶。

[2] 箕裘：比喻祖先的技藝或事業。

南史　卷二三

列傳第十三

王誕　兄子偃　偃子藻　藻弟子瑩　瑩從弟亮　　王華　從弟琨
王惠　從弟球　　王彧　子絢　絢弟績　績孫克　彧兄子薀　奐　奐弟份
份孫銓　錫　僉　通　勘　質　固

　　王誕字茂世，太保弘從祖兄也。[1]祖恬，[2]晋中軍將
軍。[3]父混，太常卿。[4]誕少有才藻，晋孝武帝崩，[5]從
叔尚書令珣爲哀策，[6]出本示誕，曰："猶恨少序節物。"
誕攬筆便益之，接其"秋冬代變"後云："霜繁廣除，
風回高殿。"珣歎美，因而用之。襲爵雉鄉侯，爲會稽
王世子元顯後軍長史、琅邪内史。[7]誕結事元顯嬖人張
法順，[8]故見寵。元顯納妾，誕爲之親迎。隨府轉驃騎
長史，内史如故。元顯討桓玄，[9]欲悉誅諸桓，誕救桓
脩等，[10]由此得免。脩，誕甥也。及玄得志，將見誅，
脩爲陳請，乃徙廣州。[11]

　　[1]太保：官名。與太宰、太傅並爲上公。執掌朝政，爲宰相

之任。宋一品。　　弘：王弘。字休元，琅邪臨沂（今山東臨沂市）人，王導曾孫。助劉裕代晉，宋文帝時官至司徒。本書卷二一、《宋書》卷四二有傳。

[2]恬：王恬。字敬豫，王導第二子。《晉書》卷六五有附傳。

[3]中軍將軍：官名。晉初主管京師及宮廷警衛。後作爲將軍名號，也可出任持節都督，鎮守一方。晉三品。

[4]太常卿：官名。掌宗廟祭祀等。晉、宋三品。

[5]晉孝武帝：司馬曜。字昌明，東晉簡文帝第三子。《晉書》卷九有紀。

[6]尚書令：官名。兩晉、南朝爲尚書省長官，綜理全國政務，參議大政。晉三品。　　珣：王珣。字元琳。《晉書》卷六五有附傳。
　哀策：《宋書》卷五二《王誕傳》作“哀策文”。

[7]會稽王世子元顯：司馬元顯。司馬道子子。《晉書》卷六四有附傳。會稽王，封爵名。即會稽郡王。會稽，郡名。治山陰縣，在今浙江紹興市。世子，諸侯之嫡子，或指諸侯之子中能繼承爵位者。　　長史：官名。爲所在官署掾屬之長，故有元僚之稱。内史：官名。相當於郡太守。

[8]張法順：會稽（今浙江紹興市）人。曾任廬江太守，爲司馬元顯謀主。事見《晉書·司馬元顯傳》。

[9]桓玄：字敬道，譙國龍亢（今安徽懷遠縣）人，桓溫子。晉安帝元興元年（402）以討司馬顯爲名，攻占建康，次年稱帝，國號楚。三年，爲劉裕等討伐，西逃益州，被殺。《晉書》卷九九有傳。

[10]桓脩：字承祖，譙國龍亢（今安徽懷遠縣）人，桓沖子。《晉書》卷七四有附傳。

[11]廣州：州名。治番禺縣，在今廣東廣州市。

　　盧循據廣州，[1]以誕爲其平南府長史，甚賓禮之。

誕久客思歸，乃説循曰："下官與劉鎮軍情味不淺，[2]若得北歸，必蒙任寄。"時廣州刺史吳隱之亦爲循所拘留，[3]誕又曰："將軍今留吳公，公私非計。孫伯符豈不欲留華子魚，[4]但以一境不容二君耳。"於是誕及隱之俱得還。

[1]盧循：字于先，小字元龍，范陽涿（今河北涿州市）人。東漢名儒盧植之後，後趙中書監盧諶曾孫。繼孫恩之後爲五斗米道起兵統帥。《晋書》卷一〇〇有傳。

[2]劉鎮軍：宋武帝劉裕時爲鎮軍將軍。

[3]吳隱之：字處默，濮陽鄄城（今山東鄄城縣）人。《晋書》卷九〇有傳。

[4]孫伯符：孫策。字伯符，吳郡富春（今浙江杭州市富陽區）人。《三國志》卷四六有傳。　華子魚：華歆。字子魚，平原高唐（今山東禹城市）人。《三國志》卷一三有傳。

誕爲宋武帝太尉長史，[1]盡心歸奉，帝甚仗之。盧循自蔡洲南走，[2]劉毅固求追討。[3]誕密白帝曰："公既平廣固，[4]復滅盧循，則功蓋終古，勳無與二。如此大威，豈可使餘人分之？毅與公同起布衣，一時相推耳，今既喪敗，不宜復使立功。"帝納其説。後爲吳國内史，母憂去職。

[1]宋武帝：劉裕。字德輿，小字寄奴。本書卷一、《宋書》卷一至卷三有紀。

[2]蔡洲：地名。在今江蘇南京市西南。原爲長江中沙洲，今已併入南岸。六朝爲屯軍之所。

[3]劉毅：字希樂，彭城沛（今江蘇沛縣）人。桓玄篡權，與劉裕等起兵討伐，後又討伐桓玄餘黨，以功封南平郡開國公。《晉書》卷八五有傳。

[4]廣固：城名。時爲南燕都城。在今山東青州市西北。

武帝伐劉毅，[1]起爲輔國將軍，[2]誕固辭，以墨絰從行。[3]時諸葛長人行太尉留府事，[4]心不自安，武帝甚慮之。毅既平，誕求先下。帝曰："長人似有自疑心，卿詎宜便去？"誕曰："長人知下官蒙公垂眄，今輕身單下，必當以爲無虞，可少安其意。"帝笑曰："卿勇過賁、育矣。"[5]於是先還。後卒，[6]追封作唐縣五等侯。[7]

[1]伐：大德本、殿本同，汲古閣本作"代"，《宋書》卷五二《王誕傳》作"征"。

[2]輔國將軍：官名。將軍名號。晉三品。

[3]墨絰：黑色喪服。

[4]諸葛長人：即諸葛長民。本書避唐太宗李世民諱，改"民"爲"人"。琅邪陽都（今山東沂南縣）人。亦是京口起兵的舊人。《晉書》卷八五有傳。

[5]賁、育：孟賁、夏育。戰國二勇士。

[6]後卒：《宋書·王誕傳》載"九年，卒，時年三十九"，馬宗霍《南史校證》云："此之九年，即義熙九年也。但《宋書》上文於隆安四年之後，即次以七年、九年，中間不出義熙，一若七年九年皆繫於隆安者，此殊不合。考隆安紀號止於五年，王誕自廣州北還已爲義熙元年矣，混而不分，易滋讀者之惑，是尚不若《南史》泛以後卒書之之爲得也。"（湖南教育出版社 2008 年版，第

408—409 頁）

[7]作唐縣五等侯：所謂五等，非指公侯伯子男之五等級。此制之行，祇在東晉末劉裕執政時及劉宋初年。（參見周一良《魏晉南北朝史札記》，中華書局 1985 年版，第 157 頁）錢大昕《廿二史考異》卷二四云：“五等之封，但假虛號，未有戶邑，蓋出一時權宜之制。”

子詡早卒。誕兄煆字偉世，侍中、左戶尚書、始興公。[1]煆子偃。

[1]侍中：官名。門下省長官。參預機密政務，掌規諫及賓贊威儀，乃至封駁、平省尚書奏事等。宋三品。　左戶尚書：官名。即左民尚書。唐人諱“民”字，故改爲左戶尚書。爲五曹尚書之一。掌戶籍和工官之事。宋三品。　始興：郡名。治曲江縣，在今廣東韶關市南武水西岸。

偃字子游，母晉孝武帝女鄱陽公主。[1]宋受禪，封永成君。偃尚宋武帝第二女吳興長公主，諱榮男。常倮偃縛諸庭樹，時天夜雪，噤凍久之。偃兄恢排閤詬主，乃免。

[1]母晉孝武帝女鄱陽公主：中華本校勘記引張森楷《南史校勘記》：“《晉書·王導傳》以公主爲簡文帝女，孝武稱長公主，則是孝武帝妹，非女也。女字蓋當爲妹。此沿《宋書·文穆皇后傳》文而誤。”按，《晉書》卷三二《孝武文李太后傳》記載，簡文李夫人“生孝武帝及會稽文孝王、鄱陽長公主”。張説是。

　　偃謙虚恭謹，不以世事關懷，位右光禄大夫，[1]贈開府儀同三司，[2]謚恭公。

　　[1]右光禄大夫：官名。作爲在朝顯職的加官，也作爲年老致仕或死後贈官。宋二品。

　　[2]贈開府儀同三司：馬宗霍《南史校證》以爲"贈"前應有"卒"字（第409頁）。開府儀同三司，官名。爲大臣加號，指禮制、待遇與三公相同，許開設府署，自辟僚屬。係給非三公官員以三公待遇。

　　長子藻，位東陽太守，[1]尚文帝第六女臨川長公主，[2]諱英媛。公主姓妬，[3]而藻別愛左右人吴崇祖。景和中，[4]主譖之於廢帝，[5]藻下獄死，主與王氏離婚。宋世諸主莫不嚴妬，明帝每疾之。[6]湖熟令袁慆妻以妬賜死，[7]使近臣虞通之撰《妬婦記》。[8]左光禄大夫江湛孫斆當尚孝武帝女，[9]上乃使人爲斆作表讓婚曰：

　　[1]東陽：郡名。治長山縣，在今浙江金華市。

　　[2]文帝：南朝宋文帝劉義隆。小字車兒，宋武帝第三子。本書卷二、《宋書》卷五有紀。

　　[3]姓：大德本、汲古閣本、殿本作"性"。

　　[4]景和：南朝宋前廢帝劉子業年號（465）。

　　[5]廢帝：南朝宋前廢帝劉子業。繼孝武帝即帝位，性凶殘。本書卷二、《宋書》卷七有紀。

　　[6]明帝：南朝宋明帝劉彧。字休炳，小字榮期，宋文帝第十一子。初封淮陽王，後改封湘東王。前廢帝死後，自立爲帝。本書卷三、《宋書》卷八有紀。

[7]湖熟：縣名。治所在今江蘇南京市江寧區湖熟街道。

[8]虞通之：會稽餘姚（今浙江餘姚市）人。善言《易》，官至步兵校尉。本書卷七二有附傳。

[9]左光祿大夫：官名。作爲在朝顯職的加官，以示優崇。或授予年老有病者爲致仕之官，亦常用爲卒後贈官，無職掌。其禮遇與特進同。以爲加官者，唯授章綬、祿賜、班位而已，不别給車服、吏卒。宋二品。　江湛：字徽淵，本書避唐高祖李淵諱作“徽深”，濟陽考城（今河南民權縣）人。歷任左衛將軍、吏部尚書，爲劉劭所殺。本書卷三六有附傳，《宋書》卷七一有傳。　敩（xiào）：江敩。字叔文，濟陽考城（今河南民權縣）人。宋孝武帝婿。本書卷三六有附傳，《南齊書》卷四三有傳。　孝武帝：南朝宋孝武帝劉駿。字休龍，小字道民，宋文帝第三子。本書卷二、《宋書》卷六有紀。

伏承詔旨，當以臨海公主降嬪，[1]榮出望表，恩加典外。顧審輤蔽，[2]伏用憂惶。臣寒門悴族，人凡質陋，閭閻有對，本隔天姻。[3]如臣素流，家貧業寡，年近將冠，皆已有室。荆釵布裙，足得成禮。每不自解，無偶迄兹，媒訪莫尋，素族弗問。自惟門慶，屢降公主，[4]天恩所覆，庸及醜末。懷憂抱惕，慮不獲免，徵命所當，果膺兹舉。雖門忝宗榮，[5]於臣非倖，仰緣聖貸，冒陳愚實。

[1]當以臨海公主降嬪：中華本校勘記云：“‘臨汝’各本作‘臨海’。洪頤煊《諸史考異》：‘按《何尚之傳》，顧之尚太祖第四女臨海惠公主，封號不應同名。《南齊書·江敩傳》，尚孝武帝女臨汝公主，臨海當是臨汝之訛。’今據改。”可從。

[2]輶蔽：輕微卑賤。

[3]天姻：謂與皇室通婚。

[4]屢：《宋書》卷四一《孝武文穆王皇后傳》作"屬"。

[5]忝：大德本、汲古閣本同，殿本作"泰"，《宋書·孝武文穆王皇后傳》作"泰"。

　　自晉氏以來，配尚王姬者，雖累經美冑，亟有名才。至如王敦懾氣，[1]桓溫斂威，[2]真長佯愚以求免，[3]子敬灸足以違禍，[4]王偃無仲都之質，[5]而倮雪於北階，何瑀闕龍工之姿，[6]而投軀於深井，謝莊殆自害於矇瞍，殷沖幾不免於強鉏。[7]彼數人者，非無才意，而勢屈於崇貴，事隔於聞覽，吞悲茹氣，無所逃訴。制勒甚於僕隸，防閑過於婢妾，行來出入，[8]人理之常，當待賓客，[9]朋從之義；而令掃轍息駕，無闚門之期，廢筵抽席，絕接對之理。非唯交友離異，乃亦兄弟疏闊。第令受酒肉之賜，[10]制以動靜，監子待錢帛之私，[11]節其言笑。姆妳爭媚，[12]相勸以嚴，尼媼競前，[13]相諂以急。第令必凡庸下才，監子皆葭萌愚豎。議舉止則未閑是非，聽言語則謬於虛實。姆妳敢恃者舊，唯贊妬忌，尼媼自唱多知，務檢口舌。其間又有應答問訊，卜筮師母，乃至殘餘飲食，詰辯與誰，衣被故弊，必責頭領。又出入之宜，繁省難衷，或進不獲前，或入不聽出。不入則嫌於欲疏，求出則疑有別意。召必以三晡爲期，[14]遣必以日出爲限。夕不見晚魄，[15]朝不識曙星。至於夜步月而弄琴，晝拱袂而披卷，一生之內，與此長乖。又聲影裁聞，則少婢奔迸，裾袂向席，則醜老叢來。左右整刷，以疑寵見嫌，賓客未冠，以少容致斥。禮有列媵，象有貫魚，[16]本無嫚嫡之嫌，豈有輕婦之誚？今義絕傍私，虔恭正匹，而每事必言無儀適，設辭輒云輕易我。[17]又竊聞諸主聚集，唯論夫族，緩不足爲急者法，急則可爲緩者師。更相扇誘，本其恒意，不可貸借，固實常辭。或云野敗去，或云人笑我。雖曰家事，有甚王憲，發口所言，恒同科律。王藻雖復彊很，頗經學涉，戲笑之事，遂爲冤魂。褚曖憂憤，[18]用致夭絕，傷理害義，難以具聞。夫《螽斯》之德，[19]實致克昌，專妬之行，有妨繁衍。是以尚主之門，往往絕嗣，駙馬之身，通離釁咎。以臣凡弱，何以克堪。必將毀族淪門，豈伊身眚？[20]前後嬰此，其人雖衆，然皆患彰遐邇，事隔天朝，故吞言咽理，無敢論訴。

[1]王敦：字處仲，琅邪臨沂（今山東臨沂市）人。尚晉武帝女襄城公主。初與從兄王導同心輔佐晉元帝司馬睿，因功官至大將軍、荊州牧。因不滿朝廷抑權舉措，於元帝永昌元年（322）舉兵造反，攻入京師建康，自封丞相，控制朝政。後病死衆散，被剖棺戮尸。《晉書》卷九八有傳。

[2]桓溫：譙國龍亢（今安徽懷遠縣）人。尚晉明帝女南康公主。東晉前期任荊州刺史、征西大將軍，曾三次率軍北伐。擅權廢帝，意欲受禪自立，未遂而病死。《晉書》卷九八有傳。

[3]真長：劉惔。字真長，沛國相（今安徽濉溪縣）人。尚晉

明帝女廬陵公主。爲士族清流之人，喜老莊自然，官至丹陽尹。《晋書》卷七五有傳。

[4]子敬：王獻之。字子敬，琅邪臨沂（今山東臨沂市）人。初以郗曇女爲妻，後離婚，以選尚東晋簡文帝女新安公主。官至中書令。《晋書》卷八〇有附傳。

[5]仲都：王仲都。傳説中的神仙。據説性耐寒暑。

[6]何瑀：廬江灊（今安徽霍山縣）人。尚宋武帝女豫章長公主。本書卷一一有附傳。

[7]謝莊殆自害於矇瞍，殷沖幾不免於强鉏：《宋書》卷四一《孝武文穆王皇后傳》作"謝莊殆自同於矇瞍，殷沖幾不免於强鉏"。錢大昕《廿二史考異》卷三六云："按《謝莊傳》無尚主事，疑謝、殷二人一以目疾辭，一以足疾辭，遂停尚主也。"謝莊，字希逸，陳郡陽夏（今河南太康縣）人。本書卷二〇有附傳，《宋書》卷八五有傳。殷沖，字希遠，陳郡長平（今河南西華縣）人。其姪女即劉劭王妃。歷任侍中、護軍、司隸校尉等職，後被宋孝武帝賜死。本書卷二七、《宋書》卷五九有附傳。

[8]行：大德本、汲古閣本同，殿本作"往"，《宋書·孝武文穆王皇后傳》作"往"。

[9]當待賓客：《宋書·孝武文穆王皇后傳》作"當賓待客"。

[10]第令：當是主管公主府第事務之官。

[11]監子待錢帛之私：《宋書·孝武文穆王皇后傳》作"監子荷錢帛之私"。監子，宦官之下層。

[12]姆妳（nǎi）：乳母。妳，同"奶"。錢大昕《廿二史考異》卷三六云："《南史》多俗語，如呼父爲爹（《梁始興王憺傳》）。又爲阿爺（《侯景傳》），呼乳母爲妳（《王藻傳》）、布施爲儭（《張融傳》）、舉移爲搁（《齊東昏侯紀》）之類。"

[13]尼媪：尼姑。

[14]三晡：晡爲申時。傍晚的時候。一般分上晡、中晡、下晡，故稱三晡。

［15］晚魄：指月亮。

［16］貫魚：借指媵妾之屬。

［17］"今義絶傍私"至"設辭輒云輕易我"：意謂主婿對公主
畢恭畢敬，公主猶動輒責主婿無禮。儀適，儀式，禮節。

［18］褚曖：河南陽翟（今河南禹州市）人。官至太宰參軍。
尚宋文帝第六女琅邪公主。早卒。事見《宋書》卷五二《褚叔度
傳》。

［19］《螽斯》：《詩》篇名。《詩·周南·螽斯序》："螽斯，
后妃子孫衆多也，言若螽斯不妬忌，則子孫衆多也。"後用爲多子
之典故。

［20］眚（shěng）：過失。大德本、汲古閣本、殿本作"責"，
《宋書·孝武文穆王皇后傳》作"眚"。按，此底本不誤，諸本誤。

臣幸屬聖明，矜照由道，弘物以典，處親以
公，臣之鄙懷，可得自盡。如臣門分，世荷殊榮，
足守前基，便預提拂。清官顯位，或由才升，一切
婚戚，[1]咸成恩假。是以仰冒非宜，披露丹實，非
唯止陳一己，規全身願，寔乃廣申諸門受患之切。
伏願天慈照察，特賜蠲停，使燕雀微群，[2]得保叢
蔚，蠢物憐生，自己彌篤。若恩照難降，[3]披請不
申，便當刊膚剪髮，投山竄海。

［1］切：大德本、汲古閣本、殿本作"叨"，《宋書》卷四一
《孝武文穆王皇后傳》作"叨"。

［2］雀：大德本、殿本同，汲古閣本作"省"，《宋書·孝武文
穆王皇后傳》作"雀"。

［3］照：大德本、汲古閣本、殿本作"詔"，《宋書·孝武文穆

王皇后傳》作"詔"。按，此底本誤，應據他本改。

帝以此表遍示諸主以諷切之，并爲戲笑。元徽中，[1]臨川主表求還身王族，守養弱嗣，許之。

[1]元徽：南朝宋後廢帝劉昱年號（473—477）。

藻弟懋字昌業，光禄大夫，[1]封南鄉侯。懋子瑩。

[1]光禄大夫：官名。作爲在朝顯職的加官，無具體職掌。宋三品。

懋字奉光，[1]選尚宋臨淮公主，拜駙馬都尉。[2]累遷義興太守，[3]代謝超宗。[4]去郡，[5]與瑩交惡，還都就懋求書屬瑩求一吏，曰："丈人一旨，如湯澆雪耳。"及至，瑩答旨以公吏不可。超宗往懋處，對諸賓謂懋曰："湯定不可澆雪。"[6]懋面洞赤，唯大耻愧。懋後往超宗處，設精白鯷、美鮓、麞肥。[7]懋問那得佳味，超宗詭言義興始見餉；陽驚曰："丈人豈應不得邪？"懋大忿，言於朝廷，稱瑩供養不足，坐失郡，廢棄久之。

[1]懋：大德本、汲古閣本、殿本作"瑩"。按，此底本誤，應據諸本改作"瑩"。
[2]駙馬都尉：官名。此職多以宗室外戚及功臣子孫擔任。至南朝梁、陳漸成定制，專加尚公主者。
[3]義興：郡名。治陽羨縣，在今江蘇宜興市。

　　[4]謝超宗：陳郡陽夏（今河南太康縣）人，謝靈運孫。本書卷一九有附傳，《南齊書》卷三六有傳。

　　[5]去郡：大德本、汲古閣本同，殿本作"超宗去郡"，中華本據《通志》補作"超宗去郡"。

　　[6]定：究竟，到底。《世説新語・言語》："鄧艾口吃，語稱'艾艾'。晋文王戲之曰：'卿云艾艾，定是幾艾？'"

　　[7]麞肔（chì）：麞，同"獐"。肔，肥滑貌，見《玉篇》。

　　後歷侍中，東陽太守。以居郡有惠政，遷吳興太守。[1]齊明帝勤憂庶政，[2]瑩頻處二郡，皆有能名。還爲中領軍隨王長史。意不平，改爲太子詹事、中領軍。[3]

　　[1]吳興：郡名。治烏程縣，在今浙江湖州市。

　　[2]齊明帝：蕭鸞。字景栖，小字玄度，始安貞王蕭道生子也。本書卷五、《南齊書》卷六有紀。

　　[3]太子詹事：官名。總領東宮官屬、庶務，爲太子官屬之長。兩晋南北朝東宮位重，置官擬於朝廷，時號宮朝。常設重兵，故權任甚重，或參預朝政。　中領軍：官名。南朝時掌禁衞軍及京都諸軍，爲禁衞軍最高統帥。資深者稱領軍將軍，資淺者爲中領軍。

　　永元初，[1]政由群小，瑩守職而已，不能有所是非。及尚書令徐孝嗣誅，[2]瑩頗綜朝政，啓取孝嗣所居宅，及取孝嗣封名枝江縣侯以爲己封。[3]從弟亮謂曰："此非盛德也。"瑩怒曰："我昔從東度爲吳興，束身登岸，徐時爲宰相，不能見知，相用爲領軍長史。今住其宅，差無多憾。"時人咸謂天德。[4]亮既當朝，於瑩素雖不善，時欲引與同事。遷尚書左僕射，[5]未拜；會護軍崔惠景自京口奉江夏王内向，[6]瑩拒惠景於湖頭。[7]衆敗，瑩赴水，乘艒入樂遊，[8]因得還臺城。惠景敗，瑩還居領軍府。梁武兵至，[9]復假節、都督宮城諸軍事。建康平，[10]瑩乃以宅還徐氏。

[1]永元：南朝齊東昏侯蕭寶卷年號（499—501）。

[2]徐孝嗣：字始昌，小字遺奴，東海郯（今山東郯城縣）人，徐湛之之孫。本書卷一五有附傳，《南齊書》卷四四有傳。

[3]枝江：縣名。治所在今湖北枝江市西南。

[4]天：大德本、汲古閣本、殿本作“失”。

[5]尚書左僕射：官名。尚書省次官，令不在，則代理其職，位在右僕射上。輔助尚書令執行政務，參議大政，諫諍得失，監察糾彈百官，可封還詔旨，常受命主管官吏選舉。

[6]護軍：官名。即護軍將軍。禁衛軍長官，略低於領軍將軍。資歷深者爲護軍將軍，資歷淺者爲中護軍。　崔惠景：字君山。仕齊，官至護軍將軍，加侍中。東昏侯蕭寶卷即位，誅大臣，惠景不自安。裴叔業反，惠景率軍出征。行至廣陵，亦反，舉兵向京師。本書卷四五、《南齊書》卷五一有傳。《南齊書》本傳、《梁書》卷一六《王瑩傳》作“崔慧景”。　京口：城名。在今江蘇鎮江市。內向：《梁書·王瑩傳》作“入伐”。

[7]湖頭：地名。在今江蘇南京市紫金山西麓、玄武湖東南端岸邊。《資治通鑑》卷一四一《齊紀七》明帝永泰元年胡三省注：“湖頭，玄武湖頭也。其地東接蔣山西巖下，西抵玄武湖隄，地勢坦平，當京口大路。”

[8]艒：大德本、汲古閣本、殿本作“舫”，《梁書·王瑩傳》作“榜”。　樂遊：樂遊苑，皇家園林。南朝宋置，又名北苑。在今江蘇南京市玄武湖南岸九華山南。

[9]梁武：梁武帝蕭衍。字叔達，小字練兒。南朝梁開國皇帝。

本書卷六、卷七,《梁書》卷一至卷三有紀。

[10]建康:縣名。治所在今江蘇南京市。

初爲武帝相國左長史,及踐阼,封建城縣公,[1]累
遷尚書令。瑩性清慎,帝深善之。時有猛獸入郭,[2]上
意不悦,以問群臣,群臣莫對。瑩在御筵,乃斂板答
曰:"昔擊石拊石,百獸率舞。[3]陛下膺籙御圖,武象來
格。"[4]帝大悦,衆咸服焉。

[1]建城縣公:封爵名。建城,縣名。治所在今江西高安市。
縣公,即開國縣公。食邑爲縣,故常冠以所封縣名。南朝梁位視三
公,班次之。

[2]獸:原應作"虎",本書避唐高祖李淵祖父李虎諱改。

[3]擊石拊石,百獸率舞:語見《尚書·舜典》。意謂帝王修
德,時代清平。

[4]武:大德本、汲古閣本、殿本作"虎",本書避唐高祖李
淵祖父李虎諱改。

十五年,[1]位左光禄大夫、開府儀同三司、丹楊
尹。[2]既爲公,須開黄閤。[3]宅前促,欲買南鄰朱侃半
宅。侃懼見侵,貨得錢百萬,瑩乃回閤向東。時人爲之
語曰:"欲向南,錢可貪;遂向東,爲黄銅。"及將拜,
印工鑄印,[4]六鑄而龜六毁。及成,頭空不實,補而用
之。居職六日暴疾薨,謚曰静恭。

[1]十五年:按"十五年"上當有"天監"二字(參見馬宗霍
《南史校證》,第413頁)。

[2]丹楊尹：官名。京畿行政長官，屬於既機要又顯貴之職。

[3]黃閤：三公官署廳門塗黃色，避用朱門，以與皇宮區别。

[4]印工鑄印：漢代以來，每授官即鑄新印。《南齊書·輿服志》記諸官印或金或銀或銅。

少子實嗣。起家秘書郎，[1]尚梁武帝女安吉公主，襲爵建城縣公，爲新安太守。[2]實從兄來郡，就求告。實與銅錢五十萬，不聽於郡及道散用。從兄密於郡市貨，還都求利。及去郡數十里，實乃知，命追之。呼從兄上岸盤頭，令卒與杖，搏頰乞原，劣得免。後爲南康嗣王湘州長史、長沙郡。[3]王三日出禊，[4]實衣冠傾崎，王性方嚴，見之意殊惡。實稱主名謂王曰："蕭王誌念實，[5]殿下何見憎？"王驚赧即起。後密啓之，因此廢錮。

[1]秘書郎：官名。典校書籍。南朝以來爲清流美職，多爲世家甲族子弟起家之選。梁二班。

[2]新安：郡名。治始新縣，在今浙江淳安縣西北。

[3]南康嗣王：蕭會理。字長才。梁武帝第四子南康簡王蕭績子，嗣爵南康王。侯景反，會理入援。本書卷五三、《梁書》卷二九有附傳。　湘州：州名。治臨湘縣，在今湖南長沙市。　長沙：郡名。治臨湘縣，在今湖南長沙市。

[4]禊（xì）：古俗於三月三日在水濱設祭祓除不祥。

[5]王：大德本、汲古閣本、殿本作"玉"。

亮字奉叔，瑩從父弟也。父攸字昌達，仕宋位太宰中郎，[1]贈給事黃門侍郎。[2]亮以名家，[3]宋末選尚公主，拜駙馬都尉。歷任秘書丞。[4]齊竟陵王子良開西邸,[5]延才俊,以爲士林,[6]使工圖其像,亮亦預焉。

[1]宋:大德本、殿本同,汲古閣本作"梁"。未知孰是。

[2]給事黃門侍郎:官名。門下省次官。掌侍從左右,關通中外,儐相威儀,盡規獻納等。出入禁中,職任顯要。宋五品。

[3]亮以名家:大德本、汲古閣本同,殿本作"亮以名家子",《梁書》卷一六《王亮傳》亦作"亮以名家子"。

[4]秘書丞:官名。爲秘書監之副。負責典籍圖書的管理和整理校定。南朝以來尤爲清選。宋六品。

[5]齊竟陵王子良:蕭子良。字雲英,齊武帝第二子。高帝建元四年(482),武帝即位後,封爲竟陵王。本書卷四四、《南齊書》卷四〇有傳。竟陵,郡名。治萇壽縣,在今湖北鍾祥市。

[6]以爲士林:《梁書·王亮傳》作"以爲士林館"。應據《梁書》補"館"字。

累遷晉陵太守,[1]在職清公,有美政。時有晉陵令沈巘之性麤疏,好犯亮諱,亮不堪,遂啓代之。巘之怏怏,乃造坐云:"下官以犯諱被代,未知明府諱。若爲攸字,當作無骹尊傍犬?爲犬傍無骹尊?若是有心攸?無心攸?乞告示。"[2]亮不履下牀跣而走,巘之撫掌大笑而去。

[1]晉陵:郡名。治晉陵縣,在今江蘇常州市。

[2]"下官以犯諱被代"至"乞告示":錢大昕《廿二史考異》卷三六云:"予謂'無骹尊'者,'酉'也。'酉'傍'犬'爲'猷','犬'傍'酉'爲'猶'。有'心'爲'悠',無'心'爲

'攸'。'攸''悠''猷''猶'四字同紐同音。亮父名攸，巘之佯爲不知，問是何字，頻觸其諱，且以'犬'傍戲之也。世俗讀'攸悠'二字如'憂'音，而史文遂難通矣。"馬宗霍《南史校證》云："余按《太平御覽》卷五六二《禮儀部》四一諱條引《南史》此文'無骹尊傍犬爲犬傍無骹尊'作'酋傍安犬猷爲犬傍安酋猷'，'有心攸'作'有心悠'，與今所見殿本、元刊本《南史》不同，而與錢氏之説正合，《御覽》所據《南史》爲宋初本，疑錢説即本之《御覽》也。"（第414頁）

　　建武末，[1] 累遷吏部尚書。[2] 時右僕射江祏管朝政，[3] 多所進拔，爲士所歸。亮自以身居選部，每持異議。始亮未爲吏部郎時，以祏帝之内弟，故深友祏。祏爲之延譽，益爲帝所器重。至是與祏情好殊薄，祏昵之如初。及祏遇誅，群小放命，凡所除拜，悉由内寵，亮弗能止。外若詳審，内無明鑒，所選用，拘資次而已，當時不謂爲能。後爲尚書左僕射。及東昏肆虐，[4] 亮取容以免。

　　[1]建武：南朝齊明帝蕭鸞年號（494—498）。

　　[2]吏部尚書：官名。尚書省吏部長官。掌管吏銓選、任免等事宜。東晉、南朝尚書中以吏部爲最貴。《資治通鑑》卷一一九《宋紀一》少帝景平元年胡三省注："自晉以來，謂吏部尚書爲大尚書，以其在諸曹之右，且其權任要重也。"

　　[3]江祏：字弘業，濟陽考城（今河南民權縣）人。齊明帝腹心。本書卷四七、《南齊書》卷四二有傳。

　　[4]東昏：齊東昏侯蕭寶卷。字智藏，南蘭陵（今江蘇常州市武進區）人，齊明帝次子。蕭衍起兵攻破建康後被殺。後被追封爲

東昏侯。本書卷五、《南齊書》卷七有紀。

梁武帝至新林，[1]内外百寮皆道迎，其不能拔者亦間路送誠款，亮獨不遣。及東昏遇殺，張稷仍集亮等於太極殿前西鍾下坐，[2]議欲立齊湘東嗣王寶晊。[3]領軍瑩曰："城閉已久，人情離解，征東在近，[4]何不諮問？"張稷又曰："桀有昏德，鼎遷于殷。今實微子去殷、項伯歸漢之日。"亮默然。朝士相次下牀，乃遣國子博士范雲齎東昏首送石頭，[5]推亮爲首。

[1]新林：古水名。又名新林浦、新林港。在今江蘇南京市西南。

[2]張稷：字公喬，吳郡吳（今江蘇蘇州市）人，張永之子。本書卷三一有附傳，《梁書》卷一六有傳。

[3]湘東嗣王寶晊：蕭寶晊。安陸昭王蕭緬子。初嗣安陸王，齊東昏侯永元元年（499）改封湘東王。本書卷四一、《南齊書》卷四五有附傳。

[4]征東：指蕭衍。時爲征東大將軍。

[5]國子博士：官名。掌教授生徒學業。南朝齊置國學，設二員，位比中書郎。　范雲：字彥龍，南鄉舞陰（今河南泌陽縣）人。梁時封霄城縣侯，官至尚書右僕射。本書卷五七、《梁書》卷一三有傳。　石頭：城名。在今江蘇南京市清涼山。六朝時，江流緊迫山麓，城負山面江，南臨秦淮河口，當交通要衝，爲建康軍事重鎮。

城平，朝士畢至，亮獨後，裴履見武帝。帝謂曰："顛而不扶，安用彼相？"[1]亮曰："若其可扶，明公豈有今日之舉。”因泣而去。霸府開，[2]以爲大司馬長史。梁臺建，授侍中、尚書令，固讓，乃爲侍中、中書監，[3]兼尚書令。[4]及受禪，遷侍中、尚書令、中軍將軍，封豫寧縣公。

[1]顛而不扶，安用彼相：語出《論語·季氏》。此處指責王亮作爲宰相，没有很好地輔助東昏侯，改變其昏暴行爲。

[2]霸府：南北朝時稱專朝政的藩王或大臣的幕府爲“霸府”。

[3]中書監：官名。與中書令共爲中書省長官，唯入朝時班次略高於令。典尚書奏事，掌朝政機密，草擬及發布詔令。南朝時中書令、監清閑無事，多用作重臣加官。

[4]兼：官制術語。即以本官兼任。

天監二年，[1]轉左光禄大夫。元日朝會，亮辭疾不登殿，設饌别省，語笑自若。數日，詔公卿問説，[2]亮無病色。[3]御史中丞樂藹奏亮大不敬，[4]論棄市。詔削爵，廢爲庶人。

[1]天監：南朝梁武帝蕭衍年號（502—519）。

[2]問説：大德本、汲古閣本、殿本作“問訊”。

[3]病：大德本、汲古閣本同，殿本作“疾”。

[4]御史中丞：官名。職掌監察、執法。南朝亦稱南司，其職雖重，世族名士多不樂爲之。梁十一班。　樂藹：字蔚遠，南陽淯陽（今河南南陽市）人。本書卷五六、《梁書》卷一九有傳。

四年，帝宴華光殿，求讜言。尚書左丞范縝起曰：[1]“司徒謝朏本有虛名，[2]陛下擢之如此；前尚書令王亮頗有政體，[3]陛下棄之如彼。愚臣所不知。”帝變色曰：“卿可更餘言。”縝固執不已，帝不悅。御史中丞任昉因奏縝妄陳褒貶，[4]請免縝官。詔可。亮因屏居閉掃，不通賓客。遭母憂，居喪盡禮。後爲中書監，加散騎常侍。[5]卒，謚煬子。

[1]尚書左丞：官名。尚書省佐官，居尚書右丞上。輔助令、僕射總理臺事，並職掌糾察彈劾。梁九班。 范縝：字子真，南鄉舞陰（今河南泌陽縣）人。本書卷五七有附傳，《梁書》卷四八有傳。

[2]本有：大德本、汲古閣本同，殿本作“徒負”。

[3]頗有政體：《梁書》卷一六《王亮傳》“政體”作“治實”，本書避唐高宗李治諱改。

[4]任昉：字彥升（《梁書》作“彥昇”），樂安博昌（今山東博興縣）人。歷仕宋、齊、梁，以文才聞名，與沈約並稱“沈詩任筆”。好結交士友，爲後進所宗。本書卷五九、《梁書》卷一四有傳。

[5]加：官制術語。指官吏於本職之外所加領的其他官銜。散騎常侍：官名。東晉時參掌機密，選望甚重，職任比於侍中。南朝以後隸屬集書省，掌管圖書文翰。地位驟降，用人漸輕。梁十二班。

王華字子陵，誕從祖弟也。祖薈，[1]衛將軍、會稽內史。[2]父廞，[3]司徒右長史。[4]晉安帝隆安初，[5]王恭起兵討王國寶，[6]時廞丁母憂在家。恭檄令起兵，廞即聚衆應之，以女爲貞烈將軍，以女人爲官屬。及國寶死，恭檄廞罷兵。廞起兵之際，多所誅戮，至是不復得已，因舉兵以討恭爲名。恭遣劉牢之擊廞，[7]廞敗走，不知所在。長子泰爲恭所殺。華時年十三在軍中，與廞相失，隨沙門釋曇冰逃，[8]使提衣襆從後，津邏咸疑焉。華行遲，曇冰罵曰："奴子怠懈，行不及我。"以杖捶華數十，衆乃不疑，由此得免。遇赦還吳，以父存没不測，布衣蔬食，不交游者十餘年。

[1]薈：王薈。字敬文，王導第六子。《晋書》卷六五有附傳。

[2]衛將軍：官名。掌京城及皇宫禁衛，位在諸名號大將軍上。晋二品。

[3]廞：王廞。王導孫，王薈子。於吳居母喪，舉兵響應兖州刺史王恭，反對朝廷掌權的司馬道子父子。後兵敗不知去向。事見《晋書·王薈傳》。

[4]司徒右長史：《宋書》卷六三《王華傳》作"司徒左長史"。

[5]晋安帝：司馬德宗。晋孝武帝長子。後被權臣劉裕派人縊死。《晋書》卷一〇有紀。　隆安：東晋安帝司馬德宗年號（397—401）。

[6]王恭：字孝伯，太原晋陽（今山西太原市）人。司徒左長史王濛之孫，光禄大夫王藴之子，孝武定皇后王法慧之兄。《晋書》卷八四有傳。　王國寶：太原晋陽（今山西太原市）人，王坦之之子。《晋書》卷七五有附傳。

[7]劉牢之：字道堅，彭城（今江蘇徐州市）人。時任王恭軍府司馬。《晋書》卷八四有傳。

[8]釋曇冰：《宋書·王華傳》作"釋曇永"。

宋武帝欲收其才用，乃發廞喪，使華制服。服闋，

武帝北伐長安，領鎮西將軍、北徐州刺史，[1]辟華爲州
主簿。[2]後爲別駕，[3]歷職著稱。文帝鎮江陵，[4]爲西中
郎主簿、諮議參軍。[5]文帝未親政事，悉委司馬張邵。[6]
華性尚物，不欲人在己前。邵性豪，每行來常引夾
轂。[7]華出入乘牽車，從者不過兩三人以矯之。常相逢，
華陽若不知是邵，謂左右曰："此鹵簿甚盛，必是殿
下。"乃下牽車立於道側，及邵至乃驚。邵白服登城，
爲華所糾，邵坐被徵，華代爲司馬。

[1]鎮西將軍：官名。高級將領之一，與鎮東、鎮北、鎮南將
軍合稱四鎮將軍，位在四征將軍下，多授持節都督，出鎮方面。宋
三品，若爲持節都督進爲二品。　北徐州：州名。治彭城縣，在今
江蘇徐州市。

[2]州主簿：官名。負責文書簿籍，掌管印鑒等事。雖非掾吏
之首，然地位較高，縣之主簿較州之主簿更甚。

[3]別駕：官名。亦稱別駕從事，州刺史佐官。

[4]江陵：縣名。治所在今湖北荆州市荆州區。亦爲荆州及南
郡治所。

[5]諮議參軍：官名。王公軍府屬官。掌顧問諫議。其位在列
曹參軍上，州所置者常帶大郡太守。

[6]司馬：官名。軍府高級幕僚。掌參贊軍務，管理府內武職，
位僅次於長史。　張邵：字茂宗，吳郡吳（今江蘇蘇州市）人。以
佐命功封臨沮伯，初爲荆州刺史，後分荆州立湘州，以其爲湘州刺
史。本書卷三二、《宋書》卷四六有傳。

[7]夾轂：衛隊，出則夾車爲衛。

文帝將入奉大統，以少帝見害，[1]不敢下。華曰：

"先帝有大功於天下，四海所服。雖嗣主不綱，人望未改。徐羨之中才寒士，[2]傅亮布衣諸生，[3]非有晉宣帝、王大將軍之心明矣。[4]畏廬陵嚴斷，[5]將來必不自容。殿下寬叡慈仁，所知，[6]已且越次奉迎，冀以見德，悠悠之論，殆必不然。羨之、亮、晦又要檀道濟、王弘五人同功，[7]孰肯相讓，勢必不行。今日就徵，萬無所慮。"帝從之，曰："卿復欲爲吾之宋昌矣。"[8]乃留華總後任。

[1]少帝：南朝宋少帝劉義符。小字車兵，宋武帝長子。後被廢，幽禁於吳郡，徐羨之等使人將其殺害。本書卷一、《宋書》卷四有紀。

[2]徐羨之：字宗文，東海郯（今山東郯城縣）人。與劉裕一起起兵，宋時官至司空。武帝卒後，與謝晦、傅亮等廢黜少帝，迎立文帝，後爲文帝所誅。本書卷一五、《宋書》卷四三有傳。

[3]傅亮：字季友，北地靈州（今寧夏吳忠市北武市）人。本書卷一五、《宋書》卷四三有傳。

[4]晉宣帝：司馬懿。其孫司馬炎稱帝，追尊爲宣帝。《晉書》卷一有紀。　王大將軍：王敦。

[5]廬陵：廬陵王劉義真。宋武帝次子。初封桂陽縣公，武帝永初元年（420）封廬陵王。少帝時廢爲庶人，後被殺。文帝時復舊封。本書卷一三、《宋書》卷六一有傳。廬陵王，封爵名。即廬陵郡王。廬陵，郡名。治石陽縣，在今江西吉水縣東北。

[6]殿下寬叡慈仁，所知：中華本據《通志》補作"殿下寬叡慈仁，天下所知"。

[7]晦：謝晦。字宣明，陳郡陽夏（今河南太康縣）人。初爲建威府中兵參軍。入宋，封武昌縣公。與徐羨之、傅亮廢少帝，迎立文帝。文帝後誅殺徐羨之，謝晦兵敗被殺。本書卷一九、《宋書》卷四四有傳。　檀道濟：高平金鄉（今山東嘉祥縣）人。隨劉裕征

伐，以功封永修縣公。宋武帝臨終，與徐羨之、謝晦受顧命，後謀廢少帝，立文帝。官至司空。本書卷一五、《宋書》卷四三有傳。

　　王弘：字休元，琅邪臨沂（今山東臨沂市）人，王導曾孫。助劉裕代晋，宋文帝時官至司徒。本書卷二一、《宋書》卷四二有傳。

　　[8]宋昌：西漢人。爲代王中尉，周勃等迎立，勸王無疑。代王即位，是爲文帝。事見《漢書》卷四《文帝紀》。按，此以宋昌喻指王華。

　　上即位，以華爲侍中、右衛將軍。[1]先是，會稽孔甯子爲文帝鎮西諮議參軍，以文義見賞，至是爲黃門侍郎，[2]領步兵校尉。[3]甯子先爲何無忌安成國侍郎，[4]還東脩宅，令門可容高蓋，鄰里笑之。甯子曰"大丈夫何常之有。"甯子與華並有富貴之願，自羨之等執權，日夜構之於文帝。甯子嘗東歸至金昌亭，[5]左右欲泊船，甯子命去之，曰："此殺君亭，[6]不可泊也。"華每閑居諷詠，嘗誦王粲《登樓賦》曰：[7]"冀王道之一平，假高衢而騁力。"出入逢羨之等，每切齒憤叱，歎曰："當見太平時不？"[8]元嘉二年，[9]甯子卒。三年，誅羨之等。華遷護軍將軍，侍中如故。宋世唯華與南陽劉湛不爲飾讓，[10]得官即拜，以此爲常。

　　[1]侍中、右衛將軍：二官名。右衛將軍掌皇宮宿衛，再以文職清望官（侍中）兼任，則是侍中領衛，"望實優顯"，文武配合，最爲美授。

　　[2]黃門侍郎：官名。門下省次官。與侍中俱掌門下衆事，位頗重要。宋五品。

　　[3]步兵校尉：官名。南朝爲侍衛武官，隸中領軍（領軍將

軍），用以安置勳舊武臣。宋四品。

[4]何無忌：東海郯（今山東郯城縣）人。《晋書》卷八五有傳。

[5]金昌亭：地名。在今江蘇蘇州市閶門内。宋文帝元嘉元年（424）六月，徐羨之遣邢安泰殺少帝劉義符於此。

[6]殺：《宋書》卷六三《王華傳》作“弒”。

[7]王粲：字仲宣，山陽高平（今山東鄒城市）人。《三國志》卷二一有傳。

[8]不：大德本、汲古閣本、殿本作“否”，《宋書·王華傳》作“不”。

[9]元嘉：南朝宋文帝劉義隆年號（424—453）。

[10]南陽：郡名。治宛縣，在今河南南陽市。　劉湛：字弘仁，南陽涅陽（今河南鄧州市）人。本書卷三五、《宋書》卷六九有傳。

華以情事異人，[1]未嘗預宴集。終身不飲酒，有宴不之詣。若有論事者，乘車造門，主人出車就之。及王弘輔政，而弘弟曇首爲文帝所任，與華相埒。華常謂己力用不盡，每欺曰：“宰相頓有數人，天下何由得安？”[2]四年卒，年四十三。九年，以誅羨之功，追封新建縣侯，[3]謚曰宣。孝武即位，配享文帝廟庭。

[1]情事：指親屬喪亡等不幸事件。

[2]“及王弘輔政”至“天下何由得安”：錢大昕《廿二史考異》卷三六云：“是時王弘以侍中司徒録尚書事，固是三公之職。曇首以侍中領驍騎將軍，華以侍中領護軍將軍。而華稱宰相頓有數人，《劉湛傳》，湛爲侍中時，王華、王曇首、殷景仁亦爲侍中，文帝曰：‘此四賢一時之秀，同管喉舌，恐後世難繼。’《沈演之傳》，

演之爲右衛將軍，范蔚宗爲左衛將軍，對掌禁旅，同參機密，尋加侍中，文帝謂之曰：‘侍中領衛，望實華顯。此蓋宰相便坐，卿其勉之。’似當時以侍中爲宰相矣。然同時如范泰、王球輩亦爲侍中，而時人未以宰相目之，則知侍中之職，雖爲清切，亦視人主倚任何如耳。孝武選王彧、謝莊、阮韜、何偃四人爲侍中，初未預參機密，官職之隨人重輕，自昔然矣。”馬宗霍《南史校證》云：“余按《通鑑》卷一二○本條下云：‘是時宰相無常官，唯人主所與議論政事、委以機密者，皆宰相也，故華有是言。亦有任侍中而不爲宰相者；然尚書令僕、中書監令、侍中、侍郎、給事中，皆當時要官也。’其下又引王華與劉湛、王曇首、殷景仁俱爲侍中以爲證，則知錢氏《考異》云云，蓋本之《通鑑》，又從而申之耳。”（第416頁）曇首，王曇首。宋少帝被害時勸文帝劉義隆入京，後深受寵信，歷侍中、太子詹事。本書卷二二、《宋書》卷六三有傳。

[3]新建：縣名。治所在今江西樂安縣西北。

子定侯嗣，[1]卒。子長嗣，坐罵母奪爵，以長弟佟紹封。[2]齊受禪，國除。

[1]定侯：《宋書》卷六三《王華傳》作“宣侯”。錢大昕《廿二史考異》卷三六云：“《王僧綽傳》云，王華子新建侯嗣才劣，位遇亦輕。則嗣乃華子之名，此云定侯嗣，似定侯爲其名矣。”

[2]佟：《宋書·王華傳》作“終”。

琨，華從父弟也。父懌不辨菽麥，時以爲殷道矜之流。[1]人無肯與婚，家以獵婢恭心侍之，遂生琨。初名崐崘，[2]懌後娶南陽樂玄女，無子，故即以琨爲名，立以爲嗣。

[1]殷道矜：陳郡長平（今河南西華縣）人，殷景仁子。幼而不慧。事見本書卷二七《殷景仁傳》。

[2]遂生琨。初名崐崘：朱季海《南齊書校議》："琨以婢生，故以奴名之，後立爲嗣，始改名爾。《通鑑·宋紀》十一世祖孝武皇帝大明七年下云：'又寵一崑崙奴（胡注：崑崙奴者，言其狀似崑崙國人也。崑崙國在林邑南。今案胡説實誤。此崑崙奴，正崑崙人之被賣爲奴者爾。）令以杖擊群臣，尚書令柳元景以下，皆不能免。唯憚蔡興宗方嚴，不敢侵媟。'是江左宮庭已畜崑崙奴矣。度當時貴族，必有畜以爲奴者，故雖王氏，至以名其子矣。"（中華書局 2013 年版，第 105 頁）

琨少謹篤，爲從伯司徒謐所愛。[1]宋武帝初爲桓脩參軍，[2]脩待帝厚。後帝以事計圖脩，猶懷昔顧，使王華訪素門，嫁其二女。華爲琨娶大女，以小女摘潁川庾敬度，[3]亦是舊族。除琨郎中、駙馬都尉、奉朝請。[4]

[1]司徒：官名。三公之一，爲名譽宰相，多爲重臣加官。宋一品。　謐：王謐。字稚遠，王導孫。襲父爵武岡侯。與劉裕交深，裕破桓玄，謐以吏部尚書加侍中，領揚州刺史、録尚書事。《晋書》卷六五有附傳。

[2]桓脩：字承祖，桓玄同族。仕晋，玄執政，以脩都督六州、右將軍、徐兖二州刺史，封安成王。劉裕義旗起，斬之。《晋書》卷七四有附傳。

[3]摘：大德本、汲古閣本、殿本作"適"。按，此底本誤，應據諸本改。　潁川：郡名。治許昌縣，在今河南許昌市東。

[4]郎中：官名。南朝爲尚書省郎曹長官，與尚書郎互稱。位次尚書、左右丞，分曹執行政務。宋六品。　奉朝請：官名。東晋、南朝獨立爲官，亦作加官。列爲散騎省（集書省）屬官，安置

閑散，所授冗濫。

先是，琨伯父廞得罪晉世，諸子並從誅，唯華得免。華宋世貴盛，以門衰，提攜琨，恩若同生，爲之延譽。歷位宣城、義熙太守，[1]皆以廉約稱。華終，又託之宋文帝，故琨屢居清顯。孝建中，[2]爲吏部郎。[3]吏曹選局，貴要多所屬請，自公卿下至士大夫，[4]例爲用兩門生。江夏王義恭嘗屬琨用二人，[5]後復屬，琨答不許。

[1]宣城：郡名。治宛陵縣，在今安徽宣城市宣州區。　義熙：《南齊書》卷三二《王琨傳》作“義興”，疑“熙”字誤（參見馬宗霍《南史校證》，第 417 頁）。

[2]孝建：南朝宋孝武帝劉駿年號（454—456）。

[3]吏部郎：官名。尚書省吏部曹長官。主管官吏選任、銓叙、調動事務，對五品以下官吏之任免有建議權。歷朝皆重其選，職位高於尚書省諸曹郎。宋五品。

[4]自公卿下至士大夫：大德本、汲古閣本、殿本作“琨自公卿下至士大夫”，《南齊書·王琨傳》亦作“琨自公卿下至士大夫”。

[5]江夏王義恭：劉義恭。宋武帝之子。諸子之中，最受寵愛。文帝元嘉元年（424）封江夏王。前廢帝狂悖無道，欲謀廢立，被前廢帝所殺。本書卷一三、《宋書》卷六一有傳。江夏，郡名。治夏口城，在今湖北武漢市武昌區。

出爲平越中郎將、廣州刺史，[1]加都督。[2]南土沃實，在任者常致巨富。[3]世云廣州刺史但經城門一過，便得三千萬。琨無所取納，表獻禄俸之半。鎮舊有鼓吹，[4]又啓輸還。及罷任，孝武知其清，問還資多少？琨曰："臣買宅百三十萬，餘物稱之。"帝悦其對。後爲歷陽内史。[5]上以琨忠實，徙爲寵子新安王北中郎長史。[6]再歷度支尚書，[7]加光禄大夫。

[1]平越中郎將：官名。主管南越事務。設府置僚佐，治廣州，多兼任廣州刺史。

[2]都督：官名。地方軍政長官。魏晉以後，都督諸州軍事多兼任駐地州刺史，爲該地區的軍政長官。分使持節、持節、假節三種，職權各有不同。

[3]常：大德本、殿本同，汲古閣本作"當"，《南齊書》卷三二《王琨傳》作"常"。

[4]鎮舊有鼓吹：按照舊例，廣州軍府設置鼓吹。此爲當時的儀仗隊，是官吏身份與權力的標志。而王琨申請撤銷鼓吹設置。

[5]歷陽：郡名。治歷陽縣，在今安徽和縣。

[6]新安王：劉子鸞。字孝羽，宋孝武帝第八子。孝武帝大明四年（460），封襄陽王，尋改新安王。母殷淑儀寵傾後宮，子鸞愛冠諸子。本書卷一四、《宋書》卷八〇有傳。　北中郎：官名。《南齊書·王琨傳》作"東中郎"，《宋書·始平孝敬王子鸞傳》載其孝武帝大明四年爲東中郎將，五年遷北中郎將。

[7]度支尚書：官名。掌土地、户口、財賦等。宋三品。唐朝改名户部尚書。

初，琨後兄華長孫襲華爵新建縣侯，[1]嗜酒多愆失，琨表以長將傾基緒，請以長小弟佟嗣焉。琨後出爲吳郡太守，[2]遷中領軍，坐在郡用朝舍錢三十六萬，營餉二宮諸王及作絳襖奉獻軍用，[3]左遷光禄大夫。[4]尋加太常及金紫，加散騎常侍。廷尉虞龢議社稷合一神，[5]琨案舊糾駁，不爲屈。時龢見寵，朝廷歎琨强正。

[1]後：大德本、汲古閣本、殿本作"從"，《南齊書》卷三二《王琨傳》亦作"從"。按，此底本誤，應據諸本改。 長孫：大德本、汲古閣本、殿本作"孫長"，《南齊書·王琨傳》亦作"孫長"。

[2]吳郡：郡名。治吳縣，在今江蘇蘇州市。

[3]絳襖：南朝將士戎服（軍裝）都是絳衣。

[4]左遷光禄大夫：唐長孺《讀史釋詞》云："按《宋書》卷四〇《百官志》，光禄大夫與領、護軍並第三品，而光禄大夫在前，疑不得爲'左遷'。光禄閒官，雖是平遷，實爲通廢。"（載《魏晋南北朝史論拾遺》，中華書局 1983 年版，第 257 頁）

[5]合一神：大德本、汲古閣本、汲古閣本作"各一神"，《南齊書·王琨傳》作"合爲一神"。中華本校勘記云："按社、土神，稷、穀神，社稷分立各祭，江左無改，故《宋書·禮志》云：'宋仍舊無所改作。'是虞龢之議當爲'合爲一神'，而下云'琨案舊糾駁'，乃主'各一神'也。"

明帝臨崩，出爲會稽太守，加都督，坐誤竟囚，降爲冠軍。[1]順帝即位，[2]進右光禄大夫。順帝遜位，百僚陪列，琨攀畫輪獺尾慟泣曰：[3]"人以壽爲歡，老臣以壽爲戚。[4]既不能先驅螻蟻，頻見此事。"嗚咽不自勝，[5]百官人人雨淚。

[1]"出爲會稽太守"至"降爲冠軍"：錢大昕《廿二史考異》卷三六云："《南齊書》本傳，出爲督會稽東陽新安臨海永嘉五郡

軍事、左軍將軍、會稽太守，坐誤竟囚，降號冠軍。蓋自晉以後，都督必帶將軍號，而軍號又有高下之分。琨本以左軍將軍督會稽五郡，坐事降號冠軍將軍，而督軍如故。《齊史》所書本甚分明，今刪去左軍將軍一語，而降爲冠軍之文不可通矣。予嘗謂延壽似未通南北朝官制，故諸傳刪省，多未得其要領。此類是也。"竟囚，刑訊犯人，判決犯人。"竟"有徹底追究、查辦案件之意。

　　[2]順帝即位：《南齊書》卷三二《王琨傳》作"從帝即位"，馬宗霍《南史校證》云："按'順帝'殿本《南齊書》本傳同，宋蜀本作'從帝'，梁武帝父名順之，故蕭子顯諱'順'字，以'從'易之，是'從帝'蓋蕭書原文如此。"（第 418 頁）

　　[3]泣：大德本、殿本同，汲古閣本作"哭"。

　　[4]戚：大德本、殿本同，汲古閣本作"般"。

　　[5]咽：大德本、殿本、汲古閣本作"噎"。

　　齊高帝即位，[1]領武陵王師，[2]加侍中。時王儉爲宰相，屬琨用東海郡迎吏，[3]琨使謂曰："語郎，[4]三臺五省，皆是郎用人，外方小郡，當乞寒賤，[5]省官何容復奪之。"遂不過其事。尋解王師。及高帝崩，琨聞國諱，牛不在宅，去臺數里，遂步行入宮。朝士皆謂曰："故宜待車，有損國望。"琨曰："今日奔赴，皆自應爾。"遂得病卒，贈左光禄大夫，年八十四。

　　[1]齊高帝：蕭道成。字紹伯，小字鬬將，南蘭陵（今江蘇常州市武進區）人。南朝齊開國君主，廟號太祖。本書卷四，《南齊書》卷一、卷二有紀。

　　[2]師：官名。掌輔導諸王。

　　[3]時王儉爲宰相，屬琨用東海郡迎吏：錢大昕《廿二史考

異》卷三六云："當時州郡除代，皆有迎吏。《謝述傳》：宋武帝'臨豫州，諷中正以爲迎主簿。'《王規傳》：'爲本州迎主簿。'《到洽傳》：'年十八，爲徐州迎西曹。'《江紑傳》：'南康王爲徐州，召爲迎主簿。'《劉孺傳》：'本州召迎主簿。'《王諶傳》：沈曇慶爲徐州，辟諶爲迎主簿，又爲州迎從事。《徐勉傳》：舊揚徐首迎主簿，盡選國華中正，以勉子崧充南徐選首。《蔡徵傳》：'陳武帝爲南徐州，召補迎主簿。'《隋書·百官志》：陳依梁制，年未滿三十者，不得入仕。唯諸州光迎主簿，西曹、左曹得仕。其諸郡，唯正王任丹陽尹經迎得出身，庶姓尹則不得。可證迎吏亦入官之一途也。謝方明自晉陵太守遷南郡相，而晉陵送故主簿弘季咸、徐壽之并隨在西；宋孝武去鎮，顏師伯以主簿送故隨；王子隆自荊州代還，以庾于陵爲送故主簿，則當時又有送吏矣。"王儉，字仲寶，琅邪臨沂（今山東臨沂市）人。尚宋明帝陽羨公主，入齊封南昌縣公，長於禮學，參與齊初制度、禮儀制定，官至中書監，卒贈太尉。本書卷二二有附傳，《南齊書》卷二三有傳。迎吏，當時州郡地方官除代，有迎新送故之法。迎吏亦是入仕一途。

[4]郎：猶後代所謂"少爺""公子"。

[5]乞：留用。

琨謙恭謹慎，老而不渝，朝會必早起，簡閱衣裳，料數冠幘，如此數四，或爲輕薄所笑。大明中，[1]尚書僕射顏師伯豪貴，[2]下省設女樂，[3]琨時爲度支尚書，要琨同聽，傳酒行炙，皆悉内妓。琨以男女無親授，傳行每至，令置牀上，回面避之然後取，畢又如此，坐上莫不撫手嗤笑，琨容色自若。師伯後爲設樂邀琨，琨不往。中領軍劉勔，[4]晚節有栖退志，表求東陽郡，尚書令袁粲以下莫不贊美之。[5]琨曰："永初、景平，[6]唯謝晦、殷景仁爲中領軍，元嘉有到彦之，爲人望才譽，勔不及也。近聞加侍中，已爲怏怏，便求東陽，臣恐子房赤松未易輕擬。"[7]其鯁直如此。而儉於財用，設酒不過兩盌，輒云"此酒難遇"。鹽豉薑蒜之屬，並挂屏風，酒漿悉置牀下，內外有求，琨手自賦之。景和中，討義陽王昶，六軍戒嚴，應須紫標，[8]左右欲營辨，[9]琨曰："元嘉初征謝晦，有紫標在匣中，不須更作。"檢取果得焉。而避諱過甚，父名懌，母名恭心，並不得犯焉，時咸謂矯枉過正。

[1]大明：南朝宋孝武帝劉駿年號（457—464）。

[2]顏師伯：字長淵，本書避唐高祖李淵諱作"字長深"，琅邪臨沂（今山東臨沂市）人。本書卷三四有附傳、《宋書》卷七七有傳。

[3]下省：尚書下省。魏晉南北朝諸曹尚書辦公之署，爲當時處理日常政務的主要場所。因設在宮禁中，故亦常令輔政大臣入直。

[4]劉勔：字伯猷，彭城（今江蘇徐州市）安上里人。本書卷三九、《宋書》卷八六有傳。

[5]袁粲：字景倩，陳郡陽夏（今河南太康縣）人。本書卷二六有附傳，《宋書》卷八九有傳。

[6]永初：南朝宋武帝劉裕年號（420—422）。　景平：南朝宋少帝劉義符年號（423—424）。

[7]臣恐子房赤松未易輕擬：中華本校勘記引張森楷《南史校勘記》云："'臣'疑當作'誠'。琨非對帝語，無爲稱臣也。若以周秦間語例之則愼矣。"

[8]紫標：標志。在戒嚴或征伐時用，軍士著褲褶時綴於肩

或背。

[9]辨：大德本、汲古閣本、殿本作“辦”。

王惠字令明，誕從祖弟也。[1]祖劭，[2]車騎將軍。父默，左光禄大夫。

[1]誕從祖弟：《宋書》卷五八《王惠傳》作“太保弘從祖弟”，馬宗霍《南史校證》云：“殿本《宋書考證》曰：‘按《晋書》王恬、王劭皆導之子，恬生珣，珣生弘，劭生默，默生惠，當云弘從祖弟。諸本皆脱弟字，今未敢輒增。’余按《考證》以惠爲弘從祖弟是也，惟弘祖名洽不名恬，此則誤記耳。《南史》作‘誕從祖弟’，誕又弘從祖兄也。”（第419頁）

[2]劭：王劭。字敬倫，王導第五子。《晋書》卷六五有附傳。

惠幼而夷簡，爲叔父司徒謐所知。恬静不交遊，未嘗有雜事。陳郡謝瞻才辯有風氣，[1]嘗與兄弟群從造惠，談論鋒起，文史間發，惠時相詶應，[2]言清理遠，瞻等惵而退。宋武帝聞其名，以問其從兄誕，誕曰：“惠後來秀令，鄙宗之美也。”即以爲行參軍，累遷世子中軍長史。[3]

[1]陳郡：郡名。治陳縣，在今河南周口市淮陽區。　謝瞻：字宣遠，陳郡陽夏（今河南太康縣）人，謝晦兄。本書卷一九有附傳，《宋書》卷五六有傳。

[2]詶：大德本、殿本同，汲古閣本作“酬”，《宋書》卷五八《王惠傳》作“酬”。

[3]世子：王公的嫡長子，或有權嗣位的王公之子。此世子指

少帝劉義符。

　　時會稽內史劉懷敬之郡，[1] 送者傾都，惠亦造別。還過從弟球，球問：“向何所見？”惠言：“唯覺逢人耳。”素不與謝靈運相識，[2] 嘗得交言，靈運辨博，[3] 辭義鋒起，惠時然後言。時荀伯子在坐，[4] 退而告人曰：“靈運固自蕭散直上，王郎有如萬頃陂焉。”嘗臨曲水，風雨暴至，坐者皆馳散。惠徐起，不異常日，不以霑濡而改。

　　[1]劉懷敬：彭城（今江蘇徐州市）人，劉懷肅弟。本書卷一七、《宋書》卷四七有附傳。
　　[2]謝靈運：陳郡陽夏（今河南太康縣）人，謝玄孫。晋時襲爵康樂公。喜游山水，工詩文，有文集傳世。本書卷一九、《宋書》卷六七有傳。
　　[3]辨：大德本、汲古閣本、殿本作“辯”。
　　[4]荀伯子：潁川潁陰（今河南許昌市）人。本書卷三三、《宋書》卷六〇有傳。

　　宋國初建，當置郎中令，[1]武帝難其人，謂傅亮曰：“今用郎中令，不可減袁耀卿。”[2]既而曰：“吾得其人矣，曜卿不得獨擅其奇。”乃以惠居之。

　　[1]郎中令：官名。掌宿衛宮殿門户。魏晋南朝爲王國三卿之一，品秩隨國主地位高低而不同。
　　[2]袁耀卿：大德本、汲古閣本、殿本“耀”作“曜”。下文又作“曜”。《宋書》卷五八《王惠傳》亦作“曜”。按，此底本

誤，應據諸本改。袁渙，字曜卿。《三國志》卷一一一有傳。

宋少帝即位，以蔡廓爲吏部尚書，[1]不肯拜，乃以惠代焉。惠被召即拜，未嘗接客。人有與書求官，得輒聚閣上，及去職，印封如初。時以廓不拜惠即拜，事異而意同也。

[1]蔡廓：字子度，濟陽考城（今河南民權縣）人。本書卷二九、《宋書》卷五七有傳。

兄鑒頗好聚斂，惠意不同，謂曰："何用田爲？"鑒怒曰："無田何由得食。"惠又曰："何用食爲？"其摽寄如此。卒，[1]贈太常，無子。

[1]卒：《宋書》卷五八《王惠傳》載"元嘉三年，卒，時年四十二"。

球字蒨玉，[1]司徒謐之子、惠從父弟也，[2]少與惠齊名。宋武帝受命，爲太子中舍人，[3]宜都王友，[4]轉諮議參軍。文帝即位，王弘兄弟貴動朝廷，球終日端拱，未嘗相往來，弘亦雅敬之。歷位侍中，中書令，[5]吏部尚書。時中書舍人徐爰有寵於上，[6]上嘗命球及殷景仁與之相知。[7]球辭曰："士庶區別，國之章也。臣不敢奉詔。"上改容謝焉。

[1]字蒨玉：《宋書》卷五八《王球傳》作"字倩玉"。

［2］諮：大德本、汲古閣本、殿本作"謐"，《宋書·王球傳》作"謐"。按，此底本誤，應據諸本改。

［3］太子中舍人：官名。與太子中庶子共掌東宮文翰，侍從規諫，職如黃門侍郎。位在中庶子下、洗馬上。宋六品。

［4］友：官名。王府屬官，掌侍從規勸等。宋六品。

［5］中書令：官名。中書省長官之一，典尚書奏事，掌朝政機密，出納詔命。南朝時清閑無事，多用作重臣加官。宋三品。

［6］中書舍人：官名。中書省屬官。南朝諸帝引用寒士、細人等親信，入直禁中。出納詔命、處理機密而權力漸重，架空了中書省長官。宋七品。　徐爰：字長玉，南琅邪開陽（今江蘇常州市武進區）人。本書卷七七、《宋書》卷九四有傳。

［7］殷景仁：陳郡長平（今河南西華縣）人。宋少帝時任黃門郎，後深爲文帝信任，官至揚州刺史。本書卷二七、《宋書》卷六三有傳。

　　球簡貴之，不交游，[1] 筵席虚静，門無異客。曇首常云："蒨玉亦是玉巵無當耳。"[2] 既而尚書僕射殷景仁、領軍將軍劉湛並執重權，傾動内外，球雖通家姻戚，未嘗往來。居選職，接客甚希，[3] 不視求官書疏，而銓衡有序。遷光禄大夫，領廬陵王師。

［1］球簡貴之，不交游：大德本、汲古閣本、殿本作"球簡貴勢，不交游"，《宋書》卷五八《王球傳》作"球公子簡貴，素不交遊"。

［2］玉巵無當：謂玉杯無底。當，底。比喻東西雖好，却無用處。

［3］希：大德本、汲古閣本、殿本作"稀"，《宋書·王球傳》作"希"。

　　時大將軍彭城王義康專以政事爲本,[1]刀筆幹練者多被意遇。謂劉湛曰：“王敬弘、王球之屬,[2]竟何所堪施？爲自富貴，復那可解。”球兄子履深結劉湛，委誠義康與劉斌等。[3]球每訓厲，不納。自大將軍從事中郎轉太子中庶子,[4]流涕訴義康不願違離，故復爲從事中郎。文帝甚銜之。及誅湛之夕，履徒跣告球。球命爲取履，先温酒與之，謂曰：“常日謂汝何？”履怖不得答。球徐曰：“阿父在，汝何憂。”左右扶郎還齋，亦以球故,[5]履免死廢於家。

　　[1]彭城王義康：劉義康。宋武帝第四子。官至大將軍、司徒，權傾天下，爲文帝所忌，出爲江州刺史。後以范曄謀反事，被貶爲庶人。本書卷一三、《宋書》卷六八有傳。彭城王，封爵名。即彭城郡王。彭城，郡名。治彭城縣，在今江蘇徐州市。

　　[2]王敬弘：王裕之。字敬弘。本書卷二四、《宋書》卷六六有傳。

　　[3]劉斌：南陽涅陽（今河南鄧州市）人，與劉湛同宗。爲劉義康所知，自司徒右長史擢爲左長史。備受寵信，黨同伐異。義康爲其求丹陽尹，宋文帝不許，命爲吳郡守。文帝元嘉十七年（440），因黨附劉義康被誅。事見本書、《宋書》之《彭城王義康傳》。

　　[4]從事中郎：官名。東晉、南朝公府置。其職依時依府而異，或主吏，或分掌諸曹，或掌機密，或參謀議，地位較高，僅次於長史、司馬。宋六品。　　太子中庶子：官名。與太子中舍人共掌文翰。宋五品。

　　[5]左右扶郎還齋，亦以球故：《宋書》卷五八《王球傳》作“命左右：‘扶郎還齋。’上以球故”。

　　殷景仁卒，球除尚書僕射，王師如故。素有脚疾，多病還家，朝直至少。録尚書江夏王義恭謂尚書何尚之曰：[1]“當今乏才，群下宜加戮力，而王球放恣如此，宜以法糾之。”尚之曰：“球有素尚，加又多疾，公應以淡退求之，未可以文案責也。”義恭又面啓文帝曰：“王球誠有素譽，頗以物外自許。端任要切，[2]或非所長。”帝曰：“誠知如此，要是時望所歸。昔周伯仁終日飯酒而居此任，[3]蓋所以崇素德也。”遂見優容。後以白衣領職。[4]十八年，卒，時年四十九。贈特進、金紫光禄大夫。[5]無子，從孫奐爲後。

　　[1]何尚之：字彦德，廬江灊（今安徽霍山縣）人。宋文帝元嘉年間曾任丹陽尹，於城南講學，招聚生徒，時稱“南學”。本書卷三〇、《宋書》卷六六有傳。

　　[2]端任：指尚書僕射。

　　[3]周伯仁：周顗。字伯仁，汝南安成（今河南汝南縣）人。《晋書》卷六九有傳。　飯酒：大德本、汲古閣本、殿本作“飲酒”。

　　[4]白衣領職：免職留用。官員因失誤削除官職，或以白衣守、領原職，是對官員的一種處罰方式。

　　[5]特進：官名。魏晋南北朝成爲正式加官名號，用以安置閑退大臣，位在三公下。宋二品。

　　王彧字景文，球從子也。祖穆字伯遠，司徒謐之長兄，位臨海太守。[1]父僧朗，仕宋位尚書右僕射，[2]明帝初，以后父加特進，贈開府儀同三司，謚元公。彧名與明帝諱同，故以字行。伯父智少簡貴，有高名，宋武帝

甚重之。常言"見王智使人思仲祖"。[3]武帝與劉穆之討劉毅而智在焉，[4]他日，穆之白武帝曰："伐國重事，公言何乃使王智知。"武帝笑曰："此人高簡，豈聞此輩論議。"其見知如此。爲宋國五兵尚書，[5]封建陵縣五等子，[6]追贈太常。

[1]臨海：郡名。治章安縣，在今浙江台州市椒江區章安街道。

[2]尚書右僕射：官名。尚書省次官，與尚書令同居宰相之任。位次左僕射。輔助尚書令執行政務，參議大政，諫諍得失，監察糾彈百官，可封還詔旨，常受命主管官吏選舉。宋三品。

[3]仲祖：王濛。字仲祖。太原晉陽（今山西太原市）人，晉哀帝皇后王穆之之父。《晉書》卷九三有傳。

[4]劉穆之：字道和，小字道民，東莞莒（今山東莒縣）人。隨劉裕起兵，平桓玄，討劉毅。官至尚書左僕射。劉裕稱帝後，追封南康郡公。本書卷一五、《宋書》卷四二有傳。

[5]五兵尚書：官名。主管全國軍事行政。宋三品。隋以後改置兵部尚書。

[6]建陵：縣名。治所在今廣西荔浦市。

智無子，故父僧朗以景文繼智。幼爲從叔球所知憐。美風姿，爲一時推謝。袁粲見之歎曰："景文非但風流可悅，乃哺歠亦復可觀。"[1]有一客少時及見謝混，[2]答曰："景文方謝叔源，則爲野父矣。"粲惆悵良久，曰："恨眼中不見此人。"

[1]哺歠：飲食，吃喝。

[2]謝混：字叔源，小字益壽，陳郡陽夏（今河南太康縣）

人，謝安孫，謝琰子。襲父爵望蔡公，歷官中書令、中領軍、尚書左僕射，以黨劉毅被誅。《晋書》卷七九有附傳。

景文好言理，少與陳郡謝莊齊名。文帝嘗與群臣臨天泉池，[1]帝垂綸良久不獲。景文越席曰：“臣以爲垂綸者清，故不獲貪餌。”衆皆稱善。文帝甚相欽重，故爲明帝娶景文妹而以景文之名名明帝。武帝第五女新安公主先適太原王景深，離絶，當以適景文，景文固辭以疾，故不成婚。[2]襲爵建陵子。元凶以爲黄門侍郎，[3]未及就，孝武入討，景文遣間使歸款。以父在都下，不獲致身，事平，頗見嫌責。猶以舊恩，累遷司徒左長史。[4]

[1]天泉池：即天淵池。本書避唐高祖李淵諱改。

[2]“武帝第五女新安公主先適太原王景深”至“故不成婚”：錢大昕《廿二史考異》卷二四云：“《褚叔度傳》，弟湛之，尚高祖第七女始安哀公主，主薨，復尚高祖第五女吴郡宣公主。吴郡主以姊繼妹，必是改醮，殆始封新安，進封吴郡耳。”

[3]元凶：劉劭。宋文帝長子。弑文帝自立，兵敗被殺。本書卷一四、《宋書》卷九九有傳。

[4]司徒左長史：官名。左、右長史皆爲司徒府僚屬之長，位次左高右低，共同佐司徒掌各曹等府事。宋六品。

上以散騎常侍舊與侍中俱掌獻替，欲高其選，以景文及會稽孔覬俱南北之望以補之。[1]尋復爲司徒左長史。以姊墓開不臨赴，免官。後拜侍中、領射聲校尉、左衛將軍，[2]加給事中、太子中庶子。[3]坐與泰朝請毛法因捕戲得錢百二十萬，[4]白衣領職。

[1]以景文及會稽孔覬俱南北之望以補之：錢大昕《廿二史考異》卷三六云："琅邪王氏雖僑居江南，猶自稱北人，而以三吳人士爲南士。張緒善談玄，王儉云：'緒過江所未有，北士可求之耳。'齊高帝欲用緒爲右僕射，王儉曰：'南士由來少居此職。'《裴松之傳》：'琅邪王茂之、會稽謝輶皆南北之望。'並以南北對舉。其時南人仕宦多不達，不如北士之通顯也。"孔覬，字思遠，會稽山陰（今浙江紹興市）人。本書卷二七有附傳，《宋書》卷八四有傳。

[2]射聲校尉：官名。爲侍衛官，不領兵，隸中領軍（領軍將軍）。宋四品。　左衛將軍：官名。掌宮禁宿衛，領宿衛營兵。爲禁衛軍長官之一，宋四品。《宋書》卷八五《王景文傳》作"右衛將軍"。

[3]給事中：官名。南朝隸集書省，掌侍從皇帝左右，獻納得失，收發文書。宋五品。

[4]泰朝請：大德本、汲古閣本、殿本作"奉朝請"。按，此底本誤，應據諸本改。

景和元年，爲尚書右僕射。明帝即位，加領左衛將軍，尋加丹楊尹。遭父憂，起爲尚書左僕射、丹楊尹，固辭僕射。出爲江州刺史，[1]加都督，服闋乃受詔。封江安縣侯，[2]固讓不許。後徵爲尚書左僕射、領吏部、楊州刺史，[3]加太子詹事。不願還朝，求爲湘州，不許。時又謂景文在江州不能絜己，景文與上幸臣王道隆書，[4]深自由理。[5]

［1］江州：州名。治柴桑縣，在今江西九江市西南。

［2］江安：縣名。治所在今湖北公安縣西北。

［3］揚州刺史：官名。東晉、南朝時，揚州刺史往往由宰相兼領，其職權甚至重於尚書令和尚書僕射。

［4］王道隆：吳興烏程（今浙江湖州市）人。本書卷七七、《宋書》卷九四有附傳。

［5］由：大德本、汲古閣本、殿本作“申”。

　　景文屢辭內授，上手詔譬之曰：“尚書左僕射，卿已經此任，東宮詹事用人雖美，職次政可比中書令耳。[1]庶姓作楊州，徐干木、王休元、殷鐵並處之不辭，[2]卿清令才望，何愧休元，毗贊中興，豈謝干木，綢繆相與，何後殷鐵邪？司徒以宰相不應帶神州，[3]遠遵先旨，京口鄉基義重，[4]密邇畿內，又不得不同驃騎。[5]陝西任要，[6]由來用宗室，驃騎既去，巴陵理應居之，[7]中流雖曰閑地，控帶一江，[8]通接荊、郢，經塗之要，由來有重鎮。如此，則楊州自成闕刺史。卿若有辭，便不知誰應處之。此選大備與公卿疇懷，[9]非聊爾也。”固辭詹事、領選，徙爲中書令，常侍、僕射、楊州如故。又進中書監，領太子太傅，[10]常侍、楊州如故。景文固辭太傅，上遣新除尚書右僕射褚彥回宣旨，[11]不得已乃受拜。

［1］政：同“正”。祇，僅僅。

［2］徐干木：徐羨之。干木爲其小字。　王休元：王弘，字休元。　殷鐵：殷景仁。鐵爲其小字。

［3］司徒：此指建安王劉休仁。宋文帝第十二子。文帝元嘉二

十九年（452），立爲建安王。明帝泰始七年（471），賜死。後降封始安縣王。本書卷一四、《宋書》卷七二有傳。

[4]京口：城名。在今江蘇鎮江市。

[5]同：《宋書》卷八五《王景文傳》作“用”。 驃騎：官名。驃騎大將軍省稱。指晉平王劉休祐。宋文帝第十三子。本書卷一四、《宋書》卷七二有傳。

[6]陝西：指荆州。東晉、南朝時，荆州、揚州最爲重要，有荆爲外閫、揚爲内户之説，故效周成王時周公和召公分陝而治的辦法，以荆州爲陝西，揚州爲陝東。

[7]巴陵：巴陵王劉休若。宋文帝第十九子。本書卷一四、《宋書》卷七二有傳。

[8]控帶一江：大德本、汲古閣本、殿本作“控帶二江”，《宋書·王景文傳》作“控帶三江”。

[9]疇懷：猶磋商。

[10]太子太傅：官名。與太子少傅並稱太子二傅。掌輔佐太子。南朝皆置詹事，二傅不領官屬庶務。宋三品。

[11]褚彦回：褚淵。字彦回，本書避唐高祖李淵諱而稱字，河南陽翟（今河南禹州市）人。尚宋文帝女南郡獻公主，拜駙馬都尉，除著作佐郎。受明帝遺命與尚書令袁粲輔佐蒼梧王。後助蕭道成代宋建齊，封南康郡公，官至尚書令、司空。本書卷二八有附傳，《南齊書》卷二三有傳。

時太子及諸皇子並小，上猶爲身後計，[1]諸將帥吳喜、壽寂之之徒，[2]慮其不能奉幼主，並殺之。而景文外戚貴盛，張永累經軍旅，[3]又疑其將來難信，乃自爲謡言曰：“一士不可親，弓長射殺人。”一士王字，指景文，弓長張字，指張永。景文彌懼，乃自陳求解揚州。詔答曰：

[1]猶：《宋書》卷八五《王景文傳》作“稍”。

[2]吳喜：本名喜公，宋明帝命爲喜，吳興臨安（今浙江杭州市臨安區）人。本書卷四〇、《宋書》卷八三有傳。　壽寂之：宋明帝幸臣。本書卷七七、《宋書》卷九四有附傳。

[3]張永：字景雲，吳郡吳（今江蘇蘇州市）人，張茂度之子。本書卷三一、《宋書》卷五三有附傳。

人居貴要，但問心若爲耳。[1]大明之世，巢、徐、二戴位不過執戟，[2]權亢人主；顏師伯白衣僕射，横行尚書中。袁粲作僕射領選，而人往往不知有粲。粲遷爲令，居之不疑。今既省録，今便居昔之録至，[3]置省事及幹僮，並依録格。粲作令來亦不異爲僕射，人情向粲，淡然亦復不改常。以此居貴位要任，當有致憂兢不？卿今雖作揚州、太子太傅，位雖貴而闕朝政，[4]可安不懼，差於粲也。卿虛心受榮，有而不爲累。貴高有危殆之懼，卑賤有溝壑之憂，張、單雙災，木鴈兩失。[5]有心於避禍，不如無心於任運。夫千仞之木，既摧於斧斤，一寸之草，亦悴於踐蹋。高崖一脩幹，[6]與深谷之淺條，存亡之要，巨細一揆耳。晉將畢萬七戰，[7]死於牖下，蜀相費禕從容坐談，[8]斃於刺客。故甘心於履危，未必逢禍，縱意於處安，不必全福。但貴者自惜，故每憂其身，賤者自輕，故易忘其己。然爲教者每誡貴不誡賤，言其貴滿好自恃也。凡名位貴達，人以存懷，泰則觸人改容，否則行路嗟愕。至如賤者，否泰不足以動人，存亡不足以絓數，死於溝瀆，困於塗路者，天地之間，亦復何限，人不係意耳。以此而推，貴何必難處，賤何必易安。但人生自應卑慎爲道，行己用心，務思謹惜。

[1]若爲：晉、宋以來通語，猶今人言怎麽樣。

[2]巢、徐、二戴：巢，巢尚之。徐，徐爰。二戴，戴法興、戴明寶，本書卷七七有傳。

[3]今：大德本、汲古閣本、殿本作“令”。按，此底本誤。
録：即録尚書事。魏晉南北朝多以公卿權重者居之，總領尚書省政務，位在三公上。又有録尚書六條事、關尚書七條事等名義。
至：《宋書》卷八五《王景文傳》作“任”。中華本據《宋書》改。

[4]而闕朝政：大德本、汲古閣本同，殿本作“而不關朝政”，《宋書·王景文傳》作“而不關朝政”。

[5]張、單雙災，木鴈兩失：張、單指張毅、單豹二人。出自《莊子·達生》：“豹養其内而虎食其外，毅養其外而病攻其内。”木鴈，木以無所用，不受砍伐，因而得以長壽。鴈以不能鳴叫，被主人宰殺，招待客人。面對這兩種境況，祇有處在有用和無用之間纔能全生遠禍。典出《莊子·山木》。

[6]高崖一脩幹：大德本、汲古閣本、殿本作“高崖之脩幹”，《宋書·王景文傳》作“高崖之脩榦”。

[7]晉將畢萬七戰：《宋書·王景文傳》作“晉卿畢萬七戰皆獲”。按，事見《左傳》哀公二年。

[8]費禕：字文偉，江夏鄳（今河南信陽市）人。三國時蜀漢大臣，官至大將軍、録尚書事。蜀後主延熙十六年（253），宴會時沉醉，爲刺客所殺。《三國志》卷四四有傳。

若乃吉凶大期，正應委之理運。遭隨參差，莫不由命也。既非聖人，不能見吉凶之先，見正是依侲於理，[1]言可行而爲之耳。得吉者是其命吉，遇不吉者是其命凶。以近事論之：景和之世，晉平庶人從壽陽歸亂朝，[2]人皆爲之戰慄，而乃遇中興之運。袁顗圖避禍於襄陽，[3]當時皆羨之，謂爲陵霄駕鳳，遂與義嘉同滅。[4]駱宰見狂生，[5]語人言“越王長頸鳥喙，[6]可與共憂，不可共樂。范蠡去而全身，文種留而遇禍。今主口頸頗有越王之狀，我在尚書中久，不去必危”。遂求江南縣。[7]諸都令史住京師者，皆遭中興之慶，人人蒙爵級；宰逢義嘉染罪，金木纏身，性命幾絶。卿耳目所聞見，安危在運，何可豫圖邪？[8]

[1]見正是依侲於理：《宋書》卷八五《王景文傳》作“正是依侲於理”，底本衍“見”字。

[2]晉平庶人：晉平王劉休祐，被宋明帝殺後，免爲庶人。壽陽：縣名。治所在今安徽壽縣。當時爲豫州刺史治所，劉休祐任豫州刺史，自壽陽回建康。

[3]袁顗：字國章（《宋書》作“景章”），陳郡陽夏（今河南太康縣）人。本書卷二六有附傳，《宋書》卷八四有傳。

[4]義嘉：宋明帝泰始二年（466），晉安王子勛即帝位於尋陽，改元義嘉，徐州刺史薛安都、吳郡太守顧琛等紛起應之，四方貢計皆歸尋陽。八月，宋將沈攸之入尋陽，殺晉安王子勛。史稱義嘉之難。

[5]駱宰：曾任尚書都令史。　狂生：大德本、汲古閣本、殿本作“狂主”。《宋書·王景文傳》作“幼主”。即宋前廢帝劉子業。

[6]言：大德本、汲古閣本同，殿本作“云”，《宋書·王景文

傳》作“云”。

　　[7]遂求江南縣：《宋書·王景文傳》作“遂求南江小縣”。

　　[8]豫：汲古閣本同，大德本、殿本作“預”，《宋書·王景文傳》作“預”。

　　上既有疾，而諸弟並已見殺；唯桂陽王休範人才本劣，[1]不見疑，出爲江州刺史。慮一旦晏駕，皇后臨朝，則景文自然成宰相，門族強盛，藉元舅之重，歲暮不爲純臣。泰豫元年春，[2]上疾篤，遣使送藥賜景文死，使謂曰：“朕不謂卿有罪，然吾不能獨死，請子先之。”因手詔曰：“與卿周旋，欲全卿門戶，故有此處分。”敕至之夜，景文政與客棋，扣函看，[3]復還封置局下，神色怡然不變。方與客棋思行争劫竟，[4]斂子內奩畢，徐謂客曰：“奉敕見賜以死。”方以敕示客。酒至未飲，門客焦度在側，[5]憤怒發酒覆地曰：“大丈夫安能坐受死。州中文武可數百人，足以一奮。”景文曰：“知卿至心；若見念者，爲我百口計。”乃墨啓答敕，并謝贈詔。酌謂客曰：“此酒不可相勸。”自仰而飲之。時年六十。追贈開府儀同三司，謚曰懿。長子絢。

　　[1]桂陽王休範：劉休範。宋文帝第十八子。本書卷一四、《宋書》卷七九有傳。桂陽，郡名。治郴縣，在今湖南郴州市。

　　[2]泰豫：南朝宋明帝劉彧年號（472）。

　　[3]看：汲古閣本同，大德本、殿本作“着”。

　　[4]劫：圍棋術語。也稱“劫争”“打劫”。

　　[5]焦度：字文績，南安（今甘肅隴西縣）氏人。本書卷四六、《南齊書》卷三〇有傳。

　　絢字長素，早惠。年五六歲，[1]讀《論語》至"周監於二代"，外祖何尚之戲之曰："可改耶耶乎文哉。"[2]絢應聲答曰："尊者之名，安可戲，寧可道草翁之風必舅？"[3]及長，篤志好學。位秘書丞。先景文卒，諡曰恭世子。絢弟績。

　　[1]年五六歲：《宋書》卷八五《王絢傳》作"年七歲"。
　　[2]耶耶乎文哉：《論語·八佾》作"郁郁乎文哉"。"郁""彧"音同，故改爲"耶"。耶，古同爺，南朝通稱父爲耶。
　　[3]草翁之風必舅：《論語·顏淵》云："草上之風必偃"。"上"與"尚"同音，犯了外祖的諱，用"翁"字代替。何尚之子何偃，是王絢之舅，用"舅"字代替"偃"。按，晉宋人最重家諱，子孫不得道父祖名字，即使同音字也要回避。

　　績字叔素，弱冠秘書郎、太子舍人，[1]轉中書舍人。景文以此授超階，令績經年乃受。景文封曲安侯，[2]績襲其本爵爲始平縣五等男。[3]元徽末，爲黃門郎，東陽太守。

　　[1]太子舍人：官名。東宮屬官。掌文章書記。宋七品。
　　[2]曲安侯：《南齊書》卷四九《王績傳》作"江安侯"。按，據前文王景文所封爲"江安侯"，此底本誤，作"江安侯"是。
　　[3]始平縣五等男：錢大昕《廿二史考異》卷三六云："本爵之語，亦未詳。景文初襲伯父封建陵子，非始平男。"

　　齊武帝爲撫軍，[1]吏部尚書張岱選績爲長史，[2]呈選牒，高帝笑曰："此可謂素望。"再遷義興太守，輒録郡

吏陳伯喜付陽羨獄，欲殺之，縣令孔逳不知何罪，不受
續教，爲有司奏，坐白衣領職。後長兼侍中。[3]武帝出
射雉，[4]續信佛法，稱疾不從。永元元年，卒於太常，
謚靖子。

　　[1]齊武帝：蕭賾。字宣遠。廟號世祖。本書卷四、《南齊書》
卷三有紀。
　　[2]張岱：字景山，吳郡吳（今江蘇蘇州市）人。本書卷三一
有附傳，《南齊書》卷三二有傳。
　　[3]長兼：官制術語。一種任官形式。秩位低於正員，可由此
升爲正員，亦可由正員降此。自太尉、侍中、御史中尉至行參軍皆
可設。
　　[4]射雉：射獵野雞。漢魏以來流行射雉，射雉有射雉場。
（參見周一良《魏晉南北朝史札記》，第220頁）

　　續女適武帝寵子安陸王子敬，[1]永明二年納妃，[2]脩
外舅姑之敬。武帝遣文惠太子相隨往續家，[3]置酒設樂，
公卿皆冠冕而去，當世榮之。

　　[1]安陸王子敬：蕭子敬。字雲端，齊武帝第五子。本書卷四
四、《南齊書》卷四〇有傳。
　　[2]永明：南朝齊武帝蕭賾年號（483—493）。
　　[3]文惠太子：蕭長懋。字雲喬，齊武帝長子。初封南郡王，
中軍將軍，置府，鎮石頭戍，尋轉征北將軍。武帝即位，立爲太
子，未繼位而早卒。本書卷四四、《南齊書》卷二一有傳。

　　續弟約，齊明帝世數年廢錮。梁武帝時爲太子中庶

子，嘗謂約曰："卿方當富貴，必不容久滯屈。"及帝作輔，謂曰："我嘗相卿當富貴，不言卿今日富貴便當見由。"歷侍中，左户尚書，廷尉。[1]

[1]廷尉：官名。掌刑獄。南朝又置建康三官，分掌刑法審判，廷尉職權較漢爲輕。梁、陳定名廷尉卿。

續長子雋，[1]不慧，位止建安太守。

[1]雋：大德本、汲古閣本、殿本作"儁"。

雋子克。克美容貌，善容止，仕梁歷司徒右長史、尚書僕射。臺城陷，仕侯景，[1]位太宰、侍中、録尚書事。景敗，克迎候王僧辨，[2]問克曰："勞事夷狄之君"，克不能對。次問璽綬何在？克默然良久曰："趙平原將去。"平原名思賢，景腹心也，景授平原太守，故克呼焉。僧辨乃誚克曰："王氏百世卿族，便是一朝而墜。"仕陳，位尚書右僕射。

[1]侯景：字萬景。爲東魏河南道大行臺，於梁武帝太清初降梁。太清二年（548），舉兵反，攻陷建康，困死梁武帝。又廢簡文帝，自立爲帝，改國號爲漢。史稱侯景之亂。動亂歷時四年，梁從此衰敗。陳寅恪《〈魏書·司馬叡傳〉江東民族條釋證及推論》云："侯景之亂，不僅於南朝政治上爲鉅變，並在江東社會上，亦爲一劃分時期之大事。"（載《金明館叢稿初編》，生活·讀書·新知三聯書店2001年版，第113頁）本書卷八〇、《梁書》卷五六有傳。

［2］王僧辨：大德本、汲古閣本、殿本作“辨”皆作“辯”，下文亦同。本書卷六三本傳亦作“辯”。按，作“辯”是。王僧辯，字君才，太原祁（今山西祁縣）人。初爲北魏將領，梁初隨父南渡，任湘東王蕭繹府中司馬等職。後與陳霸先收復建康。蕭繹即位後，爲太尉。侯景之亂時，被蕭繹任爲大都督，討破侯景。梁元帝死後，在北齊壓力下，納貞陽侯蕭淵明爲帝。後爲陳霸先襲殺。本書卷六三有附傳，《梁書》卷四五有傳。

　　蘊字彦深，或兄子也。父指，[1]太中大夫。[2]揩人才凡劣，故蘊不爲群從所禮，常懷耻慨。家貧，爲廣德令。[3]明帝即位，四方叛逆，欲以將領自奮，每撫刀曰：“龍泉太阿，汝知我者。”叔父景文常誡之曰：“阿答，汝滅我門户。”蘊曰：“答與童烏貴賤異。”童烏，絢小字，答，蘊小字也。及事寧，封吉陽男。[4]歷晋陵、義興太守，所莅並貪縱。後爲給事黄門侍郎。

　　［1］指：大德本、汲古閣本、殿本作“揩”，下文亦作“揩”。《宋書》卷八五《王蘊傳》作“楷”。馬宗霍《南史校證》以爲“似作‘楷’字爲是”（第 426 頁）。
　　［2］太中大夫：官名。南朝多用以安置老疾退免官員，無職事。宋七品。品秩不高，禄賜與卿相當。
　　［3］廣德：縣名。治所在今安徽廣德市西南。
　　［4］吉陽：縣名。治所在今江西吉水縣東。

　　桂陽之逼，[1]王道隆爲亂兵所殺，蘊力戰，重創御溝側，或扶以免。事平，撫軍長史褚澄爲吴郡太守，[2]司徒左長史蕭惠開明言於朝曰：[3]“褚澄開城以納賊，更爲股肱大郡，王蘊被甲死戰，棄而不收，賞罰如此，何憂不亂！"褚彥回愳，乃議用蘊爲湘州刺史。及齊高帝輔政，蘊與沈攸之連謀，[4]事敗，斬於秣陵市。[5]

[1]桂陽：桂陽王劉休範。

[2]褚澄：字彥道，褚彥回弟。本書卷二八、《南齊書》卷二三有附傳。

[3]蕭惠開明：《資治通鑑》卷一三三《宋紀十五》後廢帝元徽二年作"蕭惠明"，按，底本衍"開"字，應據《資治通鑑》删。

[4]沈攸之：字仲達，吳興武康（今浙江德清縣）人。本書卷三七有附傳，《宋書》卷七四有傳。

[5]秣陵：縣名。治所在今江蘇南京市。按，秣陵爲京邑二縣之一。轄秦淮河南岸平原一帶。

奐字道明，[1]或兄子也。父粹字景深，位黄門侍郎。奐繼從祖球，故小字彥孫。年數歲，常侍球許，甚見愛。奐諸兄出身諸王國常侍，而奐起家著作佐郎。[2]琅邪顔延之與球情款稍異，[3]常撫奐背曰："阿奴始免寒士。"[4]

[1]字道明：《南齊書》卷四九《王奐傳》作"字彥孫"。

[2]著作佐郎：官名。掌搜集史料，供著作郎撰史。職務清閑，成爲高門子弟的起家官。宋六品。

[3]顔延之：字延年，琅邪臨沂（今山東臨沂市）人。與陳郡謝靈運俱以文章齊名，時稱"顔謝"。本書卷三四、《宋書》卷七三有傳。

[4]阿奴：對幼小者之愛稱。

奐少而強濟，叔父景文常以家事委之。仕宋歷侍中，祠部尚書，[1]轉掌史部。[2]昇明初，[3]遷丹楊尹。初，王晏父普曜爲沈攸之長史，[4]常懼攸之舉事，不得還，奐爲吏部，轉普曜爲内職，晏深德之。及晏仕齊，武帝以奐宋室外戚，而從弟蘊又同逆，疑有異意，晏叩頭保奐無異志。時晏父母在都，請以爲質，武帝乃止。

[1]祠部尚書：官名。東晉始置，掌宗廟禮儀。自東晉以後，祠部尚書與右僕射通職，不並置已成常制。南朝宋領祠部、儀曹二曹。宋三品。隋改名禮部尚書。

[2]史：大德本、汲古閣本、殿本作“吏”。按，此底本誤，應從諸本改。

[3]昇明：南朝宋順帝劉準年號（477—479）。

[4]王晏：字士彦，琅邪臨沂（今山東臨沂市）人。本書卷二四有附傳，《南齊書》卷四二有傳。

永明中，累遷尚書右僕射。王儉卒，上欲用奐爲尚書令，以問晏。晏位遇已重，意不推奐，答曰：“柳世隆有勳望，[1]恐不宜在奐後。”乃轉左僕射，加給事中。出爲雍州刺史，[2]加都督。與寧蠻長史劉興祖不睦。[3]十一年，奐遣軍主朱公恩征蠻失利，興祖欲以啓聞，奐大怒，收付獄。興祖於獄以針畫漆合盤爲書，報家稱枉，令啓聞，而奐亦馳信啓上，誣興祖扇動荒蠻。上知其枉，敕送興祖還都，奐恐辭情翻背，輒殺之。上大怒，遣中書舍人呂文顯、直閤將軍曹道剛領兵收奐，[4]又別詔梁州刺史曹武自江陵步出襄陽。[5]奐子彪凶愚，頗干時政，士人咸切齒。時文顯以漆匣匣筌篾在船中，因相詿云，"臺使封刀斬王彪"。及道剛、曹武、文顯俱至，衆力既盛，又懼漆匣之言，於是議閉門拒命。長史殷叡，奐女壻也，諫曰："今開城門，白服接臺使，不過檻車徵還，隳官免爵耳。"彪堅執不同，[6]叡又曰："宜遣典籤間道送啓自申，[7]亦不患不被宥。"乃令叡書啓，遣典籤陳道齊出城，便爲文顯所執。叡又曰："忠不背國，勇不逃死，百世門户，宜思後計，孰與仰藥自全，則身名俱泰，叡請先驅螻蟻。"又不從。奐門生鄭羽叩頭啓奐，乞出城迎臺使，奐曰："我不作賊，[8]欲先遣啓自申，政恐曹、呂輩小人相陵藉，故且閉門自守耳。"彪遂出戰，敗走歸。土人起義，攻州西門，彪登門拒戰，却之。司馬黃瑤起、寧蠻長史裴叔業於城內起兵攻奐，[9]奐聞兵入，禮佛，未及起，軍人斬之，彪及弟爽、弼、殷叡皆伏誅。奐長子太子中庶子融，融弟司徒從事中郎琛，於都棄市，餘孫皆原宥。琛弟肅、秉並奔魏，[10]後得黃瑤起臠食之。弟仙女爲長沙王晃妃，以男女並長，且又出繼，特不離絕。

[1]柳世隆：字彥緒，河東解（今山西臨猗縣）人，柳元景之侄。本書卷三八有附傳，《南齊書》卷二四有傳。

[2]雍州：僑州名。治襄陽縣，在今湖北襄陽市。

[3]寧蠻長史：官名。寧蠻校尉僚屬。寧蠻校尉，掌管雍州的少數民族事務。領兵，設府於襄陽，稱小府。宋四品。

[4]吕文顯：臨海（今浙江台州市椒江區）人。本書卷七七、《南齊書》卷五六有傳。　直閣將軍：官名。南朝新置。掌警衛宮廷。出入省閣，侍衛皇帝。宋四品至五六品（參見張金龍《魏晉南北朝禁衛武官制度研究》，中華書局 2004 年版）。　曹道剛：本書卷七七有附傳。

[5]曹武：即曹虎。本書避唐高祖李淵祖父李虎諱改，字士威，下邳（今江蘇睢寧縣）人。本書卷四六、《南齊書》卷三〇有傳。

[6]同：大德本、汲古閣本同，殿本作“從”。

[7]典籤：官名。本爲掌管文書的小吏。南朝時爲監視出任方鎮的諸王和各州刺史，皇帝委派親信擔任此職，品階雖不高，實權在長史之上。

[8]作賊：指造反，作亂。

[9]裴叔業：河東聞喜（今山西聞喜縣）人。仕齊，官至豫州刺史。東昏侯蕭寶卷即位，誅大臣，叔業疑懼，反。旋即病卒，其子植以壽春降魏。《南齊書》卷五一、《魏書》卷七一、《北史》卷四五有傳。

[10]蕭：王肅。字恭懿。《魏書》卷六三、《北史》卷四二有傳。按，王肅北奔，北魏“朝儀國典咸自肅出”。

奐既誅，故舊無敢至者，汝南許明達先爲奐參軍，躬爲殯斂，經理甚厚，當時高其節。奐弟份。

份字季文。仕宋位始安内史。[1]袁粲之誅，親故無敢視者，份獨往致慟，由是顯名。累遷大司農。[2]奐誅後，其子蕭奔魏，份自拘請罪，齊武帝宥之。蕭屢引魏人至邊，份嘗因侍坐，武帝謂曰：“比有北信不？”份改容對曰：“蕭既近忘墳柏，寧遠憶有臣。”帝亦以此亮焉。後位秘書監。仕梁位散騎常侍，領步兵校尉，兼起部尚書。[3]

　　[1]始安：郡名。治始安縣，在今廣西桂林市。
　　[2]大司農：官名。南朝國家財政歸尚書省主管，大司農或置或省，所掌唯倉儲園苑及供膳之庶務。宋三品。
　　[3]起部尚書：官名。掌營造宗廟宮室。不常置。梁十三班。

　　武帝嘗於宴席問群臣曰："朕爲有爲無?"份曰："陛下應萬物爲有，體至理爲無。"帝稱善。後累遷尚書左僕射。歷侍中，特進，左光禄大夫，監丹楊尹。[1]卒，諡曰胡子。

　　[1]監丹楊尹：凡監某州、郡、縣者，即行刺史、郡守、縣令職權。南朝多見此制。

　　長子琳，字孝璋，位司徒左長史。琳齊代取梁武帝妹義興長公主，有子九人，並知名。
　　長子銓，字公衡，美風儀，善占吐，[1]尚武帝女永嘉公主，拜駙馬都尉。銓雖學業不及弟錫，而孝行齊焉，時人以爲銓、錫二王，可謂玉昆金友。母長公主疾，銓形貌瘠貶，人不復識。及居喪，哭泣無常，因得氣疾。位侍中、丹楊尹。卒於衛尉卿。[2]

　　[1]占吐：言談，談吐。
　　[2]衛尉卿：官名。掌宮門宿衛屯兵，領武庫令、公車司馬令。梁十二班。

子溥，字伯淮，尚簡文帝女餘姚公主。

銓弟錫字公嘏，幼而警悟，與兄弟受業，至應休散，輒獨留不起，精力不倦，致損右目。十二爲國子生，[1]十四舉清茂，除秘書郎，再遷太子洗馬。[2]時昭明太子尚幼，[3]武帝敕錫與秘書郎張纘使入宮，[4]不限日數。與太子游狎，情兼師友。又敕陸倕、張率、謝舉、王規、王筠、劉孝綽、到洽、張緬爲學士，[5]十人盡一時之選。錫以戚屬，封永安侯。

[1]二：汲古閣本同，大德本、殿本作“三”，《梁書》卷二一《王錫傳》作“二”。

[2]太子洗馬：官名。掌文翰。梁置八員，六班。《梁書》卷四九《庾於陵傳》：“舊事，東宮官屬，通爲清選，洗馬掌文翰，尤其清者。近世用人，皆取甲族有才望。”

[3]昭明太子：蕭統。字德施，小字維摩，梁武帝長子。謚昭明，故稱。本書卷五三、《梁書》卷八有傳。

[4]張纘：字伯緒，范陽方城（今河北固安縣）人。起家秘書郎，與裴子野爲忘年之交。本書卷五六、《梁書》卷三四有附傳。

[5]陸倕：字佐公，吳郡吳（今江蘇蘇州市）人。本書卷四八有附傳，《梁書》卷二七有傳。　張率：字士簡，吳郡吳（今江蘇蘇州市）人，張瓌之子，張永之孫。善屬文，被沈約譽爲“南金”。本書卷三一有附傳，《梁書》卷三三有傳。　謝舉：字言揚，陳郡陽夏（今河南太康縣）人。梁武帝大同九年（543）三月爲尚書僕射，太清二年（548）正月遷任尚書令。史載其“雖屢居端揆，未嘗肯預時政”。本書卷二〇有附傳，《梁書》卷三七有傳。　王規：字威明，琅邪臨沂（今山東臨沂市）人。本書卷二二有附傳，《梁書》卷四一有傳。　王筠：字元禮，一字德柔，琅邪臨沂（今

山東臨沂市）人。本書卷二二有附傳，《梁書》卷三三有傳。　劉孝綽：字孝綽，本名冉，彭城（今江蘇徐州市）人。本書卷三九有附傳，《梁書》卷三三有傳。　到洽：字茂㳂，彭城武原（今江蘇邳州市）人。本書卷二五有附傳，《梁書》卷二七有傳。　張緬：字元長，張纘兄。本書卷五六有附傳，《梁書》三四有傳。

普通初，[1]魏始連和，使劉善明來聘，敕中書舍人朱异接之。[2]善明彭城舊族，氣調甚高，負其才氣，酒酣謂异曰："南國辨學如中書者幾人？"[3]异曰："异所以得接賓宴，乃分職是司，若以才辨相尚，則不容見使。"善明乃曰："王錫、張纘，北間所聞，云何可見？"异具啓聞，敕即使南苑設宴，錫與張纘、朱异四人而已。善明造席，遍論經史，兼以嘲謔。錫、纘隨方酬對，無所稽疑，善明甚相歎挹。他日謂异曰："一日見二賢，實副所期，不有君子，安能爲國。"引宴之日，敕使左右徐僧權於坐後，言則書之。

［1］普通：南朝梁武帝蕭衍年號（520—527）。

［2］朱异：字彦和，吴郡錢唐（今浙江杭州市）人。本書卷六二、《梁書》卷三八有傳。

［3］辨：大德本同，汲古閣本、殿本作"辯"。

累遷吏部郎中，[1]時年二十四。謂親友曰："吾以外戚謬被時知，兼比羸病，庶務難擁，安能捨其所好而徇之不能。"[2]乃稱疾不拜。便謝遣胥徒，拒絶賓客，掩扉覃思，室宇蕭然。諸子温凊，隔簾趨倚。公主乃命穿壁，使子涉、湜觀之。[3]卒年三十六，贈侍中，謚貞子。
錫弟僉。

[1]吏部郎中：官名。東晋、南朝與吏部郎互稱，爲尚書省吏
部曹長官。梁十一班。

[2]之：大德本、汲古閣本、殿本作“所”。

[3]涉：《梁書》卷二一《王錫傳》作“泛”，《册府元龜》卷
三〇〇亦作“泛”。

　　僉字公會，八歲丁父憂，哀毁過禮。初補國子生，
祭酒袁昂稱爲通理。[1]累遷始興内史，丁所生母憂，固
辭不拜。又除南康内史，在郡義興主薨，詔起復郡。後
爲太子中庶子，掌東宫管記。卒，贈侍中。元帝下詔：
賢而不伐曰恭，追謚曰恭子。僉弟通。

[1]袁昂：字千里，陳郡陽夏（今河南太康縣）人。本書卷二
六有附傳，《梁書》卷三一有傳。

　　通字公達，仕梁爲黄門侍郎。敬帝承制，[1]以爲尚
書右僕射。陳武帝受禪，[2]遷右僕射。[3]太建元年，[4]爲
左光禄大夫。六年，加特進，侍中、將軍、光禄、佐
吏、扶並如故。[5]未拜，卒，謚曰成。弟勘。

[1]敬帝：南朝梁敬帝蕭方智。字慧相，小字法真，梁元帝第
九子。本書卷八、《梁書》卷六有紀。　　承制：秉承皇帝旨意，代
行其職權之稱。

[2]陳武帝：陳霸先。梁敬帝太平二年（557）十月辛未，梁

敬帝禪位於陳霸先。本書卷九，《陳書》卷一、卷二有紀。

〔3〕右僕射：《陳書》卷一七《王通傳》作“左僕射”，按此作“左僕射”是。

〔4〕太建：南朝陳宣帝陳頊年號（569—582）。

〔5〕加特進，侍中、將軍、光禄、佐吏、扶並如故：佐吏，《陳書·王通傳》作“佐史”，中華本據《陳書》改。其校勘記云：“按此叙通所歷官不云爲侍中、將軍，則‘如故’不知所自來矣。《陳書》謂爲侍中，自翊右將軍進號安右將軍，又無給扶之文，則此‘扶’亦無着落。”

勱字公齊，美風儀，涉書史，[1]恬然清簡，未嘗以利欲干懷。仕梁爲輕車河東王功曹史。王出鎮京口，勱將隨之蕃。范陽張纘時典選舉，勱造纘言别，纘嘉其風采，乃曰：“王生才地，豈可游外府乎？”奏爲太子洗馬。後爲南徐州别駕從事史。[2]

〔1〕涉書史：大德本、汲古閣本、殿本作“博涉書史”。

〔2〕南徐州：州名。治京口城，在今江蘇鎮江市。

大同末，[1]梁武帝謁園陵，道出朱方，[2]勱隨例迎候，救令從輦側。所經山川，莫不顧問，勱隨事應對，咸有故實。又從登北顧樓賦詩，[3]辭義清典，帝甚嘉之。

〔1〕大同：南朝梁武帝蕭衍年號（535—546）。

〔2〕朱方：地名。南朝時京口或南徐州的别稱。

〔3〕北顧樓：原名北固樓，在今江蘇鎮江市北固山上。是六朝時期比較重要的軍事建築。

　　時河東王爲廣州刺史，乃以勱爲冠軍河東王長史、南海太守。[1]王至嶺南，多所侵掠，因懼罪稱疾，委州還朝，勱行州府事。越中饒沃，前後守宰，例多貪縱，勱獨以清白著聞。入爲給事黃門侍郎。

　　[1]冠軍：官名。冠軍將軍的省稱。梁武帝大通三年（529）定爲武職三十四班中的二十八班。陳擬四品，比秩中二千石。　南海：郡名。治番禺縣，在今廣東廣州市。

　　侯景之亂，奔江陵，歷位晋陵太守。時兵飢之後，郡中彫弊，勱爲政清簡，吏人便安之。徵爲侍中，遷五兵尚書。

　　會魏軍至，元帝徵湘州刺史宜豐侯蕭循入援，[1]以勱監湘州。及魏平江陵，敬帝承制，以爲中書令，加侍中。歷陳武帝司空、丞相長史，侍中、中書令並如故。

　　[1]元帝：南朝梁元帝蕭繹。字世誠，梁武帝第七子。時爲鎮西將軍、荆州刺史。本書卷八、《梁書》卷五有紀。　宜豐：縣名。三國吳析建城縣置，屬豫章郡。治所在今江西宜豐縣北。　蕭循：又作蕭脩。梁鄱陽王恢子。本書卷五二有附傳。

　　及蕭勃平，[1]以勱爲廣州刺史。未行，改爲衡州刺史。[2]王琳據有上流，[3]衡、廣攜貳，勱不得之鎮，留于大庾嶺。[4]

　　[1]蕭勃：南朝梁武帝之姪，封曲江鄉侯。簡文帝大寶初年任

廣州刺史。本書卷五一有附傳。

[2]衡州：州名。南朝梁武帝天監六年（507）置。治含洭縣，在今廣東英德市浛洸鎮。

[3]王琳：字子珩，會稽山陰（今浙江紹興市）人。原爲梁元帝大將。江陵陷落後，盤踞湘、郢諸州，奉梁元帝之孫蕭莊爲梁主。公元557年十月敗陳軍於沌口，對下游陳政權構成巨大威脅。陳文帝天嘉元年（560）在蕪湖之役中被侯瑱擊敗，逃奔北齊。本書卷六四、《北齊書》卷三二有傳。

[4]大庾嶺：五嶺之一。在今江西大余縣、廣東南雄市交界處。因嶺上多梅，也稱梅嶺。歷爲贛、粵陸路交通孔道。

太建元年，累遷尚書右僕射。時東境大水，以勱爲晉陵太守。在郡甚有威惠，郡人表請立碑，頌勱政德，詔許之。徵爲中書監，重授尚書左僕射，[1]領右軍將軍。卒，謚曰温子。勱弟質。

[1]尚書左僕射：《陳書》卷一七《王勱傳》作“尚書右僕射”。按，此底本誤，應據《陳書》改。

質字子貞，少慷慨，涉獵書史。梁世以武帝甥，封甲口亭侯。位太子中舍人、庶子。

侯景濟江，質領步騎頓于宣陽門外。[1]景軍至都，質不戰而潰，爲桑門，潛匿人間。城陷後，西奔荆州。元帝承制，歷位侍中，吳州刺史，[2]領鄱陽內史。[3]

[1]宣陽門：城門名。六朝都城建康的南面正門，前臨御道。東晉起稱宣陽門，又稱白門。約在今江蘇南京市淮海路一帶。

[2]吴州：州名。南朝梁元帝承聖二年（553）置。治鄱陽縣，在今江西鄱陽縣。陳廢帝光大元年（567）廢。

[3]鄱陽：郡名。治鄱陽縣，在今江西鄱陽縣。

魏平荆州，侯瑱鎮盆城，[1]與質不協，質率所部依于留異。[2]陳永定二年，[3]武帝命質率所部隨都督周文育討王琳。[4]質與琳素善，或譖云於軍中潛信交通，武帝命文育殺質，文育啓救之，獲免。文帝嗣位，以爲五兵尚書。宣帝輔政，[5]爲司徒左長史。坐招聚博徒，免官。後爲都官尚書。[6]卒，謚曰安子。弟固。

[1]侯瑱：字伯玉，巴西充國（今四川閬中市）人。本書卷六六、《陳書》卷九有傳。　盆城：地名。又稱湓城。在今江西九江市。

[2]留異：東陽長山（今浙江金華市）人。本書卷八〇、《陳書》卷三五有傳。

[3]永定：南朝陳武帝陳霸先年號（557—559）。

[4]周文育：字景德，義興陽羨（今江蘇宜興市）人。本書卷六六、《陳書》卷八有傳。

[5]宣帝：南朝陳宣帝陳頊。陳武帝兄陳道談子，陳文帝弟。本書卷一〇、《陳書》卷五有紀。

[6]都官尚書：官名。掌管都官、水部、庫部、功論四曹。陳三品，秩中二千石。

固字子堅，少清正，頗涉文史。梁時以武帝甥，封莫口亭侯。位丹楊尹丞。梁元帝承制，以爲相國户曹屬，掌管記。尋聘魏，魏人以其梁氏外戚，待之甚厚。

　　永聖元年，[1]爲太子中庶子，遷尋陽太守。[2]魏尅荆州，固之鄱陽，隨兄質度東嶺，居信安縣。[3]陳永定中，移居吳郡。文帝以固清静，且欲申以婚姻。天嘉中，[4]歷位中書令，散騎常侍，國子祭酒。[5]以其女爲皇太子妃，禮遇甚重。

　　[1]永聖：大德本、汲古閣本、殿本作“承聖”。按，此底本誤，應據諸本改。承聖，南朝梁元帝蕭繹年號（552—555）。

　　[2]尋陽：郡名。治柴桑縣，在今江西九江市西南。

　　[3]信安：縣名。治所在今浙江衢州市。

　　[4]天嘉：南朝陳文帝陳蒨年號（560—566）。

　　[5]國子祭酒：官名。晋武帝始立國子學，置國子祭酒等，以教生徒。南朝齊時位比諸曹尚書。陳三品，秩中二千石。

　　廢帝即位，[1]授侍中、金紫光禄大夫。宣帝輔政，固以廢帝外戚，妳媼恒往來禁中，頗宣密旨，事洩，比黨皆誅，宣帝以固本無兵權，且居處清素，止免所居官，禁錮。太建中，卒於太常卿，謚恭子。

　　[1]廢帝：南朝陳廢帝陳伯宗。陳文帝嫡長子。本書卷九、《陳書》卷四有紀。

　　固清虛寡慾，居喪以孝聞。又信佛法。及丁所生母憂，遂終身蔬食，夜則坐禪，晝誦佛經。嘗聘魏，因宴饗祭，[1]請停殺一羊。羊於固前跪拜。又宴昆明池，魏人以南人嗜魚，大設罟網，固以佛法呪之，遂一鱗不獲。子寬，位侍中。

[1]祭：《陳書》卷二一《王固傳》作“之際中”。

論曰：王誕夙有名輩，而間關夷險，卒獲攀光日月，遭遇蓋其時焉。[1]奉光、奉叔，[2]並得官成齊代，而亮自著寒松，固爲優矣。[3]瑩印章六毀，豈鬼神之害盈乎？景文弱年立譽，芳聲籍甚，榮貴之來，匪由勢至。若使泰始之朝，[4]身非外戚，與袁粲群公，方駸並路，傾覆之災，庶幾可免。庾元規之讓中書令，[5]義歸此矣。奐有愚子，自致誅夷。份胤嗣克昌，特鍾門慶，遠矣。[6]

[1]遭遇蓋其時焉：大德本、汲古閣本同，殿本作“蓋亦得其時焉”。
[2]奉光、奉叔：王瑩字奉光，王亮字奉叔。
[3]固：大德本、汲古閣本同，殿本作“斯”。
[4]泰始：南朝宋明帝劉彧年號（465—471）。
[5]庾元規：庾亮，字元規。明帝穆皇后兄。東晉名士，歷中書令、征西將軍等。《晋書》卷七三有傳。　中書令：大德本、汲古閣本、殿本作“中書令”。按，底本誤，應據諸本改。
[6]遠：大德本、汲古閣本、殿本作“美”。

南史　卷二四

列傳第十四

王裕之　孫秀之　延之　阮韜　延之子綸之　曾祖峻[1]　峻子琮
王鎮之　弟弘之　弘之孫晏　晏從弟思遠　　王韶之　　王悅之
王准之[2]　從弟逡之[3]　珪之　族子素

[1]曾祖：大德本、汲古閣本、殿本作“曾孫”。按，此本總目録亦作“曾孫”，此處誤。

[2]王准之：大德本、汲古閣本同，殿本此下有“曾孫清清子猛”。

[3]從弟逡之：大德本、汲古閣本同，殿本作“准之從弟逡之”。

　　王裕之字敬弘，晋驃騎將軍廙之曾孫，[1]司州刺史胡之之孫也。[2]名與宋武帝諱同，[3]故以字行。[4]父茂之字興元，晋陵太守。[5]

　　[1]驃騎將軍：官名。居諸名號將軍之首，僅作軍府名號，多爲重臣加官。晋二品。　　廙（yì）：王廙。字世將，王導從弟。《晋書》卷七六有傳。

[2]胡之：王胡之。字修齡，王廙子。事見《晉書·王廙傳》。

[3]宋武帝：劉裕。字德輿，小字寄奴。本書卷一、《宋書》卷一至卷三有紀。

[4]故以字行：爲避宋武帝劉裕諱，《宋書》卷六六即以王敬弘標目。

[5]晉陵：郡名。治晉陵縣，在今江蘇常州市。

敬弘少有清尚，起家本國左常侍、衛軍參軍。[1]性恬静，樂山水，求爲天門太守。[2]及之郡，妻弟荆州刺史桓玄遣信要令過己，[3]敬弘至巴陵，[4]謂人曰："靈寶正當欲見其姊，我不能爲桓氏贅壻。"乃遣別船送妻往江陵，[5]彌年不迎。山郡無事，恣其游適，意甚好之。後爲南平太守，[6]去官，居作唐縣界。[7]玄輔政及篡位，屢召不下。宋武帝以爲車騎從事中郎、徐州中從事史、征西將軍道規諮議參軍。[8]時府主簿宋協亦有高趣，[9]道規並以事外相期。嘗共酣飲，敬弘因醉失禮，爲外司所白，道規即便引還，[10]重申初讌。

[1]左常侍：官名。王國屬官。掌侍從左右，贊相禮儀等。衛軍參軍：官名。衛將軍府參軍省稱。衛將軍，東晉、南朝多作爲軍府名號，以加大臣或重要州郡長官，無具體職掌。晉二品。參軍，王公軍府屬官。自六品至九品不等。

[2]天門：郡名。治澧陽縣，在今湖南石門縣。

[3]荆州：大德本、汲古閣本、殿本作"荆州"。按，此底本誤，應據諸本改。荆州，州名。治江陵縣，在今湖北荆州市荆州區。　桓玄：字敬道，譙國龍亢（今安徽懷遠縣）人，桓溫子。晉安帝元興元年（402）以討司馬顯爲名，攻占建康，次年稱帝，國

號楚。三年，爲劉裕等討伐，西逃益州，被殺。《晋書》卷九九有傳。

［4］巴陵：縣名。治所在今湖南岳陽市。

［5］江陵：縣名。治所在今湖北荆州市荆州區。亦爲荆州及南郡治所。

［6］南平：郡名。治江安縣，在今湖北公安縣西北。

［7］作唐：縣名。治所在今湖南安鄉縣北。

［8］從事中郎：官名。東晋、南朝公府置。其職依時依府而異，或主吏，或分掌諸曹，或掌機密，或參謀議，地位較高，僅次於長史、司馬。　徐州：州名。治彭城縣，在今江蘇徐州市。　中從事史：官名。即治中從事史，避唐高宗李治諱省‘治’字。州刺史佐吏，位在別駕從事下。掌文書案卷等。　道規：劉道規。劉裕少弟。本書卷一三、《宋書》卷五一有傳。

［9］宋協：《宋書》卷六六《王敬弘傳》、《册府元龜》卷二九二作“宗協”。　趨：大德本、汲古閣本同，殿本作“趣”。

［10］便：《宋書·王敬弘傳》作“更”。

永初中，[1]累遷吏部尚書，[2]敬弘每被召，即便祗奉，既到宜退，旋復解官。武帝嘉其志，不苟違也。除盧陵王師，[3]加散騎常侍。[4]自陳無德，不可師範令王，固讓不拜。

［1］永初：南朝宋武帝劉裕年號（420—422）。

［2］吏部尚書：官名。尚書省吏部長官。掌官吏銓選、任免等事宜。東晋、南朝尚書中以吏部爲最貴。宋三品。《資治通鑑》卷一一九《宋紀一》少帝景平元年胡三省注：“自晋以來，謂吏部尚書爲大尚書，以其在諸曹之右，且其權任要重也。”

［3］盧陵王師：官名。王國屬官。掌輔導諸王。宋六品。盧陵

王，劉義真。宋武帝次子。初封桂陽縣公，武帝永初元年封廬陵王。少帝時廢爲庶人，後被殺。文帝時復舊封。本書卷一三、《宋書》卷六一有傳。廬陵，郡名。治石陽縣，在今江西吉水縣東北。

[4]散騎常侍：官名。東晋時參掌機密，選望甚重，職任比於侍中。南朝以後隸屬集書省，掌管圖書文翰。地位驟降，用人漸輕。宋三品。

元嘉三年，[1]爲尚書僕射，[2]開署文案，[3]初不省讀。嘗豫聽訟，上問疑獄，敬弘不對。上變色問左右："何故不以訊牒副僕射？"[4]敬弘曰："臣乃得訊牒讀之，正自不解。"上甚不悦。雖加禮敬，亦不以時務及之。六年，遷尚書令，[5]固讓，表求還東。上不能奪。改授侍中、特進、左光禄大夫，[6]給親信三十人。[7]及東歸，車駕幸冶亭餞送。[8]

[1]元嘉：南朝宋文帝劉義隆年號（424—453）。

[2]尚書僕射：官名。尚書省次官，與尚書令同居宰相之任。若置二人，則爲左右僕射；若單置，僅稱尚書僕射，若尚書令缺，則以左僕射爲尚書省長官；若左右僕射並缺，則置尚書僕射以掌左僕射之事。宋三品。

[3]開署文案：有關衙署報送的文件的記録。開，同"關"。大德本、汲古閣本、殿本作"關"。

[4]訊牒：審理案件時記録的文牒。

[5]尚書令：官名。尚書省長官。綜理全國政務，參議大政。宋三品。

[6]侍中：官名。門下省長官。參預機密政務，掌規諫及賓贊威儀，乃至封駁、平省尚書奏事等。宋三品。 特進：官名。魏晋

南北朝成爲正式加官名號，用以安置閑退大臣，位在三公下。宋二品。 左光禄大夫：官名。作爲在朝顯職的加官，以示優崇。其地位在光禄大夫之上。

[7]三十人：《宋書》卷六六《王敬弘傳》作“二十人”。

[8]冶亭：又作東冶亭。在今江蘇南京市東，故半山寺後。

十二年，徵爲太子少傅，[1]敬弘詣都上表固辭，不拜，東歸，上時不豫，自力見焉。十六年，以爲左光禄大夫、開府儀同三司，[2]侍中如故。又詣都表辭，竟不拜東歸。二十三年，復申前命，復辭。明年，[3]薨於餘杭之舍亭山，[4]年八十八。[5]順帝昇明三年，[6]追謚文貞公。

[1]太子少傅：官名。與太子太傅並稱太子二傅。掌輔佐太子。南朝皆置詹事，二傅不領官屬庶務。宋三品。

[2]開府儀同三司：官名。爲大臣加號，指禮制、待遇與三公相同，許開設府署，自辟僚屬。係給非三公官員以三公待遇。

[3]明年：此指宋文帝元嘉二十四年（447），但《宋書》卷五《文帝紀》、《建康實錄》卷一二均記王敬弘卒於元嘉二十五年。

[4]舍亭山：山名。在今浙江杭州市餘杭區西。

[5]年八十八：《宋書》卷六六《王敬弘傳》作“八十”，馬宗霍《南史校證》云：“按《宋書》本傳作‘時年八十’，但上文敬弘表辭自稱‘年向九十，生理殆盡’，則《南史》所言近之。殿本《宋書考證》亦謂‘當以《南史》爲是。’”（湖南教育出版社2008年版，第433頁）

[6]昇明：南朝宋順帝劉準年號（477—479）。

　　敬弘形狀短而起坐端方，桓玄謂之“彈棋發八勢”。[1]所居舍亭山，林澗環周，備登臨之美，故時人謂之王東山。文帝常問爲政得失，[2]對曰：“天下有道，庶人不議。”上高其言。左右嘗使二老婦女，戴五條辮，[3]著青紋袴襦，飾以朱粉。[4]女適尚書僕射何尚之弟述之。[5]敬弘嘗往何氏看女，遇尚之不在，因寄齋中臥。俄頃尚之還，敬弘還使二婦女守閤，[6]不聽尚之入，云“正熱不堪相見，君可且去”。尚之於是移於他室。上將爲廬陵王納其女，辭曰：“臣女幼，既許孔淳之息。”[7]子恢之被召爲秘書郎，[8]敬弘求爲奉朝請，[9]與恢之書曰：“彼秘書有限故有競，[10]朝請無限故無競，[11]吾欲使汝處不競之地。”文帝嘉之，並見許。

　　[1]敬弘形狀短而起坐端方，桓玄謂之“彈棋發八勢”：《宋書》卷六六《王敬弘傳》作“敬弘形狀短小，而坐起端方，桓玄謂之‘彈棋八勢’”。彈棋，古代棋類游戲之一。

　　[2]文帝：南朝宋文帝劉義隆。小字車兒，宋武帝第三子。本書卷二、《宋書》卷五有紀。

　　[3]五條辮：《宋書·王敬弘傳》作“五條五辮”。

　　[4]朱粉：《太平御覽》卷六九五引作“朱彩”。

　　[5]何尚之：字彥德，廬江灊（今安徽霍山縣）人。宋文帝元嘉年間曾任丹陽尹，於城南講學，招聚生徒，時稱“南學”。本書卷三〇、《宋書》卷六六有傳。

　　[6]敬弘還使二婦女守閤：《宋書·王敬弘傳》作“敬弘使二婢守閤”。

　　[7]孔淳之：字彥深，魯郡魯（今山東曲阜市）人。本書卷七五、《宋書》卷九三有傳。

[8]秘書郎：官名。典校書籍。南朝以來爲清流美職，多爲世家甲族子弟起家之選。宋六品。

[9]求爲奉朝請：《宋書·王敬弘傳》作“爲求奉朝請”。奉朝請，官名。東晋、南朝獨立爲官，亦作加官。列爲散騎省（集書省）屬官，安置閑散，所授冗濫。

[10]秘書有限：《梁書》卷三四《張纘傳》：“秘書郎有四員。宋、齊以來，爲甲族起家之選，待次入補，其居職，例數十百日便遷任。”

[11]朝請無限：《宋書·百官志》：“奉朝請，無員……奉朝請者，奉朝會請召而已。”史稱齊武帝永明中多達六百餘人。參見《南齊書·百官志》。

敬弘見兒孫，歲中不過一再相見，見輒尅日。未嘗教子孫學問，各隨所欲。人或問之，答曰：“丹朱不應乏教，[1]甯越不聞被捶。”[2]恢之位新安太守，[3]嘗請假定省。敬弘尅日見之，至日輒不果。假日將盡，恢之求辭，敬弘呼前至閤，復不見。恢之於閤外拜辭流涕而去。

[1]丹朱：帝堯之子。堯因其不肖，傲慢荒淫，禪位於舜。事見《史記》卷一《五帝本紀》。

[2]甯越：戰國時趙國中牟（今河南鶴壁市西）人。勤學十五年，爲周威公（周所別封之西周君）之師。事見《説苑·建本》。

[3]新安：郡名。治始新縣，在今浙江淳安縣西北。現已没入千島湖。

恢之弟瓚之，位吏部尚書、金紫光禄大夫，[1]謚貞子。瓚之弟昇之，位都官尚書。[2] 瓚之子秀之。

[1]金紫光禄大夫：官名。作爲在朝顯職的加官，無具體職掌。加金印紫綬者，稱金紫光禄大夫。宋二品。

[2]都官尚書：官名。掌管軍事刑獄，兼管水部、庫部、功論三曹。宋三品。

秀之字伯奮，幼時，祖父敬弘愛其風采。仕宋爲太子舍人。[1] 父卒，廬於墓側，服闋，復職。吏部尚書褚彥回欲與結婚，[2] 秀之不肯，以此頻爲兩府外兵參軍。後爲晋平太守，[3] 朞年求還，或問其故，答曰："此郡沃壤，珍阜日至，人所昧者財，財生則禍逐，智者不昧財，[4] 亦不逐禍。吾山資已足，豈可久留，以妨賢路。"乃上表請代。時人以爲王晋平恐富求歸。

[1]太子舍人：官名。東宮屬官。掌文章書記。宋七品。

[2]褚彥回：褚淵。字彥回，本書避唐高祖李淵諱而稱字，河南陽翟（今河南禹州市）人。尚宋文帝女南郡獻公主，拜駙馬都尉，除著作佐郎。受明帝遺命與尚書令袁粲輔佐蒼梧王。後助蕭道成代宋建齊，封南康郡公，官至尚書令、司空。本書卷二八有附傳，《南齊書》卷二三有傳。

[3]晋平：郡名。治候官縣，在今福建福州市。錢大昕《廿二史考異》卷二五："按，《宋書·明帝紀》：泰始四年，山陽王休祐改封晋平王，改晋安郡爲晋平郡，而《宋》《齊·州郡志》並不載晋平之名，此史之漏也。據子顯《書》，王秀之、虞愿、丘仲起皆爲晋平太守。張融與吏部尚書王僧虔書云：'阮籍愛東平土風，融亦欣晋平閑外。'皆宋季事。至齊武帝即位，封子子懋爲晋安王，

則晉平復爲晉安，當在齊初矣。"

[4]智：大德本、殿本同，汲古閣本作"皆"。

仕齊爲豫章王嶷驃騎長史。[1]嶷於荆州立學，以秀
之領儒林祭酒。[2]武帝即位，[3]累遷侍中祭酒，[4]轉都官
尚書。

[1]豫章王嶷：蕭嶷。字宣儼，齊高帝第二子。寬仁弘雅，官
至大司馬。本書卷四二、《南齊書》卷二二有傳。豫章，郡名。治
南昌縣，在今江西南昌市。　　長史：官名。爲所在官署掾屬之長，
故有元僚之稱。

[2]儒林祭酒：官名。掌講授儒經。宋時位比州治中從事。

[3]武帝：南朝齊武帝蕭賾。字宣遠。廟號世祖。本書卷四、
《南齊書》卷三有紀。

[4]侍中祭酒：官名。南朝齊以侍中高功者爲之。

秀之祖父敬弘性貞正，徐羨之、傅亮當朝，[1]不與
來往。及致仕隱吳興，[2]與秀之父瓚之書，深勗以静
退。[3]瓚之爲五兵尚書，未嘗詣一朝貴。江湛謂何偃
曰：[4]"王瓚之今便是朝隱。"及柳元景、顔師伯貴
要，[5]瓚之竟不候之。至秀之爲尚書，又不與王儉款
接。[6]三世不事權貴，時人稱之。轉侍中，領射聲
校尉。[7]

[1]徐羨之：字宗文，東海郯（今山東郯城縣）人。與劉裕一
起起兵，宋時官至司空。武帝卒後，與謝晦、傅亮等廢黜少帝，迎
立文帝，後爲文帝所誅。本書卷一五、《宋書》卷四三有傳。　　傅

亮：字季友，北地靈州（今寧夏吳忠市北武市）人。本書卷一五、《宋書》卷四三有傳。

[2]吳興：郡名。治烏程縣，在今浙江湖州市。

[3]勗（xù）：同“勖”。勉勵。

[4]江湛：字徽淵，本書避唐高祖李淵諱作“字徽深”，濟陽考城（今河南民權縣）人。歷任左衛將軍、吏部尚書，爲劉劭所殺。本書卷三六有附傳，《宋書》卷七一有傳。　何偃：字仲弘，廬江灊（今安徽霍山縣）人，何尚之之子。宋武帝時官至吏部尚書。本書卷三〇有附傳，《宋書》卷五九有傳。

[5]柳元景：字孝仁，河東解（今山西臨猗縣）人。宋孝武帝時封巴東郡公，後受召輔佐幼主，前廢帝殺戴法興，元景憂懼，遂與顏師伯謀廢前廢帝，事泄被殺。本書卷三八、《宋書》卷七七有傳。　顏師伯：字長淵，本書避唐高祖李淵諱作“字長深”，琅邪臨沂（今山東臨沂市）人。本書卷三四有附傳，《宋書》卷七七有傳。

[6]王儉：字仲寶，琅邪臨沂（今山東臨沂市）人。尚宋明帝陽羨公主，入齊封南昌縣公，長於禮學，參與齊初制度、禮儀制定，官至中書監，卒贈太尉。本書卷二二有附傳，《南齊書》卷二三有傳。

[7]射聲校尉：官名。爲侍衛武官，隸中領軍（領軍將軍），用以安置勳舊武臣。

出爲隨王鎮西長史、南郡内史。[1]後爲輔國將軍、吳興太守。[2]秀之先爲諸王長史、行事，便歎曰：“仲祖之識，[3]見於已多。”便無復仕進，止營理舍亭山宅，有終焉之志。及除吳興郡，隱業所在，心願爲之。到郡脩舊山，移置輜重。隆昌元年卒，[4]遺令“朱服不得入棺，祭則酒脯而已。世人以僕妾直靈助哭，當由喪主不能淳至，欲以多聲相亂。魂而有靈，吾當笑之"。謚曰簡子。

[1]隨王：隨郡王蕭子隆。字雲興，齊武帝第八子。武帝永明三年（485）爲輔國將軍、江州刺史。本書卷四四、《南齊書》卷四〇有傳。 南郡：郡名。治江陵縣，在今湖北荆州市荆州區。

[2]輔國將軍：官名。南朝爲榮譽加號。開府者位從公。

[3]仲祖：王濛。字仲祖。東晋名士。《晋書》卷九三有傳。

[4]隆昌元年卒：《南齊書》卷四六《王秀之傳》載"時年五十三"。隆昌，南朝齊鬱林王蕭昭業年號（494）。

延之字希季，昇之子也。少静默，不交人事。仕宋爲司徒左長史。[1]清貧，居宇穿漏，褚彦回以啓宋明帝，[2]即敕材官爲起三間齋屋。歷吏部尚書，尚書左僕射。[3]

[1]司徒左長史：官名。左、右長史皆爲司徒府僚屬之長，位次左高右低，共同佐司徒掌各曹等府事。宋六品。

[2]宋明帝：劉彧。字休炳，小字榮期，宋文帝第十一子。初封淮陽王，後改封湘東王。前廢帝死後，自立爲帝。本書卷三、《宋書》卷八有紀。

[3]尚書左僕射：官名。尚書省次官，與尚書令同居宰相之任。位在右僕射上。輔助尚書令執行政務，參議大政，諫諍得失，監察糾彈百官，可封還詔旨，常受命主管官吏選舉。宋三品。

宋德既衰，齊高帝輔政，[1]朝野之情，人懷彼此。延之與尚書令王僧虔中立無所去就。[2]時人語曰："二王居平，不送不迎。"高帝以此善之。昇明三年，出爲江州刺史，[3] 加都督。[4] 齊建元元年，[5] 進號鎮南將軍。[6]

[1] 齊高帝：蕭道成。字紹伯，小字鬬將，南蘭陵（今江蘇常州市武進區）人。南朝齊開國君主，廟號太祖。本書卷四，《南齊書》卷一、卷二有紀。

[2] 王僧虔：琅邪臨沂（今山東臨沂市）人。本書卷二二有附傳，《南齊書》卷三三有傳。

[3] 江州：州名。治柴桑縣，在今江西九江市西南。

[4] 都督：官名。地方軍政長官。魏晉以後，都督諸州軍事多兼任駐地州刺史，爲該地區的軍政長官。分使持節、持節、假節三種，職權各有不同。

[5] 建元元年：《南齊書》卷三二《王延之傳》作“建元二年”。建元，南朝齊高帝蕭道成年號（479—482）。

[6] 鎮南將軍：官名。四鎮將軍之一，南北朝前期權勢很重，後漸輕。

延之與金紫光禄大夫阮韜俱宋領軍將軍劉湛外甥，[1] 並有早譽，湛甚愛之，曰：“韜後當爲第一，延之爲次也。”延之甚不平。每致餉下都，韜與朝士同例，高武聞之，[2] 與延之書曰：“韜云卿未嘗有別意，當由劉家月旦故邪。”[3] 韜字長明，陳留人，[4] 晉金紫光禄大夫裕玄孫也。[5] 爲南兗州別駕，[6] 刺史江夏王義恭逆求資費錢，[7] 韜曰：“此朝廷物。”執不與。宋孝武選侍中四人，並以風貌，王彧、謝莊爲一雙，[8] 韜與何偃爲一雙。常充兼假，至始興王師，卒。

[1] 劉湛：字弘仁，南陽涅陽（今河南鄧州市）人。本書卷三

五、《宋書》卷六九有傳。

　　[2]高武：《南齊書》卷三二《王延之傳》作“太祖”。按，齊太祖即齊高帝。此底本誤，應改爲“高帝”。

　　[3]月旦：月旦評。謂品評人物。《後漢書》卷六八《許劭傳》：“初，劭與靖俱有高名，好共覈論鄉黨人物，每月輒更其品題，故汝南俗有‘月旦評’焉。”

　　[4]陳留：郡名。治小黄縣，在今河南開封市東北。

　　[5]裕：阮裕。字思曠，陳留尉氏（今河南尉氏縣）人。《晋書》卷四九有附傳。

　　[6]別駕：官名。也稱別駕從事，是州刺史的佐官。

　　[7]江夏王義恭：劉義恭。宋武帝之子。諸子之中，最受寵愛。文帝元嘉元年（424）封江夏王。前廢帝狂悖無道，欲謀廢立，被前廢帝所殺。本書卷一三、《宋書》卷六一有傳。江夏，郡名。治夏口城，在今湖北武漢市武昌區。

　　[8]王彧：字景文，琅邪臨沂（今山東臨沂市）人。因與宋明帝同名，以字行。其妹爲宋明帝皇后，明帝立，封江安縣侯。明帝病重，擔心其以帝舅之重而有異心，遂賜死。本書卷二三、《宋書》卷八五有傳。　　謝莊：字希逸，陳郡陽夏（今河南太康縣）人。宋孝武帝時曾任吏部尚書，上書反對以門第選才。本書卷二〇有附傳，《宋書》卷八五有傳。

　　延之居身簡素，清净寡慾，[1]凡所經歷，務存不擾。在江州，禄俸外一無所納。獨處齋内，未嘗出户，吏人罕得見焉，雖子弟亦不妄前。時時見親舊，未嘗及世事，從容談詠而已。後爲尚書左僕射，尋領竟陵王師，卒謚簡。[2]

　　[1]净：大德本、汲古閣本、殿本作“静”。

[2]卒謚簡：《南齊書》卷三二《王延之傳》載：齊武帝永明二年（484）卒，年六十四。謚簡，大德本、汲古閣本、殿本作"謚曰簡子"。《南齊書·王延之傳》作"謚簡子"。

　　子綸之，[1]字元章。爲安成王記室參軍，[2]偃仰召會，退居僚末。司徒袁粲聞而歎曰：[3]"格外之官，便今日爲重。"貴游居此位者，遂以不掌文記爲高，自綸之始也。齊永明中，[4]歷位侍中，出爲豫章太守。[5]下車祭徐孺子、許子將墓，[6]圖畫陳蕃、華歆、謝緄像於郡朝堂。[7]爲政寬簡，稱良二千石。武帝幸琅邪城，[8]綸之與光祿大夫全景文等二十一人坐不參承，[9]爲有司奏免官。後位侍中、都官尚書，卒。自敬弘至綸之，並方嚴，皆尅日乃見子孫，蓋家風也。

　　[1]綸之：《南齊書》卷三二《王延之傳》作"倫之"。
　　[2]記室參軍：官名。王公軍府屬官。掌文疏表奏。品級自七品至九品不等。
　　[3]袁粲：字景倩，陳郡陽夏（今河南太康縣）人。本書卷二六有附傳，《宋書》卷八九有傳。
　　[4]永明：南朝齊武帝蕭賾年號（483—493）。
　　[5]豫章：郡名。治南昌縣，在今江西南昌市。
　　[6]徐孺子：徐稺。字孺子，豫章南昌（今江西南昌市）人。時稱南州高士。《後漢書》卷五三有傳。　許子將：許劭。字子將，汝南平輿（今河南平輿縣）人。東漢名士。《後漢書》卷六八有傳。
　　[7]陳蕃、華歆、謝緄：這三位都曾任豫章太守。陳蕃，字仲舉，汝南平輿（今河南平輿縣）人。《後漢書》卷六六有傳。華

歆，字子魚，平原高唐（今山東禹城市）人。《三國志》卷一三有傳。謝緄，大德本、汲古閣本、殿本"緄"作"鯤"。按，此底本誤，應據諸本改。謝鯤，字幼興，陳國陽夏（今河南太康縣）人。《晋書》卷四九有傳。

[8]琅邪城：城名。南朝宋以僑置琅邪郡改南琅邪郡，初治江乘之金城。齊遷治白下，在今江蘇南京市北金川門外，幕府山南麓。

[9]光禄大夫：官名。三公及重臣告老後可拜此官，也作爲在朝顯職的加官，亦作卒後贈官。　全景文：字弘達。以戰功封孝寧縣侯，光禄大夫。《南齊書》卷二九有附傳。

緄之子昕，有業行，居父憂過禮。謝瀹欲遣參之，[1]孔珪曰：[2]"何假參，此豈有全理。"以憂卒。

[1]謝瀹：字義潔，陳郡陽夏（今河南太康縣）人。本書卷二〇有附傳，《南齊書》卷四三有傳。

[2]孔珪：即孔稚珪，本書避唐高宗李治諱省"稚"字。字德璋，會稽山陰（今浙江紹興市）人。本書卷四九、《南齊書》卷四八有傳。

峻字茂遠，秀之子也。少美風姿，善容止。仕齊爲桂陽内史。[1]梁天監初，[2]爲中書侍郎。[3]武帝甚悦其風采，[4]與陳郡謝覽同見賞擢。[5]累遷侍中，吏部尚書。處選甚得名譽。

[1]桂陽：郡名。治郴縣，在今湖南郴州市。　内史：官名。相當於郡太守。

［2］天監：南朝梁武帝蕭衍年號（502—519）。

［3］中書侍郎：官名。爲中書監、令之副，助監、令掌尚書奏事。梁九班。

［4］武帝：南朝梁武帝蕭衍。字叔達，小字練兒。南朝梁開國皇帝。本書卷六、卷七，《梁書》卷一至卷三有紀。

［5］謝覽：字景滌，陳郡陽夏（今河南太康縣）人。本書卷二〇、《梁書》卷一五有附傳。

峻性詳雅，無趨競心，嘗與謝覽約，官至侍中，不復謀進仕。覽自吏部尚書出爲吳興郡，平心不畏强禦，亦由處俗情薄故也。[1]峻爲侍中已後，雖不退身，亦淡然自守，無所營務。遷金紫光禄大夫，未拜，卒，謚惠子。

［1］處俗情薄：《梁書》卷二一《王峻傳》作“處世之情既薄”。本書避唐太宗李世民諱，故易爲“俗”（參見馬宗霍《南史校證》，第435頁）。

子琮爲國子生，尚始興王女繁昌主。[1]琮不慧，爲學生所嗤，遂離婚。峻謝王，王曰：“此自上意，僕極不願如此。”峻曰：“下官曾祖是謝仁祖外孫，[2]亦不藉殿下姻構爲門户耳。”

［1］繁昌主：《梁書》卷二一《王峻傳》作“繁昌縣主”。

［2］謝仁祖：謝尚。字仁祖。《晉書》卷七九有傳。

王鎮之字伯重，晋司州刺史胡之之從孫、而裕之之從祖弟也。[1]祖耆之，位中書郎，父隨之，上虞令。[2]鎮之爲剡、上虞令，[3]並有能名。桓玄輔晉，以爲大將軍録事參軍。[4]時三吳飢荒，遣鎮之銜命賑邮，而會稽内史王愉不奉符旨，[5]鎮之依事糾奏。愉子綏，玄之外甥，當時貴盛，鎮之爲所排抑。以母老求補安成太守，[6]以母憂去職。在官清絜，妻子無以自反，乃棄官致喪還上虞舊墓。[7]葬畢，爲子摽之求安復令，[8]隨子之官。服闋，爲征西道規司馬、南平太守。[9]後爲御史中丞，[10]執正不撓，百寮憚之。

[1]之之：大德本、汲古閣本、殿本作“之”。按上文“胡之之從孫”，則此作“之之”是。

[2]上虞：縣名。治所在今浙江紹興市上虞區百官街道。

[3]剡（shàn）：縣名。治所在今浙江嵊州市西南。

[4]録事參軍：官名。東晉、南朝公府、將軍府、州刺史開軍府者皆置，掌管各曹文書，及糾察等事。

[5]會稽：郡名。治山陰縣，在今浙江紹興市。　王愉：字茂和，太原晉陽（今山西太原市）人。《晉書》卷七五有附傳。

[6]安成：郡名。治平都縣，在今江西安福縣。

[7]棄官：《宋書》卷九二《王鎮之傳》作“棄家”。

[8]安復：縣名。治所在今江西安福縣西。

[9]爲征西道規司馬、南平太守：錢大昕《廿二史考異》卷三六云：“道規上當有‘劉’字。道規以征西將軍都督荆州，鎮之爲其府司馬而帶南平太守也。南平郡屬荆州。”南平，郡名。治江安縣，在今湖北公安縣西北。

[10]御史中丞：官名。職掌監察、執法。南朝亦稱南司，其職雖重，世族名士多不樂爲之。宋四品。

出爲建威將軍、平越中郎將、廣州刺史，[1]加都督。宋武帝謂人曰："鎮之少著清績，必將繼美吳隱，[2]嶺南弊俗，[3]非此不康也。"在鎮不受俸祿，蕭然無營，去官之日，不異初至。武帝初建相國府，爲諮議參軍，[4]領録事。善於吏職，嚴而不殘。遷宋臺祠部尚書。武帝踐祚，卒於宣訓衛尉。[5]弟弘之。

[1]建威將軍：官名。將軍名號。南朝時爲五威將軍之一。晋、宋四品。　平越中郎將：官名。主管南越事務。設府置僚佐，治廣州，多兼任廣州刺史。　廣州：州名。治番禺縣，在今廣東廣州市。

[2]吳隱：《宋書》卷九二《王鎮之傳》作"吳隱之"。馬宗霍《南史校證》云："隱之蓋是本名，《南史》凡連'之'字爲名者，往往省存一字。"（第436頁）吳隱之，字處默，濮陽鄄城（今山東鄄城縣）人。晋安帝時爲廣州刺史，以清廉著稱於世。《晋書》卷九〇有傳。

[3]嶺南：地區名。舊指五嶺以南，約爲當今廣東、廣西、越南北部地區。

[4]諮議參軍：官名。掌顧問諫議。其位在列曹參軍上，州所置者常帶大郡太守。

[5]卒於宣訓衛尉：《宋書·王鎮之傳》載"永初三年，卒官，時年六十六"。宣訓衛尉，官名。爲宋武帝繼母蕭太后三卿之一，掌宣訓宮禁衛，職比衛尉。

弘之字方平，少孤貧，爲外祖徵士何準所撫育，[1]從叔獻之及太原王恭並貴重之。[2]仕晋爲司徒主簿。家貧，性好山水，求爲烏傷令。[3]桓玄輔晋，桓謙以爲衛軍參軍。[4]時殷仲文還姑熟，[5]祖送傾朝，謙要弘之同行，答曰："凡祖離送別，必在有情，下官與殷風馬不接，無緣扈從。"謙貴其言。母隨兄鎮之之安城郡，[6]弘之解職同行。義熙中，[7]何無忌及宋武帝辟召，[8]一無所就。

[1]何準：字幼道，廬江灊（今安徽霍山縣）人，晉穆帝何皇后父。《晉書》卷九三有傳。

[2]獻之：王獻之。字子敬，王羲之子。《晉書》卷八○有附傳。　王恭：字孝伯，太原晉陽（今山西太原市）人。王濛之孫，王蘊之子，晉孝武定皇后王法慧之兄。《晉書》卷八四有傳。

[3]烏傷令：《宋書》卷九三《王弘之傳》作"烏程"。馬宗霍《南史校證》云："檢《宋書·州郡志》，烏傷屬東陽郡，烏程屬吳興郡，上文云'弘之性好山水'，似以作'烏傷'爲是。《太平御覽》卷四八九《人事部》一三○別離條引沈約《宋書》此文正作'烏傷令'。"（第437頁）

[4]桓謙：字敬祖，桓沖子。《晉書》卷七四有附傳。

[5]殷仲文：桓玄黨羽，玄敗，一度歸附劉裕，任東陽太守，後與駱賓作亂，被誅。《晉書》卷九九有傳。　姑熟：地名。又稱南洲（南州）。在今安徽當塗縣。

[6]安城：大德本、汲古閣本、殿本作"安成"。

[7]義熙：東晉安帝司馬德宗年號（405—418）。

[8]何無忌：東海郯（今山東郯城縣）人。京口起兵舊人。《晉書》卷八五有傳。

家在會稽上虞，從兄敬弘爲吏部尚書，奏弘之爲太子庶子，[1]不就。文帝即位，敬弘爲尚書左僕射，陳弘之高行，徵爲通直散騎常侍，[2]又不就。敬弘嘗解貂裘與之，即著以採藥。性好釣，上虞江有一處名三石頭，弘之常垂綸於此。經過者不識之，或問漁師得魚賣不？弘之曰："亦自不得，得亦不賣。"日夕，載魚入上虞郭，經親故門，各以一兩頭置門內而去。始寧沃川有佳山水，[3]弘之又依巖築室。謝靈運、顏延之並相欽重。[4]靈運與廬陵王義真牋曰："會境既豐山水，是以江左嘉遁，並多居之。至若王弘之拂衣歸耕，踰歷三紀，孔淳之隱約窮岫，自始迄今。阮萬齡辭事就閑，纂戎先業，既遠同義、唐，亦激貪屬競。若遣一個有以相存，[5]真可謂千載盛美也。"

[1]太子庶子：官名。東宮屬官。太子的親近侍從官，獻納規諫。宋五品。

[2]通直散騎常侍：官名。南朝屬集書省，多以衰老之士擔任，不爲人重。

[3]始寧：縣名。治所在今浙江紹興市上虞區南曹娥江東岸。

[4]謝靈運：陳郡陽夏（今河南太康縣）人，謝玄孫，晉時襲爵康樂公。喜游山水，工詩文，有文集傳世。本書卷一九、《宋書》卷六七有傳。　顏延之：字延年，琅邪臨沂（今山東臨沂市）人。與陳郡謝靈運俱以文章齊名，時稱"顏謝"。本書卷三四、《宋書》卷七三有傳。

[5]个：大德本同，汲古閣本作"個"，殿本作"介"，《宋書》卷九三《王弘之傳》作"介"。

弘之元嘉四年卒，[1]顏延之欲爲作誄，書與其子曇生曰："君家高世之善，有識歸重，豫染豪翰，所應載述，況僕託慕末風，竊以叙德爲事，但恨短筆不足書美。"誄竟不就。

[1]元嘉四年卒：《宋書》卷九三《王弘之傳》載"時年六十三"。

曇生好文義，以謙和見稱，歷吏部尚書，太常卿。[1]孝武末，[2]爲吳興太守。明帝初興，與四方同逆，戰敗歸降，被宥，終於中散大夫。[3]

[1]太常卿：官名。南朝禮儀郊廟制度由尚書八座及儀曹裁定，太常位尊職閑。宋三品。
[2]孝武：宋孝武帝劉駿。字休龍，小字道民，宋文帝第三子。本書卷二、《宋書》卷六有紀。
[3]中散大夫：官名。多養老疾，無職事。

阮萬齡，陳留尉氏人。[1]祖思曠，左光禄大夫。父寧，黃門侍郎。[2]萬齡少知名，爲孟昶建威長史。[3]時袁豹、江夷相係爲昶司馬，[4]時人謂昶府有三素望。萬齡家在會稽剡縣，頗有素情，位左户尚書，[5]太常。出爲湘州刺史，無政績。後爲散騎常侍、金紫光禄大夫，卒。

[1]尉氏：縣名。治所在今河南尉氏縣。
[2]黃門侍郎：官名。門下省次官。與侍中俱掌門下衆事，位頗重要。宋五品。
[3]孟昶：字彦達，城陽平昌（今山東諸城市）人。桓玄稱

帝，與劉裕起兵討之，盡散家財以供軍糧。拜丹陽尹，累遷吏部尚書、尚書右僕射。東晉安帝義熙六年（410）盧循起事，晉軍累敗，遂自殺。事見《晉書》卷一〇《安帝紀》、《世說新語·企羨》等。

　　[4]袁豹：字士蔚，陳郡陽夏（今河南太康縣）人，袁湛弟。本書卷二六、《宋書》卷五二有附傳。　　江夷：字茂遠，濟陽考城（今河南民權縣）人。本書卷三六、《宋書》卷五三有傳。

　　[5]左戶尚書：官名。即左民尚書，本書避唐太宗李世民諱改。爲五曹尚書之一，掌戶籍和工官之事。

　　曇生弟普曜，位秘書監。[1]普曜子晏。

　　[1]秘書監：官名。秘書省長官。掌圖書經籍之事，領著作省。宋三品。

　　晏字休默，一字士彥。[1]仕宋，初爲建安國左常侍，稍至車騎，[2]晉熙王燮安西板晏主簿，[3]時齊武帝爲長史，與晏相遇。府轉鎮西，板晏爲記室。沈攸之事難，[4]隨武帝鎮盆城。[5]齊高帝時威權雖重，而衆情猶有疑惑，晏便專心奉事，軍旅書翰皆見委。性甚便僻，漸見親待，常參議機密。

　　[1]字休默，一字士彥：《南齊書》卷四二《王晏傳》作“字士彥”，不言字休默。
　　[2]仕宋，初爲建安國左常侍，稍至車騎：錢大昕《廿二史考異》卷三六云：“‘稍至車騎’四字，文義難曉。考《齊書》本傳云：‘宋大明末，起家臨賀王國常侍，員外郎，巴陵王征北板參軍，安成王撫軍板刑獄，隨府轉車騎。’蓋晏初仕臨賀國常侍，再任巴

陵王府參軍，又任安成王府刑獄參軍也。安成王初除撫軍將軍、揚州刺史，晏在府板授撫軍刑獄參軍。元徽二年，王進號車騎將軍，即授車騎刑獄參軍，所謂隨府轉也。今删去‘安成王撫軍板刑獄’一語，又改‘隨府遷’爲‘稍至’，而文理難通矣。《齊史》云臨賀國，此云建安國，亦當以臨賀爲是。”王鳴盛《十七史商榷》卷六〇《王晏傳删非》云：“《王晏傳》云：‘仕宋，初爲建安國左常侍，稍至車騎。’《宋書》作‘臨賀王國常侍，員外郎’，二者不同，《南史》於傳末一段追叙其爲員外郎時事，則前删‘員外郎’三字，使後文爲無根。”

[3]晉熙王爕：劉爕。字仲綏，宋明帝第六子。明帝泰始六年（470）襲封晉熙王。本書卷一四、《宋書》卷七二有附傳。　板：官制術語。指不由吏部正式任命，而由地方軍政長官自行選用官職。

[4]沈攸之：字仲達，吳興武康（今浙江德清縣）人。本書卷三七有附傳，《宋書》卷七四有傳。

[5]盆城：又名溢城。在今江西九江市。

　　建元初，爲太子中庶子。[1]武帝在東宮，專斷朝事，多不聞啓，晏慮及罪，稱疾自疏。武帝即位，爲長史兼侍中，[2]意任如舊。遷侍中祭酒。遭母喪，起爲司徒左長史。晏父普曜藉晏勢，多歷通官。普曜卒，晏居喪有禮。

[1]太子中庶子：官名。掌東宮管記。

[2]爲長史兼侍中：《南齊書》卷四二《王晏傳》作“轉長兼侍中”。按，此底本衍“史”字，應據《南齊書》删。長兼，官制術語。加在官職名稱前，表示非正式任命。

永明六年，爲丹楊尹。[1]晏位任親重，自豫章王嶷、尚書令王儉皆降意接之，而晏每以疏漏被責，連稱疾。久之，轉爲江州刺史，泣不願出，留爲吏部尚書、太子右率，[2]終以舊恩見寵。

[1]丹楊尹：官名。即丹陽尹。京畿行政長官，屬於既機要又顯貴之職。

[2]太子右率：官名。即太子右衛率。東宮屬官。掌護衛太子。

時尚書令王儉雖貴而疏，晏既領選，權行臺閣，與儉頗不平。儉卒，禮官欲依王導謚爲“文獻”，晏啓上曰：“導乃得此謚，但宋來不加素族。”[1]謂親人曰：“平頭憲事已行矣。”十一年，爲右僕射，領太孫右衛率。[2]

[1]素族：士族（參見唐長孺《魏晋南北朝史論拾遺》，中華書局1983年版，第249頁）。

[2]太孫右衛率：官名。南朝齊置。當時因皇太子早逝，立皇太孫爲儲君，居東宮。故東宮官屬皆冠太孫名。職同太子右衛率，掌東宮護衛。

武帝崩，遺旨以尚書事付晏及徐孝嗣。[1]鬱林即位，[2]轉左僕射。及明帝謀廢立，[3]晏便響應接奉，[4]轉尚書令，封曲江縣侯，[5]給鼓吹一部，[6]甲仗五十人入殿。時明帝形勢已布，而莫敢先言，蕭諶兄弟握兵權，[7]遲疑未決，晏頻三夜微步詣諶議，時人以此窺之。

明帝與晏東府語及時事，[8]晏撫掌曰：[9]"公常言晏怯，今定如何？"[10]建武元年，[11]進號驃騎大將軍，[12]給班劍二十人，[13]又加兵百人，領太子少傅，進爵爲公。以魏軍動，給兵千人。

[1]徐孝嗣：字始昌，小字遺奴，東海郯（今山東郯城縣）人，徐湛之之孫。本書卷一五有附傳，《南齊書》卷四四有傳。

[2]鬱林：齊鬱林王蕭昭業。鬱林爲其被殺後追廢之號。齊武帝長孫，在位不及一年。本書卷五、《南齊書》卷四有紀。

[3]明帝：南朝齊明帝蕭鸞。字景栖，小字玄度，始安貞王蕭道生子也。本書卷五、《南齊書》卷六有紀。

[4]接：《南齊書》卷四二《王晏傳》作"推"。

[5]曲江：縣名。治所在今廣東韶關市南武水西岸。

[6]鼓吹：演奏鼓吹樂的樂隊。成爲皇帝賜予臣下的一種禮遇。

[7]蕭諶：字彥孚，蕭道成族子。本書卷四一、《南齊書》卷四二有傳。

[8]明帝與晏東府語及時事：《南齊書·王晏傳》作"高宗與晏宴於東府，語及時事"。

[9]撫：大德本、汲古閣本、殿本作"抵"，《南齊書·王晏傳》作"抵"。

[10]定：究竟，到底。《世説新語·言語》："鄧艾口吃，語稱'艾艾'。晉文王戲之曰：'卿云艾艾，定是幾艾？'"

[11]建武：南朝齊明帝蕭鸞年號（494—498）。

[12]驃騎大將軍：官名。位在諸將軍之上，南朝爲優禮大臣的最高榮譽稱號。

[13]班劍：飾有花紋的木劍。漢制，朝服帶劍。至晉代之以木，謂之班劍，虎賁持之，用作儀仗，是皇帝對王公大臣的一種恩賜。

晏篤於親舊，爲時所稱，[1]至是自謂佐命惟新，言論常非武帝故事，衆始怪之。明帝雖以事際須晏，而心相疑斥，料簡武帝中詔，[2]得與晏手詔三百餘紙，皆是論國家事。永明中，武帝欲以明帝代晏領選，晏啓曰："鸞清幹有餘，然不諳百氏，恐不可居此職。"乃止。及見此詔，愈猜薄之。帝初即位，始安王遥光便勸誅晏，[3]帝曰："晏於我有勳，且未有罪。"遥光曰："晏尚不能爲武帝，安能爲陛下？"帝默然變色。時帝嘗遣心腹左右陳世範等出塗巷采聽異言，[4]由是以晏爲事。晏性浮動，志欲無懕，自謂旦夕開府。又望録尚書，每謂人曰："徐公應爲令。"又和徐詩云："槐序候方調。"其名位在徐前，若三槐，[5]則晏不言自顯，人或譏之。

[1]晏篤於親舊，爲時所稱：《南齊書》卷四二《王晏傳》作"晏爲人篤於親舊，爲世祖所稱"。馬宗霍《南史校證》云："《南齊書》本傳作'爲世祖所稱'，與下文'言論常非薄世祖'故事互照，《南史》改之，前後語意不相關矣。或疑《齊書》本作'爲世所稱'，《南史》諱'世'字，改'世'爲'時'，今《齊書》'世'下誤衍'祖'字。"（第439頁）

[2]中詔：宮中直接發出的帝王詔書。《資治通鑑》卷一二四《宋紀六》文帝元嘉二十一年："先賜中詔敕之。"胡三省注："詔自中出，不經門下者，謂之中詔，今之手詔是也。"

[3]始安王遥光：蕭遥光。字元暉，齊明帝之侄，明帝兄蕭鳳之子，爲明帝心腹。本書卷四一有傳，《南齊書》卷四五有附傳。

[4]嘗：大德本、汲古閣本、殿本作"常"。

[5]三槐：三公。

晏人望未重，又與上素疏，中興初，雖以事計委任，而内相疑阻，晏無防意。既居朝端，事多專決，内外要職，並用周旋門義，[1]每與上爭用人。數呼相工自視，云當大貴。與客語，好屏人。上聞，疑晏欲反，遂有誅晏意。有鮮于文粲與晏子德元往來，密探朝旨，告晏有異志。又左右單景儁、陳世範等采巫覡言啓上，云晏懷異圖。是時南郊應親奉，[2]景儁等言晏因此與武帝故主帥於道中竊發。會獸犯郊壇，[3]帝愈懼，未郊前一日，上乃停行，先報晏及徐孝嗣，孝嗣奉旨，而晏陳郊祀事大，必宜自力。景儁言位見信，[4]元會畢，乃召晏於華林省誅之。[5]下詔顯其罪，稱以河東王鉉識用微弱，[6]欲令守以虛器，並令收付廷尉。

[1]門義：門生及義從。

[2]南郊：指帝王祭天的大禮。

[3]獸：《南齊書》卷四二《王晏傳》作“虎”，本書避唐高祖李淵祖父李虎諱改。

[4]位：大德本、汲古閣本同，殿本作“益”。

[5]元會畢，乃召晏於華林省誅之：殿本《南齊書考證》云：“按《明帝本紀》，四年正月丙辰晏伏誅，《通鑑考異》曰丙辰正月二十八日也，按郊禮必在正月，既云未郊一日敕停，則誅晏必非元會之日也。本傳蓋言元會禮後耳。”華林省，省在華林園，故名。華林園爲皇家園林。南朝宋元嘉間進行了大規模的擴建。在今江蘇南京市雞鳴寺南古臺城内。

[6]河東王鉉：蕭鉉。字宣胤，齊高帝第十九子。明帝建武四年（497）誅王晏，以謀立鉉爲名，免鉉官，禁不得與外人交通，後終被殺害。本書卷四三、《南齊書》卷三五有傳。

　　晏之爲員外郎也，父普曜齋前柏樹忽變成梧桐，論者以爲梧桐雖有栖鳳之美，而失後凋之節。及晏敗，果如之。又未敗前，見屋桷子悉是大虵，就視之猶木也。晏惡之，乃以紙裹桷子，[1]猶紙内搖動，薾薾有聲。又於北山廟答賽夜還，[2]晏醉，部伍人亦飲酒，羽儀錯亂，前後十餘里中，不復禁制。識者云此不復久也。未幾而敗。[3]

　　[1]乃：大德本、殿本同，汲古閣本作“方”。
　　[2]答賽：報祭神靈。
　　[3]敗：大德本、汲古閣本同，殿本作“散”。

　　晏子德元，有意尚，位車騎長史。德元初名湛，武帝曰：“劉湛、江湛，並不善終，此非佳名也。”晏乃改之，至是及誅。
　　晏弟詡，位少府卿。[1]敕未登黃門郎，[2]不得畜女伎，詡與射聲校尉陰玄智坐畜伎免官，禁錮十年。敕特原詡。亦篤舊。[3]後拜廣州刺史。晏誅，上遣殺之。

　　[1]少府卿：官名。南朝時職掌宮廷手工業等事務。
　　[2]黃門郎：官名。給事黃門侍郎、黃門侍郎省稱。
　　[3]亦篤舊：《南齊書》卷四二《王詡傳》作“詡亦篤舊”。

　　思遠，晏從父弟也。父羅雲，平西長史。思遠八歲父卒，祖弘之及外祖新安太守羊敬元並栖退高尚，故思遠少無仕心。宋建平王景素辟南徐州主簿，[1]深見禮遇。

景素被誅，左右離散，思遠親視殯葬，手種松柏，與廬江何昌寓、沛郡劉璡上表理之，[2]事感朝廷。景素女廢爲庶人，思遠分衣食以相資贍。年長，爲備笄總，訪求素對，傾家送遣。

[1]建平王景素：劉景素。宋文帝第七子劉宏之子，嗣其父爲建平王。本書卷一四、《宋書》卷七二有附傳。建平，郡名。治巫縣，在今重慶巫山縣。 州主簿：官名。負責文書簿籍，掌管印鑒等事。雖非掾吏之首，然地位較高。

[2]廬江：郡名。治舒縣，在今安徽舒城縣。 何昌寓：字儼望，廬江灊（今安徽霍山縣）人，何尚之弟何佟之子。本書卷三〇有附傳，《南齊書》卷四三有傳。 沛郡：郡名。治相縣，在今安徽濉溪縣西北。 劉璡：字子璥，沛郡相（今安徽濉溪縣）人。本書卷五〇、《南齊書》卷三九有附傳。

齊建元初，歷竟陵王司徒錄事參軍、太子中舍人。[1]文惠太子與竟陵王子良素好士，[2]並蒙賞接。思遠求出爲遠郡，除建安内史。[3]長兄思玄卒，思遠友于甚至，表乞自解，不許。及祥日又固陳，[4]武帝乃許之。仍除中書郎、大司馬諮議。詔舉士，竟陵王子良薦思遠及吳郡顧暠之、陳郡殷叡。[5]時邵陵王子貞爲吳郡，[6]除思遠爲吳郡丞，以本官行郡事，論者以爲得人。後拜御史中丞。臨海太守沈昭略贓私，[7]思遠依事劾奏，明帝及思遠從兄晏、昭略叔父文季並請止之，思遠不從，案事如故。

[1]太子中舍人：官名。東宮屬官。與中庶子共掌文翰，位在中庶子下，洗馬之上。

[2]文惠太子：蕭長懋。字雲喬，齊武帝長子。初封南郡王，中軍將軍，置府，鎮石頭戍，尋轉征北將軍。武帝即位，立爲太子，未繼皇位而早卒。本書卷四四、《南齊書》卷二一有傳。　竟陵王子良：蕭子良。字雲英，齊武帝第二子。武帝即位後，封爲竟陵王。本書卷四四、《南齊書》卷四〇有傳。竟陵，郡名。治萇壽縣，在今湖北鍾祥市。

[3]建安：郡名。治建安縣，在今福建建甌市。

[4]祥日：親喪之祭日。

[5]殷叡：字文子。《南齊書》卷四九有附傳。

[6]邵陵王子貞：蕭子貞。字雲松，齊武帝第十四子。武帝永明四年（486）封爲邵陵王。永明十年，爲東中郎將、吳郡太守。明帝建武二年（495），見誅，年十五。本書卷四四、《南齊書》卷四〇有傳。邵陵，郡名。治邵陵縣，在今湖南邵陽市。

[7]沈昭略：字茂隆，吳興武康（今浙江德清縣）人。本書卷三七、《南齊書》卷四四有附傳。

建武中，遷吏部郎。[1]思遠以晏爲尚書令，不欲並居內臺權要之職，上表固讓，乃改授司徒左長史。初明帝廢立之際，思遠謂晏曰：“兄荷武帝厚恩，今一旦贊人如此事，彼或可以權計相須，未知兄將何以自立。及此引決，猶可保全門户，不失後名。”晏曰：“方噉粥，未暇此事。”及拜驃騎，會子弟，謂思遠兄思徵曰：“隆昌之末，阿戎勸吾自裁，[2]若用其語，豈有今日。”思遠遽應曰：“如阿戎所見，猶未晚也。”晏既不能謙退，位處朝端，事多專斷，內外要職，並用門生，帝外迹甚美，内相疑異。思遠謂曰：“時事稍異，兄覺不？凡人多拙於自謀，而巧於謀人。”晏默然不答。思遠退後，晏方歎曰：“天下人遂勸人自殺。”[3]旬日，晏及禍。明帝後知思遠有此言，謂江祏曰：[4]“王晏早用思遠語，當不至此。”

[1]吏部郎：官名。尚書省吏部曹長官。主管官吏選任、銓叙、調動事務，對五品以下官吏任免有建議權。歷朝皆重其選，職位高於尚書省諸曹郎。

[2]阿戎：從弟，堂弟。《資治通鑑》卷一四一《齊紀七》明帝建武四年胡三省注：“晋宋間人，多謂從弟爲阿戎，至唐猶然。”

[3]天下人遂勸人自殺：《資治通鑑・齊紀七》明帝建武四年作“世乃有勸人死者”。

[4]江祏：字弘業，濟陽考城（今河南民權縣）人。齊明帝腹心。本書卷四七、《南齊書》卷四二有傳。

思遠立身簡潔，諸客有詣己者，覘知衣服垢穢，方便不前，形儀新楚，乃與促膝。雖然，及去之後，猶令二人交帚拂其坐處。明帝從祖弟季敞性甚豪縱，使詣思遠，令見禮度。都水使者季珪之常曰：[1]“見王思遠終日匡坐，不妄言笑，簪帽衣領，無不整絜，便憶丘明士。見明士蓬頭散帶，終日酣醉，吐論從横，唐突卿宰，便復憶見思遠。”言其兩反也。

[1]都水使者季珪之常曰：中華本改“季”作“李”，其校勘記云：“‘李’各本作‘季’。張森楷《南史校勘記》：《南齊書・良政傳》有《李珪之傳》，當即此人，作‘季’誤也。按彼傳云‘兼

都水使者’，與此亦合，張說是，今改正。"

上既誅晏，思遠遷爲侍中，掌優策及起居注。[1]卒，年四十九，贈太常，諡曰貞子。

[1]優策：詔策。　起居注：古代帝王的言行録。

思遠與顧暠之善，暠之卒後，家貧，思遠迎其妻子，經恤甚至。暠之字士明，少孤好學，有義信，位太子中舍人，兼尚書左丞。[1]

[1]兼：官制術語。南朝時用於官職之"兼"，義爲代理，而非身兼兩職之義。　尚書左丞：官名。尚書臺佐貳之官，居尚書右丞上。輔助令、僕射總理臺事，並職掌糾察彈劾。

王韶之字休泰，胡之從孫而敬弘從祖弟也。祖羨之，鎮軍掾。[1]父偉之，少有志尚，當世詔命表奏，輒手自書寫。泰元、隆安時事，[2]大小悉撰録。位本國郎中令。[3]

[1]鎮軍掾：官名。鎮軍將軍屬官，爲軍府各曹之長。
[2]泰元：即太元。東晉孝武帝司馬曜年號（376—396）。隆安：東晉安帝司馬德宗年號（397—401）。
[3]郎中令：官名。魏晉南朝爲王國三卿之一，公、侯等國亦或置。其品秩隨國主地位高低不等。

韶之家貧好學，嘗三日絕糧而執卷不輟，家人誚之曰：“困窮如此，何不耕？”答曰：“我常自耕耳。”父偉之爲烏程令，[1]韶之因居縣境。好史籍，博涉多聞。初爲衛將軍謝琰行參軍，[2]得父舊書，因私撰《晉安帝陽秋》。[3]及成，時人謂宜居史職，即除著作佐郎，[4]使續後事，訖義熙九年。善叙事，辭論可觀。遷尚書祠部郎。[5]

[1]烏程：縣名。治所在今浙江湖州市。

[2]謝琰：字瑗度，謝安次子。《晉書》卷七九有附傳。　行參軍：官名。品階低於參軍。

[3]《晉安帝陽秋》：《隋書·經籍志二》著録宋吳興太守王韶之撰《晉紀》十卷。

[4]著作佐郎：官名。掌協助著作郎修國史和起居注等。晉六品。

[5]尚書祠部郎：官名。尚書省祠部曹長官。多以明禮通儒充任。晉六品。

晉帝自孝武以來常居内殿，[1]武官主書於中通呈，以省官一人管詔誥，往西省，[2]因謂之西省郎。[3]傅亮、羊徽相代在職。[4]義熙十一年，宋武帝以韶之博學有文辭，補通直郎，領西省事，轉中書侍郎。晉安帝之崩，[5]武帝使韶之與帝左右密加酖毒。恭帝即位，[6]遷黃門侍郎，領著作，西省如故。凡諸詔黃皆其辭也。[7]武帝受命，加驍騎將軍，黃門如故。西省職解，復掌宋書。坐璽制謬誤，[8]免黃門，事在《謝晦傳》。

[1]孝武：晋孝武帝司馬曜。字昌明，簡文帝第三子。《晋書》卷九有紀。

[2]往：大德本、汲古閣本、殿本作"住"。《宋書》卷六〇《王韶之傳》作"任在"。

[3]西省郎：官名。西省設在宮禁之中，大約等於中書的一個分省。以他省郎官如中書、散騎等輪流值班，掌起草詔誥，號西省郎。

[4]羊徽：字敬猷，泰山南城（今山東平邑縣）人。《宋書》卷六二有附傳。

[5]晋安帝：司馬德宗。晋孝武帝長子。後被權臣劉裕派人縊死。《晋書》卷一〇有紀。

[6]恭帝：東晋恭帝司馬德文。《晋書》卷一〇有紀。

[7]詔黃：即詔書。詔書用黃紙書寫，故稱。

[8]坐璽制謬誤：《宋書·王韶之傳》"制"作"封"，中華本校勘記云："按《宋書·謝晦傳》：'坐行璽封鎮西司馬南郡太守王華大封，而誤封北海太守球版。免晦侍中。'即指此事，則作'封'是。"

韶之爲晋史，序王珣貨殖，[1]王廞作亂。[2]珣子弘、廞子華並貴顯，[3]韶之懼爲所陷，深附結徐羨之、傅亮等。少帝即位，[4]遷侍中。出爲吳郡太守。[5]羨之被誅，王弘入相，領楊州刺史。弘雖與韶之不絕，諸弟未相識者皆不復往來。韶之在郡，常慮爲弘所繩，夙夜勤勵，政績甚美，弘亦抑其私憾，文帝兩嘉之。韶之稱爲良守。徵爲祠部尚書，[6]加給事中。[7]坐去郡長取送故，[8]免官。後爲吳興太守，卒。[9]撰《孝傳》三卷，文集行於世。[10]宋廟歌辭，[11]韶之所制也。

　　[1]王珣：字元琳，琅邪臨沂（今山東臨沂市）人，王導孫。《晋書》卷六五有附傳。

　　[2]王廞：王導孫，王薈子。於吳居母喪，舉兵響應兗州刺史王恭，反對朝廷掌權的司馬道子父子。後兵敗不知去向。事見《晋書》卷六五《王薈傳》。

　　[3]弘：王弘。字休元，琅邪臨沂（今山東臨沂市）人，王導曾孫。助劉裕代晋，宋文帝時官至司徒。本書卷二一、《宋書》卷四二有傳。　　華：王華。字子陵，琅邪臨沂（今山東臨沂市）人。宋少帝被害時勸劉義隆入京，劉義隆即位後，官至侍中。本書卷二三、《宋書》卷六三有傳。

　　[4]少帝：南朝宋少帝劉義符。小字車兵，宋武帝長子。後被廢，幽禁於吳郡，徐羨之等使人將其殺害。本書卷一、《宋書》卷四有紀。

　　[5]吳郡太守：《宋書》卷六〇《王韶之傳》作“吳興太守”，馬宗霍《南史校證》云：“《宋書》本傳作‘吳興’，下文云‘又出爲吳興太守’，既云‘又出’，則上文當以作‘吳興’爲是。”（第443頁）

　　[6]祠部尚書：官名。東晋始置，掌宗廟禮儀。自東晋以後，祠部尚書與右僕射通職，不並置已成常制。南朝宋祠部尚書領祠部、儀曹二曹。宋三品。隋改名禮部尚書。

　　[7]給事中：官名。南朝隸集書省，常侍從皇帝左右，獻納得失，收發文書。宋五品。

　　[8]送故：東晋、南朝時期，州郡長官遷轉離任或病死，皆有送故。或是僚屬隨從長官遷轉，繼續爲之服務；或是贈送財物。

　　[9]後爲吳興太守，卒：《宋書·王韶之傳》作“又出爲吳興太守。其年卒，時年五十六”。

　　[10]撰《孝傳》三卷，文集行於世：《隋書·經籍志二》史部雜傳類著録王韶之撰《孝子傳贊》三卷。《隋書·經籍志四》集部別集類小注載《王韶之集》二十四卷，亡。

[11]宋廟歌辭：《宋書·王韶之傳》作"七廟歌辭"。即宋武帝先祖晋北平太守脣、相國掾熙、開封令旭孫、武原令混、東安太守靖、郡功曹翹等七人的宗廟歌辭，始制於武帝永初元年（420）。歌辭載於《宋書·樂志二》。

　　子曄，位臨賀太守。[1]

　　[1]臨賀：郡名。治臨賀縣，在今廣西賀州市東南。

　　王悅之字少明，[1]晋右軍將軍羲之曾孫也。[2]祖獻之，中書令。父靖之，司徒左長史，爲劉穆之所厚，[3]就穆之求侍中，如此非一。穆之曰："卿若不求，久自得之。"遂不果。

　　[1]王悅之：《宋書》卷九二《王歆之傳》作"王悅"。
　　[2]羲之：王羲之。字逸少，琅邪臨沂（今山東臨沂市）人。東晋著名書法家，官至右軍將軍。《晋書》卷八〇有傳。
　　[3]劉穆之：字道和，小字道民。隨劉裕起兵，平桓玄，討劉毅。官至尚書左僕射。劉裕稱帝後，追封南康郡公。本書卷一五、《宋書》卷四二有傳。

　　悅之少厲清操，亮直有風檢。爲吏部郎，鄰省有會同者，遺悅之餅一甌。辭不受，曰："此費誠小，然少來不願當之。"宋明帝泰始中爲黃門郎、御史中丞。[1]上以其廉介，賜良田五頃，以爲侍中，在門下盡其心力。掌檢校御府太官太醫諸署。時承奢忲之後，姦竊者衆，悅之按覆無所避，得姦巧甚多，於是衆署共呪詛。悅之病甚，恒見兩烏衣人捶之。及卒，上乃收典掌者十許人，桎梏之送淮陰，[2]密令度瓜步江，[3]投之中流。

[1]泰始：南朝宋明帝劉彧年號（465—471）。

[2]淮陰：縣名。治所在今江蘇淮安市淮陰區西南。宋明帝泰始二年僑置兗州治此。

[3]瓜步：山名。又作瓜埠山。在今江蘇南京市六合區東南。古時南臨大江。

王准之字元魯，[1]晉尚書僕射彬玄孫也。[2]曾祖彪之，[3]位尚書令，祖臨之、父納之並御史中丞。[4]彪之博聞名識，[5]練悉朝儀，自是家世相傳，並諳江左舊事，緘之青箱，[6]世謂之王氏青箱學。

[1]王准之字元魯：馬宗霍《南史校證》云："按殿本《宋書》本傳'准'作'淮'，'魯'作'曾'，《考證》曰：'《南史》淮作准，曾作魯，按准即準字之減畫，實一字也。《范泰傳》，桓元輔晉，使御史中丞祖台之奏泰及前司徒左長史王準之並居喪無禮，《南史》以淮之爲准之，則當是一人。然本傳不載居喪被劾事，其官司徒左長史又在宋永初時，亦未能確定其爲一人也。'余按宋蜀本《宋書》作'准之'正與《南史》合，則殿本作'淮'，蓋'淮'字轉寫之誤，'准'即'準'之俗體，見於《廣韻》，《説文》水部：'準，從水，隼聲。'作'準'者俗省。蓋先省作'準'，再省作'准'耳。"（第444頁）

[2]彬：王彬。字世儒，王廙弟。《晉書》卷七六有附傳。

[3]彪之：王彪之。《晉書》卷七六有附傳。

[4]納之：《宋書》卷六〇《王准之傳》作"訥之"，中華本改

作"訥之"，其校勘記云："《世説新語·文學篇》劉峻注引王氏譜作'訥之字永言'。按古人名與字應，則永言名訥之正合，今據改。"

[5]名：大德本、汲古閣本、殿本作"多"，《宋書·王准之傳》作"多"。

[6]青箱：即巾箱。盛放私人用品的小箱子。本書卷五七《范雲傳》："江祏求雲女婚姻，酒酣，巾箱中取剪刀與雲，曰：'且以爲娉'。"

准之兼明《禮》《傳》，贍於文辭。桓玄篡位，以爲尚書祠部郎。宋武帝起兵，爲太尉主簿。出爲山陰令，[1]有能名，預討盧循功，[2]封都亭侯。宋臺建，除御史中丞，爲百僚所憚。自彪之至准之四世居此職。准之嘗作五言詩，范泰嘲之："卿唯解彈事耳。"准之正色答："猶差卿世載雄狐。"[3]坐世子左衛率謝靈運殺人不舉，免官。

[1]山陰：縣名。治所在今浙江紹興市。

[2]盧循：字于先，小字元龍，范陽涿（今河北涿州市）人。東漢名儒盧植之後，後趙中書監盧諶曾孫。繼孫恩之後爲五斗米道起兵統帥。《晉書》卷一〇〇有傳。

[3]"范泰嘲之"至"猶差卿世載雄狐"：錢大昕《廿二史考異》卷三六云："《范蔚宗傳》云：'素有閨庭論議，朝野所知，故門胄雖華，而國家不與姻。'准之雄狐之譏，蓋謂此也。又《王僧虔傳》，甲族由來多不居憲臺，王氏分支居烏衣者，位宦微減，僧虔爲御史中丞，乃曰：'此是烏衣諸郎坐處，我亦可試爲耳。'蓋當時甲族薄中丞而不爲，故范泰以唯解彈事嘲之。"范泰，字伯倫，

順陽（今河南淅川縣）人。本書卷三三、《宋書》卷六〇有傳。

武帝受命，拜黃門侍郎。永初中奏曰：“鄭玄注《禮》：[1]三年之喪，二十七月而吉。古今學者多謂得禮之宜。晋初用王肅議，[2]祥禫共月，[3]故二十五月而除。遂以爲制。江左以來，準晋朝施用，[4]搢紳之士多遵玄義。夫先王制禮，以大順群心，‘喪也寧戚’，著自前經。今大宋開泰，品物遂理，愚謂宜同即物情，以玄義爲制。朝野一禮，則家無殊俗。”從之。元嘉中，歷位侍中，都官尚書，改領吏部，出爲丹楊尹。

[1]鄭玄注《禮》：即注釋儒家經典《周禮》《儀禮》《禮記》。鄭玄，字康成，北海高密（今山東高密市）人。東漢經學家。《後漢書》卷六五有傳。

[2]王肅：字子雍，東海郯（今山東郯城縣）人。三國魏經學家。曾遍注群經，專攻鄭玄説。其議凶禮事參見《三國志》卷一三《魏書·王朗傳》及注。按，晋武帝是王肅外孫，“故郊祀之禮，有司多從肅議”。

[3]祥禫（dàn）共月：祭祀及服喪的一種禮制。參見孫星衍《五松園文稿·祥禫不同月辨》。禫，喪家除服的一種祭禮。

[4]準：《宋書》卷六〇《王准之傳》作“唯”，中華本據改，馬宗霍《南史校證》云：“準者，以晋朝之制爲準則遵而用之也。《南史》似不誤。《宋書》‘唯’字疑當作‘准’，從準俗體，故轉寫訛爲‘唯’耳。”（第444頁）

准之究識舊儀，問無不對。時大將軍彭城王義康録尚書事，[1]每歎曰：“何須高論玄虛，正得如王准之兩三人，天下便足。"[2]然寡風素，情惆急，不爲時流所重。撰儀注，咸見遵用。卒，[3]贈太常。

[1]彭城王義康：劉義康。宋武帝四子。官至大將軍、司徒，權傾天下，爲文帝所忌，出爲江州刺史。後以范曄謀反事，被貶爲庶人。本書卷一三、《宋書》卷六八有傳。彭城王，封爵名。即彭城郡王。彭城，郡名。治彭城縣，在今江蘇徐州市。　録尚書事：官名。魏晋南北朝多以公卿權重者居之，總領尚書省政務，位在三公上。又有録尚書六條事、關尚書七條事等名義。

[2]足：《宋書》卷六〇《王准之傳》作"治"，本書避唐高宗李治諱改。

[3]卒：《宋書·王准之傳》載"（元嘉）十年，卒，時年五十六"。

子輿之，征虜主簿。輿之子進之，仕齊位給事黄門侍郎，扶風太守。[1]梁武帝之舉兵也，所在響應，鄰郡多請進之同遣脩謁。進之曰："非吾志也。"竟不行。武帝嘉之。梁臺建，歷尚書左丞，廣平、天門二郡太守，[2]左衛將軍，[3]封建寧公。

[1]扶風：郡名。僑置。治築陽縣，在今湖北穀城縣東。

[2]廣平：郡名。僑置。治廣平縣，在今湖北丹江口市東南。梁廢。　天門：郡名。治澧陽縣，在今湖南石門縣。

[3]左衛將軍：官名。爲禁衛軍長官之一。掌宫禁宿衛，領宿衛營兵。梁十二班。

進之子清，位散騎常侍，金紫光禄大夫，鎮東府長史，新野、東陽二郡太守，[1]安南將軍，[2]封中盧公。[3]承聖末，[4]陳武帝殺太尉王僧辯，[5]遣文帝攻僧辯壻杜龕，[6]龕告難於清，引兵援龕，大敗陳文帝於吳興，追奔至晋陵。[7]時廣州刺史歐陽頠亦同清援龕，[8]中更改異，殺清而歸陳武帝。子猛。

[1]新野：郡名。治新野縣，在今河南新野縣。野，大德本、殿本同，汲古閣本作“亭”。　東陽：郡名。治長山縣，在今浙江金華市。

[2]安南將軍：官名。八安將軍之一。梁二十一班。

[3]中盧公：《南齊書·州郡志》雍州襄陽郡屬縣有中盧縣，疑此應作“中盧”。

[4]承聖：南朝梁元帝蕭繹年號（552—555）。

[5]陳武帝：陳霸先。梁敬帝太平二年（557）十月辛未，梁敬帝禪位於陳霸先。本書卷九，《陳書》卷一、卷二有紀。　王僧辯：字君才，太原祁（今山西祁縣）人。初爲北魏將領，梁初隨父南渡，任湘東王蕭繹府中司馬等職。後與陳霸先收復建康。蕭繹即位後，爲太尉。侯景之亂時，被蕭繹任爲大都督，討破侯景。梁元帝死後，在北齊壓力下，納貞陽侯蕭淵明爲帝。後爲陳霸先襲殺。本書卷六三有附傳，《梁書》卷四五有傳。

[6]文帝：南朝陳文帝陳蒨。陳武帝兄子。廟號世祖。本書卷九、《陳書》卷三有紀。　杜龕：京兆杜陵（今陝西西安市長安區）人，王僧辯女婿。聞王僧辯被殺，舉兵反，後爲陳霸先所殺。本書卷六四、《梁書》卷四六有附傳。

[7]晋陵：郡名。治晋陵縣，在今江蘇常州市。

[8]歐陽頠：字靖世，長沙臨湘（今湖南長沙市）人。爲郡豪族，有聲南土。起家信武府中兵參軍。後與陳霸先深自結託，遂成心腹。本書卷六六、《陳書》卷九有傳。

　　猛字世雄，本名勇。五歲而父清遇害，陳文帝軍度浙江，訪之，將加夷滅。母韋氏攜之遁于會稽，[1]遂免。及長勤學不倦，博涉經史，兼習孫、吳兵法。以父遇酷，終文帝之世不聽音樂，蔬食布衣，以喪禮自處。宣帝立，[2]乃始求位。太建初，[3]釋褐鄱陽王府中兵參軍，[4]再遷永陽王府録事參軍。[5]

　　[1]會稽：郡名。治山陰縣。在今浙江紹興市。
　　[2]宣帝：南朝陳宣帝陳頊。字紹世，小字師利，陳武帝兄始興昭烈王陳道談第二子。本書卷一〇、《陳書》卷五有紀。
　　[3]太建：南朝陳宣帝陳頊年號（569—582）。
　　[4]鄱陽王：陳伯山。字静之，陳文帝第三子，陳宣帝之侄。本書卷六五、《陳書》卷二八有傳。　　中兵參軍：官名。王公軍府僚屬，其品位隨府主地位高低不等。
　　[5]永陽王：陳伯智。字策之，陳文帝第十二子，陳宣帝之侄。本書卷六五、《陳書》卷二八有傳。

　　猛慷慨常慕功名，先是上疏陳安邊拓境之策，甚見嘉納，至是詔隨大都督吳明徹略地，[1]以軍功封應陽縣子。[2]累遷太子右衞率，徙晉陵太守。威惠兼舉，姦盗屏迹，富商野次，云“以付王府君”。郡人歌之，以比漢之趙廣漢。[3]至德初，[4]徵爲左驍騎將軍，[5]加散騎常侍，深見信重。

　　[1]吳明徹：字通炤（《陳書》作“通昭”），秦郡（今江蘇南京市六合區）人。陳宣帝太建五年（573）三月，率軍伐北齊，一度收復淮南江北之地。太建十年二月，在吕梁敗於北周，與將士

三萬餘人被俘。本書卷六六、《陳書》卷九有傳。

[2]以軍功封應陽縣子：中華本校勘記云："'應陽'《陳書·南康愍王曇朗傳》附子《方慶傳》云'勇以功封龍陽縣子'。按《南齊書·州郡志》湘州零陵郡有應陽縣；郢州武陵郡有龍陽縣，未詳孰是。"

[3]趙廣漢：字子都，涿郡蠡吾（今河北博野縣）人。西漢京兆尹，精於吏職，執法不避權貴。《漢書》卷七六有傳。

[4]至德：南朝陳後主陳叔寶年號（583—586）。

[5]左驍騎將軍：官名。南朝梁武帝天監六年（507）置，掌管宿衛事務，領朱衣直閤，並給儀從。多由侍中、散騎常侍等文職清官兼領，梁十一班。陳四品，秩二千石。

時孔範、施文慶等並相與比周，[1]害其梗直，議將出之而未有便。會廣州刺史馬靖不受徵，乃除猛都督東衡州刺史，[2]領始興内史，[3]與廣州刺史陳方慶共取靖。[4]猛至，即禽靖送建鄴，[5]進爵爲公，加先勝將軍、平越中郎將、大都督，[6]發廣、桂等二十州兵討嶺外荒梗，所至皆平。

[1]孔範：字法言，會稽山陰（今浙江紹興市）人。陳後主時拜都官尚書，與江總等並爲後主狎客，深受寵信。後降隋，被隋文帝流之遠裔。本書卷七七有傳。 施文慶：吳興烏程（今浙江湖州市）人。早年仕於東宮，陳後主即位，擢爲中書舍人，有治吏才能，爲後主所倚重。本書卷七七有傳。

[2]東衡州：州名。治曲江縣，在今廣東韶關市南武水西岸。

[3]始興：郡名。治曲江縣，在今廣東韶關市南武水西岸。

[4]陳方慶：南康愍王陳曇朗之子，陳武帝侄。本書卷六五、《陳書》卷一四有附傳。

[5]建鄴：東晋、南朝都城，又稱建業、建康，在今江蘇南京市。東漢獻帝建安十六年（211），孫權徙治丹陽郡秣陵縣，次年改名建業。吳大帝黃龍元年（229），正式定都於建業。西晋滅吳，恢復秣陵舊名。晋武帝太康三年（282），以秦淮水爲界兩分秣陵縣境，以南爲秣陵，以北爲建業，並改名建鄴。建興元年（313）因避愍帝司馬鄴諱，改名建康。其後宋、齊、梁、陳沿用爲都城，故稱六朝古都。《太平寰宇記》卷九〇《江南東道二·昇州》引《金陵記》云："梁都之時，城中二十八萬餘户。西至石頭城，東至倪塘，南至石子岡，北過蔣山，東西南北各四十里。"城市西界至石頭城，位於今江蘇南京市水西門以北至清涼山；東界爲倪塘，在今江蘇南京市江寧區上坊街道泥塘社區附近；南界石子岡，是包含今雨花臺在內的城南東西走向的一系列岡阜；北界逾過蔣山，也就是鍾山，今稱紫金山（參見張學鋒《南朝建康的都城空間與葬地》，《中華文史論叢》2019 年第 3 期）。

[6]先勝將軍：《陳書·陳方慶傳》作"光勝將軍"。按，作"光勝"是。光勝將軍，官名。十光將軍之一。陳擬六品，比秩千石。

禎明二年，[1]詔授鎮南大將軍、都督二十四州諸軍事，[2]尋命徙鎮廣州。未之鎮，而隋師濟江，猛總督所部赴援。時廣州刺史臨汝侯方慶、西衡州刺史衡陽王伯信並隸猛督府，[3]各觀望不至。猛使高州刺史戴智烈、清遠太守曾孝遠各以輕兵就斬之而發其兵。[4]及聞臺城不守，乃舉哀素服，藉藁不食，歎曰："申包胥獨何人哉。"[5]因勒兵緣江拒守，以固誠節。及審後主不死，乃遣其部將辛昉馳驛赴京師歸款。隋文帝大悅，[6]謂昉曰："猛懷其舊主，送故情深，即是我之誠臣。保守一方，不勞兵甲，又是我之功臣。”即日拜昉開府儀同三司，仍詔猛與行軍總管韋洸便留嶺表經略。[7]

[1]禎明：南朝陳後主陳叔寶年號（587—589）。

[2]鎮南大將軍：官名。較鎮南將軍進一階。鎮南將軍，八鎮將軍之一。梁二十二班。陳擬二品，比秩中二千石。

[3]西衡州：州名。南朝陳改衡州置。治含洭縣，在今廣東英德市洽洸鎮。

[4]高州：州名。治高凉縣，在今廣東陽江市西。　清遠：郡名。治翁源縣，在今廣東翁源縣西北。

[5]申包胥：春秋時楚昭王大夫，入秦國求援乞師。事見《史記》卷六六《伍子胥列傳》。

[6]隋文帝：楊堅。小名那羅延，弘農華陰（今陝西華陰市）人。隋朝開國皇帝。《隋書》卷一、卷二，《北史》卷一一有紀。

[7]韋洸：字世穆，京兆杜陵（今陝西西安市長安區）人。平陳之役以行軍總管率軍經略嶺南，綏定二十四州，拜爲廣州總管。《隋書》卷四七、《北史》卷六四有附傳。

猛母妻子先留建鄴，因隨後主入京，[1]詔賜宅及什物甚厚，別賚物一千段，及遣璽書勞猛。仍討平山越，馳驛奏聞。時文帝幸河東，會猛使至，大悦。楊素賀，[2]因曰：“昔漢武此地聞喜，用改縣名，王猛今者告捷，遠符前事。”於是又降璽書褒賞，以其長子繕爲開府儀同三司。猛尋卒於廣州，文帝聞而痛之，遣使弔祭，贈上開府儀同三司，封歸仁縣公。[3]命其子繕襲，仍授普州刺史。[4]仁壽元年，[5]繕弟續表陳猛志，求葬關中，詔許之。仍贈使持節、大將軍、宋州刺史、三州諸軍事，謚曰成。

[1]後主：陳後主陳叔寶。字元秀，小字黃奴，陳宣帝嫡長子。本書卷一○、《陳書》卷六有紀。

[2]楊素：字處道，弘農華陰（今陝西華陰市）人。仕隋官至太子太師、楚國公。《隋書》卷四八有傳，《北史》卷四一有附傳。

[3]歸仁縣公：封爵名。歸仁，縣名。治所在今四川平昌縣。縣公，開國縣公省稱。食邑爲縣，故常冠以所封縣名。

[4]普州刺史：大德本、殿本同，汲古閣本作“晉州刺史”，存疑。

[5]仁壽：隋文帝楊堅年號（601—604）。

納之弟瓛之字道茂，位司空諮議參軍。瓛之子逡之。

逡之字宣約，少禮學博聞。仕宋位吳令。昇明末，尚書右僕射王儉重儒術，逡之以著作郎兼尚書左丞，[1]參定齊國儀體。[2]初，儉撰《古今喪服集記》，逡之難儉十一條，更撰《世行》五卷。[3]

[1]著作郎：官名。掌國史及起居注的修撰，其下設著作佐郎。東晉、南朝時爲清要之官。宋六品。

[2]體：大德本、汲古閣本、殿本作“禮”，《南齊書》卷五二《王逡之傳》作“禮”。按，此底本誤，應據諸本改。

[3]《世行》五卷：《隋書·經籍志一》經部禮類著録齊光禄大夫王逡撰《喪服世行要記》十卷。王逡即王逡之。

國學久廢，齊建元二年，逡之先上表立學。轉國子博士，[1]又兼著作。《永明起居注》。[2]後位南康相，[3]光禄大夫，加給事中。[4]逡之率素，衣裳不澣，几案塵墨，[5]年老手不釋卷。建武二年卒。

[1]國子博士：官名。教授生徒儒學，並備政治咨詢及參與祭典的顧問。南朝齊設二員，位比中書郎。

[2]《永明起居注》：《南齊書》卷五二《王逡之傳》作"撰《永明起居注》"，馬宗霍《南史校證》云："'撰'字不可省。著作爲官名，即著作佐郎之簡稱。此謂逡之兼著作而撰《起居注》也。當以著作絶句，撰字下屬。"（第445頁）

[3]南康：郡名。治贛縣，在今江西贛州市東北。

[4]光禄大夫，加給事中：《南齊書·王逡之傳》作"太中、光禄大夫，加侍中"。

[5]墨：大德本、汲古閣本、殿本作"黑"，《南齊書·王逡之傳》作"黑"。

　　從弟珪之，位長水校尉，撰《齊職儀》。[1]永明九年，其子中軍參軍顥啓上其書，凡五十卷，詔付秘閣。

[1]《齊職儀》：《隋書·經籍志二》史部職官類著録齊長水校尉王珪之撰《齊職儀》五十卷。

　　素字休業，彬五世孫而逡之族子也。高祖翹之，晋光禄大夫。曾祖望之、祖泰之，並不仕。父元弘，位平固令。[1]素少有志行，家貧母老，隱居不仕。宋孝建、大明、泰始中，[2]屢徵不就，聲譽甚高。山中有蚭清長，[3]聽之使人不厭，而其形甚醜，素乃爲《蚭賦》以自況。卒年五十四。

[1]平固：縣名。治所在今江西興國縣南。

[2]孝建：南朝宋孝武帝劉駿年號（454—456）。　大明：南朝宋孝武帝劉駿年號（457—464）。

[3]山中有蚿清長：《宋書》卷九三《王素傳》作“山中有蚿蟲，聲清長”。

論曰：昔晋初度江，王導卜其家世，[1]郭璞云：[2]“淮流竭，[3]王氏滅。”觀夫晋氏以來，諸王冠冕不替，蓋亦人倫所得，[4]豈唯世禄之所傳乎。[5]及于陳亡之年，淮流實竭，曩時人物掃地盡矣。斯乃興亡之兆已有前定。天之所廢，豈智識之所謀乎。

[1]王導：字茂弘，琅邪臨沂（今山東臨沂市）人。《晋書》卷六五有傳。

[2]郭璞：字景純，河東聞喜（今山西聞喜縣）人。《晋書》卷七二有傳。

[3]淮流：即今江蘇南京市秦淮河。

[4]人倫：人才。《北史》卷四一《楊愔傳》：“典選二十餘年，獎擢人倫，以爲己任。”

[5]傳：大德本、殿本同，汲古閣本作“專”。

南史　卷二五

列傳第十五

王懿　到彥之 孫撝 撝子沉 沉從兄溉 洽[1] 洽子仲舉
垣護之 弟子崇祖 崇祖從兄榮祖 榮祖從父閬 閬弟子曇深
張興世 子欣泰

　　[1]洽：大德本、汲古閣本同，殿本作“溉弟洽”。

　　王懿字仲德，太原祁人，[1]自言漢司徒允弟幽州刺
史懋七世孫也。[2]祖宏仕石季龍，[3]父苗仕符堅，[4]皆至
二千石。

　　[1]太原：郡名。治晉陽縣，在今山西太原市西南。　祁：縣
名。治所在今山西祁縣東南。
　　[2]司徒：官名。後漢時爲三公之一，分掌宰相職能，秩萬石。
　允：王允。曾與呂布共除董卓。《後漢書》卷六六有傳。
　　[3]石季龍：石虎。字季龍，羯族。十六國時後趙國君。《晉
書》卷一〇六、卷一〇七有載記。
　　[4]符堅：大德本、汲古閣本同，殿本作“苻”。按，作“苻”
是，本卷下同，不另注。苻堅，字永固，氐族。十六國時前秦國

君。《晉書》卷一一三、卷一一四有載記。

　　仲德少沈審有意略，事母甚謹，學通陰陽，精解聲律。符氏之敗，仲德年十七。及兄叡同起義兵，與慕容垂戰敗，[1]仲德被重創走，與家屬相失。路經大澤，困未能去，臥林中。有一小兒青衣，年可七八歲，騎牛行，見仲德驚曰："漢已食未？"[2]仲德言飢，小兒去，須臾復來，得飯與之。食畢欲行，而暴雨莫知津逗，[3]有一白狼至前，仰天而號，號訖銜仲德衣，因度水，仲德隨後得濟，與叡相及。度河至滑臺，[4]復爲翟遼所留，[5]使爲將帥。積年仲德欲南歸，乃棄遼奔大山。[6]遼追騎急，夜行忽見前有猛炬導之，乘火行百許里以免。晉大元末，[7]徙居彭城。[8]兄弟名犯晉宣、元二帝諱，[9]故皆以字行。叡字元德。

　　[1]慕容垂：字道明，鮮卑族。十六國時後燕國君。《晉書》卷一二三有載記，《魏書》卷九五有附傳。
　　[2]漢已食未：《宋書》卷四六《王懿傳》作"食未"。錢大昕《廿二史考異》卷三六云："《輟耕錄》云：今人謂賤丈夫曰漢子。引《北史》，魏該遷青州刺史，固辭，文宣帝大怒曰：'何物漢子，與官不就。'據此《傳》，則晉時已有漢之稱，亦非賤詞也。"
　　[3]逗：《太平御覽》卷六五八引《南史》及《通志》並作"徑"。"津逗"無義，疑本作"逕"字，形近而訛。應據改。
　　[4]滑臺：城名。在今河南滑縣東舊滑縣。其地控制河津，險固可恃，東晉、南北朝爲軍事要地。
　　[5]翟遼：丁零族，翟斌之後，翟真之子。十六國時翟魏政權建立者。事見《晉書》卷一二三《慕容垂載記》。

[6]大山：大德本、汲古閣本、殿本作“太山”。

[7]大元：大德本、汲古閣本、殿本作“太元”。按，此底本誤，應據諸本改。太元，東晉孝武帝司馬曜年號（376—396）。

[8]彭城：郡名。治彭城縣，在今江蘇徐州市。

[9]晋宣、元二帝：西晉宣帝司馬懿、東晉元帝司馬睿。《晋書》卷一、卷六有紀。

北土重同姓，並謂之骨肉，有遠來相投者，莫不竭力營贍。若有一人不至者，以爲不義，不爲鄉邑所容。仲德聞王愉在江南貴盛，[1]是太原人，乃遠來歸愉。愉接遇甚薄，因至姑熟投桓玄。[2]值玄篡，見輔國將軍張暢，[3]言及世事。仲德曰：“自古革命誠非一族，然今之起者恐不足以濟大事。”元德果勁有計略，宋武帝甚知之，[4]告以義舉，使於都下襲玄。仲德聞其謀，謂元德曰：“天下事不可不密，且兵亦不貴遲巧。玄情無遠慮，好冒夜出入，今取之正須一夫力耳。”事泄，元德爲玄誅，仲德竄走。會義軍尅建鄴，[5]仲德抱元德子方回出候武帝，[6]帝於馬上抱方回，與仲德相對號慟。追贈元德給事中，[7]封安復縣侯，[8]以仲德爲鎮軍中兵參軍。[9]

[1]王愉：王坦之子。桓玄篡晋建楚，任爲尚書僕射，劉裕起兵討桓玄，王愉因曾輕侮劉裕，心不自安，潛結司州刺史溫詳反劉裕，事泄，被誅。《晋書》卷七五有附傳。

[2]姑熟：地名。又作姑孰、南洲（南州）。在今安徽當塗縣。
桓玄：字敬道，譙國龍亢（今安徽懷遠縣）人。桓温子。晋安帝元興元年（402），以討司馬元顯爲名，攻占建康，次年稱帝，國號楚。三年，爲劉裕等討伐，西逃益州，被殺。《晋書》卷九九有傳。

[3]輔國將軍：官名。將軍名號。晉三品。　張暢：孫彪《宋書考論》云：“此別一張暢，非張邵兄子也。《劉懷肅傳》有江夏相張暢之，蓋其人。”

[4]宋武帝：劉裕。字德輿，小字寄奴。本書卷一、《宋書》卷一至卷三有紀。

[5]建鄴：東晉、南朝都城，又稱建業、建康，在今江蘇南京市。東漢獻帝建安十六年（211），孫權徙治丹陽郡秣陵縣，次年改名建業。吳大帝黃龍元年（229），正式定都於建業。西晉滅吳，恢復秣陵舊名。晉武帝太康三年（282），以秦淮水爲界兩分秣陵縣境，以南爲秣陵，以北爲建業，並改名建鄴。建興元年（313）因避愍帝司馬鄴諱，改名建康。其後宋、齊、梁、陳沿用爲都城，故稱六朝古都。《太平寰宇記》卷九〇《江南東道二·昇州》引《金陵記》云：“梁都之時，城中二十八萬餘户。西至石頭城，東至倪塘，南至石子岡，北過蔣山，東西南北各四十里。”城市西界至石頭城，位於今江蘇南京市水西門以北至清涼山；東界爲倪塘，在今江蘇南京市江寧區上坊街道泥塘社區附近；南界石子岡，是包含今雨花臺在内的城南東西走向的一系列岡阜；北界逾過蔣山，也就是鍾山，今稱紫金山（參見張學鋒《南朝建康的都城空間與葬地》，《中華文史論叢》2019 年第 3 期）。

[6]方回：即王方回。後歷官征北司馬、驃騎司馬、兖州刺史、青冀二州刺史、驍騎將軍，襲封安復縣開國侯。

[7]給事中：官名。南朝隸集書省，常侍從皇帝左右，獻納得失，收發文書。晉、宋五品。

[8]安復：縣名。治所在今江西安福縣西。　縣侯：封爵名。即開國縣侯，食邑爲縣，位在開國公下，開國伯上。

[9]中兵參軍：官名。王公軍府屬官，掌本府中兵曹事務，兼備參謀咨詢。其品位隨府主地位高低不等。

　　武帝伐廣固，[1]仲德爲前驅，戰輒破之，大小二十餘戰。盧循寇逼，[2]衆議並欲遷都，仲德作色曰：[3]"今天子當陽南面，[4]明公命世作輔，新建大功，威震六合。祅寇豕突，恃我遠征，既聞凱入，將自奔散。今自投草莽則同匹夫，[5]匹夫號令，何以威物？此謀若立，請從此辭。"帝悦。及武帝與循戰於左里，[6]仲德功冠諸將，封新淦縣侯。[7]義熙十二年北伐，[8]進仲德征虜將軍，[9]加冀州刺史，[10]督前鋒諸軍事。冠軍將軍檀道濟、龍驤將軍王鎮惡向洛陽，[11]寧朔將軍劉遵考、建武將軍沈林子出石門，[12]寧朔將軍朱超石、胡藩向半城，[13]咸受統於仲德。仲德率龍驤將軍朱牧、寧遠將軍竺靈秀、嚴綱等開鉅野入河，[14]乃總衆軍進據潼關。[15]長安平，[16]以仲德爲太尉諮議參軍。

[1]廣固：城名。在今山東青州市西北，時爲南燕都城。

[2]盧循：字于先，小字元龍，范陽涿（今河北涿州市）人。東漢名儒盧植之後，後趙中書監盧諶曾孫。繼孫恩之後爲五斗米道起兵統帥。《晋書》卷一〇〇有傳。

[3]作：大德本、汲古閣本、殿本作"正"，《宋書》卷四六《王懿傳》亦作"正"。按，此底本誤，應據諸本改。

[4]今天子當陽南面：《宋書·王懿傳》作"今天子當陽而治"，本書避唐高宗李治諱改。當陽，語出《左傳》文公四年："昔諸侯朝正于王，王宴樂之，於是乎賦《湛露》，則天子當陽，諸侯用命也。"孔穎達疏："陽，謂日也，言天子當日，諸侯當露也。"杜預注："言露見日而乾，猶諸侯稟天子命而行。"

[5]今自：大德本、汲古閣本、殿本皆作"今日"。《宋書·王懿傳》作"今自"。

[6]左里：城名。東晉盧循所築，在今江西都昌縣西北左里鎮。

[7]新淦：縣名。治所在今江西樟樹市。

[8]義熙：東晉安帝司馬德宗年號（405—418）。

[9]征虜將軍：官名。武官名號，亦可作爲高級文職官員的加官。晉三品。

[10]冀州：州名。治房子縣，在今河北高邑縣。

[11]冠軍將軍：官名。雜號將軍。晉三品。　檀道濟：高平金鄉（今山東嘉祥縣）人。隨劉裕征伐，以功封永修縣公。宋武帝臨終，與徐羨之、謝晦受顧命，後謀廢少帝，立文帝。官至司空。本書卷一五、《宋書》卷四三有傳。　龍驤將軍：官名。西晉時始置，地位較高。晉三品。　王鎮惡：北海劇（今山東壽光市）人。本書卷一六、《宋書》卷四五有傳。

[12]寧朔將軍：官名。晉時多駐幽州，爲幽州軍政長官，兼管烏丸事務。晉四品。　劉遵考：宋武帝劉裕族弟。曾隨劉裕北伐，劉裕代晉後，封營浦侯，官至右光禄大夫。本書卷一三、《宋書》卷五一有傳。　建武將軍：官名。將軍名號。晉四品。　沈林子：字敬士，吳興武康（今浙江德清縣）人。本書卷五七有附傳，事另見《宋書》卷一〇〇《自序》。　石門：地名。在今河南滎陽市東北。

[13]朱超石：沛郡沛（今江蘇沛縣）人。本書卷一六、《宋書》卷四八有附傳。　胡藩：字道序，豫章南昌（今江西南昌市）人。本書卷一七、《宋書》卷五〇有傳。　半城：《魏書》卷三五《崔浩傳》又作“畔城”。《資治通鑑》卷一一八《晉紀四十》安帝義熙十三年與《魏書》同。在今山東聊城市西。

[14]朱牧：《宋書·王懿傳》作“朱牧”，本書卷一六《朱齡石傳》作“朱枚”，《宋書》卷四八《朱齡石傳》作“朱林”。未知孰是。　寧遠將軍：官名。將軍名號。晉五品。　竺靈秀：東晉末任劉裕太尉行參軍，後升任寧遠將軍隨劉裕北伐，屢立戰功。宋文帝元嘉初任兗州刺史，魏軍攻占滑臺，竺靈秀被抵罪處死。　嚴

綱：劉裕部將，曾隨劉裕北伐關中。　鉅野：渠名。在今山東巨野縣南。

　　[15]潼關：地名。在今陝西潼關縣東北，渭河入黃河處南岸。東漢設關，是中國古代著名的關隘。

　　[16]長安：縣名。治所在今陝西西安市西北。

　　武帝欲遷都洛陽，[1]衆議咸以爲宜。仲德曰：“非常之事人所駭，今暴師經載，士有歸心，故當以建鄴爲王基。遷都宜候文軌大同。”帝深納之。使衛送姚泓先還彭城。[2]武帝受命，累遷徐州刺史，[3]加都督。[4]

　　[1]洛陽：城名。在今河南洛陽市東北。

　　[2]姚泓：字元子，姚興長子，羌族。十六國時後秦國君。《晋書》卷一一九有載記。

　　[3]徐州：州名。治彭城縣，在今江蘇徐州市。

　　[4]都督：官名。地方軍政長官。魏晋以後，都督諸州軍事多兼任駐地州刺史，爲該地區的軍政長官。分使持節、持節、假節三種，職權各有不同。

　　元嘉中，[1]到彦之北侵，仲德同行。魏棄河南，司、兖三州平定，[2]三軍咸喜，而仲德有憂色，曰：“諸賢不諳北土情僞，必墮其計。”諸軍進屯靈昌，[3]魏軍於委粟津度河，[4]武牢、洛陽並不守。[5]彦之聞二城並没，欲焚舟步走。仲德曰：“洛陽既敗，武牢無以自立，理數必然也。去我猶自千里，[6]滑臺尚有强兵。若便舍舟，士卒必散。且當入濟至馬耳谷口，[7]更詳所宜。”乃回軍沿濟南歷城步上，[8]焚舟棄甲，還至彭城。仲德坐免官。尋與檀道濟救滑臺，糧盡乃歸。自是復失河南。

[1]元嘉：南朝宋文帝劉義隆年號（424—453）。

[2]司、兗三州平定：《宋書》卷四六《王懿傳》作"司、兗既定"。

[3]靈昌：一名延津。黃河重要渡口之一。在今河南延津縣北。

[4]委粟津：黃河津渡處。在今河南孟津縣東。

[5]武牢：大德本、汲古閣本、殿本作"虎牢"，本書避唐高祖祖父李虎諱改。虎牢，地名。在今河南滎陽市西北。歷代爲戍守重地。

[6]去我猶自千里：《宋書·王懿傳》作"今賊去我千里"。

[7]濟：濟水，指黃河以南自今河南武陟縣東北流至今山東利津縣南入海的古濟水。　馬耳谷口：即馬耳關。在今山東濟南市萊蕪區東北馬耳山。

[8]歷城：地名。在今山東濟南市歷城區。

九年，又爲徐州刺史。仲德三臨徐州，威德著於彭城。立佛寺，作白狼、童子像於塔中，以在河北所遇也。進號鎮北大將軍。[1]十五年卒，謚曰桓侯。亦於廟立白狼、童子壇，每祭必祠之。子正循嗣，[2]爲家僮所殺。

[1]鎮北大將軍：官名。唯資歷深者得任此職。宋二品。

[2]正循：《宋書》卷四六《王懿傳》作"正脩"，"《南史》凡'脩'字多改作'循'"（馬宗霍《南史校證》，湖南教育出版社2008年版，第448頁）。

仲德兄孫文和，景和中，[1]爲征北義陽王昶府佐。[2]昶於彭城奔魏，部曲皆散，文和獨送至界上。昶謂曰："諸人皆去，卿有老母，何獨不去?"文和乃去。昇明中，[3]爲巴陵内史。[4]沈攸之事起，[5]文和斬其使，馳白齊武帝。及齊永明年中，[6]歷青、冀、兖、益四州刺史。

[1]景和：南朝宋前廢帝劉子業年號（465）。
[2]義陽王昶：劉昶。宋文帝第九子，初封義陽王。北魏文成帝和平六年（465）因懼禍奔魏，任侍中，封丹陽王。本書卷一四、《宋書》卷七二、《魏書》卷五九、《北史》卷二九有傳。義陽，郡名。治平陽縣，在今河南信陽市。
[3]昇明：南朝宋順帝劉準年號（477—479）。
[4]巴陵：郡名。治巴陵縣，在今湖南岳陽市。　内史：官名。相當於郡太守。
[5]沈攸之：字仲達，吳興武康（今浙江德清縣）人。本書卷三七有附傳，《宋書》卷七四有傳。
[6]永明：南朝齊武帝蕭賾年號（483—493）。

到彦之字道豫，彭城武原人，[1]楚大夫屈到後也。宋武帝討孫恩，[2]以鄉里樂從，每有戰功。

[1]武原：縣名。治所在今江蘇邳州市。
[2]孫恩：字靈秀，東晉琅邪（今山東臨沂市）人。世奉五斗米道，於東晉末年發動民衆起兵反晉，擁衆數十萬。遭東晉政府鎮壓，戰敗投水自殺。《晉書》卷一〇〇有傳。

義旗將起，彦之家在廣陵，臨川武烈王道規尅桓弘，[1]彥之時近行，聞事捷馳歸，而道規已南度江，倉卒晚方獲濟。及至京口，[2]武帝已向建鄴，孟昶居守，[3]留之。及見武帝被責，不自陳，昶又不申理，故不加官。

[1]道規：劉道規。宋武帝少弟。本書卷一三、《宋書》卷五一有傳。

[2]京口：地名。在今江蘇鎮江市。

[3]孟昶：字彥達，城陽平昌（今山東諸城市）人。桓玄稱帝，與劉裕起兵討之，盡散家財以供軍糧。拜丹陽尹，累遷吏部尚書、尚書右僕射。東晉安帝義熙六年（410）盧循起事，晉軍累敗，遂自殺。事見《晉書》卷一〇《安帝紀》、《世說新語·企羨》等。

義熙元年，補鎮軍行參軍。六年，盧循逼都，彥之與檀道濟掩循輜重，與循黨苟林戰敗，[1]免官。後以軍功封佷山縣子，[2]爲太尉中兵參軍。驃騎將軍道憐鎮江陵，[3]以彥之爲驃騎諮議參軍，[4]尋遷司馬、南郡太守。[5]又從文帝西鎮，[6]除使持節、南蠻校尉。[7]武帝受命，進爵爲侯。

[1]與循黨苟林戰敗：《資治通鑑》卷一一五《晉紀三十七》安帝義熙六年“苟林”作“茍林”。

[2]佷山：縣名。治所在今湖北長陽土家族自治縣。　縣子：封爵名。即開國縣子，食邑爲縣。五等爵之第四等。

[3]道憐：劉道憐。本名道鄰。宋武帝劉裕中弟，封長沙王。本書卷一三、《宋書》卷五一有傳。　江陵：縣名。治所在今湖北荆州市荆州區。

[4]諮議參軍：官名。掌顧問諫議。其位在列曹參軍上，州所置者常帶大郡太守。

[5]南郡：郡名。治江陵縣，在今湖北荆州市荆州區。

[6]文帝：南朝宋文帝劉義隆。小字車兒，宋武帝第三子。本書卷二、《宋書》卷五有紀。

[7]南蠻校尉：官名。立府於江陵，統兵。掌荆州及江州少數民族事務。晉四品。

　　彦之佐守荆楚，垂二十載，[1]威信爲士庶所懷。及文帝入奉大統，以徐羨之等新有篡虐，[2]懼，欲使彦之領兵前驅。彦之曰：「了彼不貳，[3]便應朝服順流；若使有虞，此師既不足恃，更開嫌隙之端，非所以副遠邇之望也。」會雍州刺史褚叔度卒，[4]乃遣彦之權鎮襄陽。羨之等欲即以彦之爲雍州，上不許，徵爲中領軍，[5]委以戎政。彦之自襄陽下，謝晦已至鎮，[6]慮彦之不過己，彦之至楊口，[7]步往江陵，深布誠欸，晦亦厚自結納。彦之留馬及利劍名刀以與晦，晦由此大安。

[1]二：大德本、汲古閣本同，殿本作「三」。

[2]徐羨之：字宗文，東海郯（今山東郯城縣）人。與劉裕一起起兵，宋武帝時官至司空。武帝卒後，與謝晦、傅亮等廢黜少帝，迎立文帝，後爲文帝所誅。本書卷一五、《宋書》卷四三有傳。

[3]了：知曉，明白。《世說新語·賢媛》云：「入内示其女，女直叫絶，了其意，出則自裁。」

[4]雍州：州名。治襄陽縣，在今湖北襄陽市。　褚叔度：褚裕之。字叔度，河南陽翟（今河南禹州市）人。本書卷二八、《宋書》卷五二有傳。

[5]中領軍：官名。南朝時掌禁衛軍及京都諸軍，爲禁衛軍最高統帥。資深者稱領軍將軍，資淺者爲中領軍。宋三品。

[6]謝晦：字宣明，陳郡陽夏（今河南太康縣）人。初爲建威府中兵參軍。入宋，封武昌縣公。與徐羨之、傅亮廢少帝，迎立文帝。文帝後誅殺徐羨之，謝晦兵敗被殺。本書卷一九、《宋書》卷四四有傳。

[7]楊口：即揚口。在今湖北潛江市西北。爲古揚水入沔水之口。

元嘉三年討晦，進彥之鎮軍，於彭城洲戰不利，咸欲退還夏口，[1]彥之不回。會檀道濟至，晦乃敗走。江陵平，因監荊州州府事，改封建昌縣公。[2]其秋，遷南豫州刺史、監六州諸軍事，鎮歷陽。[3]

[1]夏口：又稱沔口。爲夏水（漢水）入長江之口。在今湖北武漢市。

[2]建昌：縣名。治所在今江西永修縣艾城鎮。　縣公：封爵名。即開國縣公，食邑爲縣。

[3]歷陽：縣名。治所在今安徽和縣。南朝宋武帝永初二年（421）爲南豫州治。

上於彥之恩厚，將加開府，欲先令立功。七年，遣彥之制督王仲德、竺靈秀、尹沖、叚宏、趙伯符、竺靈真、庾俊之、朱脩之等北侵，[1]自淮入泗。泗水峻，[2]日裁行十里。自四月至七月，始至東平須昌縣。[3]魏滑臺、武牢、洛陽守兵並走。彥之留朱脩之守滑臺，尹沖守武牢，杜驥守金墉。[4]十月，[5]魏軍向金墉城，次至武牢，杜驥奔走，尹沖衆潰而死。魏軍仍至滑臺。[6]時河冰將合，糧食又罄，彥之先有目疾，至是大動，將士疾疫，乃回軍，焚舟步至彭城。初遣彥之，資實甚盛，及還，凡百蕩盡，府藏爲空。文帝遣檀道濟北救滑臺，收彥之下獄，免官。兗州刺史竺靈秀棄軍伏誅。明年夏，起爲護軍。[7]九年，復封邑，固辭。明年卒，乃復先戶邑，謚曰忠公。孝建三年，[8]詔彥之與王華、王曇首配食文帝廟庭。

[1]王仲德：即王懿。　尹沖：字子順，天水冀（今甘肅甘谷縣）人。曾任後秦吏部郎，因反對立姚泓爲帝，與其弟尹弘投奔東晉，宋文帝時官至南廣平太守。元嘉七年（430）任司州刺史，戍虎牢。虎牢爲北魏攻陷，抗拒不降，投塹自殺。事見《宋書》卷九五《索虜傳》。　段宏：鮮卑人。原爲南燕慕容超尚書左僕射、徐州刺史。劉裕伐廣固，歸降，成爲宋一員猛將，卒後追封左將軍。　趙伯符：字潤遠，下邳僮（今安徽泗縣）人。趙倫之之子。本書卷一八、《宋書》卷四六有附傳。　朱脩之：字恭祖。宋孝武帝孝建初，爲雍州刺史，封南昌縣侯。本書卷一六、《宋書》卷七六有傳。

[2]泗水：古水名。又名清水。源出今山東泗水縣，流經今山東、安徽、江蘇三省。在江蘇徐州市大致循黃河故道至淮安市西南入淮河。　峻：大德本、汲古閣本、殿本作“滲”。按，疑底本誤。滲，水枯竭。

[3]須昌：縣名。治所在今山東東平縣州城街道。

[4]杜驥：字度世，京兆杜陵（今陝西西安市長安區）人。本書卷七〇、《宋書》卷六五有傳。　金墉：城名。在今河南洛陽市東北。城小而固，爲攻戰戍守要地。北魏初年爲“河南四鎮”

之一。

[5]十月：大德本、汲古閣本、殿本作“十年”，中華本據宋文帝元嘉七年紀及《通志》改作“十月”，馬宗霍《南史校證》云：“按下文有九年，則此‘十年’當是‘十月’之誤，《通鑑》卷一二一叙此事正在元嘉七年十月，可證。”（第449頁）

[6]魏軍仍至滑臺：大德本、汲古閣本、殿本、中華本“至”作“進”。

[7]護軍：官名。即護軍將軍。禁衛軍長官，略低於領軍將軍。資深者爲護軍將軍，資輕者爲中護軍。宋三品。

[8]孝建：南朝宋孝武帝劉駿年號（454—456）。

長子元度位益州刺史。少子仲度嗣，位驃騎從事中郎。兄弟並有才用，皆早卒。仲度子撝。

撝字茂謙。襲爵建昌公。宋明帝立，[1]欲收物情，以撝功臣之後，自長兼左户郎中擢爲太子洗馬。[2]

[1]宋明帝：劉彧。字休炳，小字榮期，宋文帝第十一子。初封淮陽王，後改封湘東王。前廢帝死後，自立爲帝。本書卷三、《宋書》卷八有紀。

[2]太子洗馬：官名。東宮屬官。掌文翰。宋七品。

撝資藉豪富，厚自奉養，供一身一月十萬。宅宇山池，伎妾姿藝，皆窮上品。才調流贍，善納交游。愛伎陳玉珠，明帝遣求不與，逼奪之，撝頗怨，帝令有司誣奏，將殺之。撝入獄，數宿鬚鬢皆白，免死，繫尚方。[1]奪封與弟賁，撝由是更以貶素自立。明帝崩，弟賁讓封還撝，朝議許之。

[1]尚方：官署名。隸少府。設令、丞，掌製造宮廷所用器物。多以役徒服勞作，亦爲繫罪囚之所。

弟遁，元徽中爲南海太守，[1]在廣州。昇明元年，沈攸之反，刺史陳顯達起兵應朝廷，[2]遁猶豫見殺。遁家人在都，從野夜歸，見兩三人持堊刷其家門，[3]須臾而滅，明日而遁死問至。撝懼，詣齊高帝謝，[4]即拔撝武帝中軍諮議將軍。[5]建元初，[6]國除。

[1]元徽：南朝宋後廢帝劉昱年號（473—477）。　南海：郡名。治番禺縣，在今廣東廣州市。

[2]陳顯達：南彭城彭城（今江蘇鎮江市）人。仕宋以軍功遷廣州刺史。入齊，以參與廢鬱林王之功，進位司空。明帝時，進太尉，封鄱陽郡公。因懼東昏侯，於尋陽起兵，至新亭兵敗被殺。本書卷四五、《南齊書》卷二六有傳。

[3]堊（è）：白土，泛指可用來塗飾的土。

[4]齊高帝：蕭道成。字紹伯，小字鬬將，南蘭陵（今江蘇常州市武進區）人。南朝齊開國君主，廟號太祖。本書卷四，《南齊書》卷一、卷二有紀。

[5]拔：大德本、汲古閣本、殿本作“板”。《南齊書》卷三七《到撝傳》作“板”。按，此底本誤，應據諸本改。　將：大德本、汲古閣本、殿本作“參”，《南齊書·到撝傳》作“參”。按，此底本誤，應據諸本改。

[6]建元：南朝齊高帝蕭道成年號（479—482）。

武帝即位，[1]累遷司徒左長史。[2]宋時，武帝與撝同從宋明帝射雉郊野，[3]渴倦，撝得早青瓜，與上對剖食之。上又數游撝家，懷其舊德，至是一歲三遷。永明元年，爲御史中丞。[4] 車駕幸丹楊郡，[5] 宴飲，撝恃舊，酒後狎侮同列，謂庾杲之曰：[6]“蠢爾蠻荊，其俗鄙。”復謂虞悰曰：[7]“斷髮文身，其風陋。”王晏既貴，[8] 雅步從容，又問曰：“王散騎復何故爾。”晏先爲國常侍，轉員外散騎郎，此二職清華所不爲，故以此嘲之。王敬則執槃查，[9] 以刀子削之，又曰：“此非元徽頭，何事自契之。”爲左丞庾杲之所糺，以贖論。再遷左衛將軍。[10] 隨王子隆帶彭城郡，[11] 撝問訊不脩部下敬，[12] 爲有司舉，免官。後爲五兵尚書，[13] 廬陵王中軍長史，卒。子沆嗣。

[1]武帝：南朝齊武帝蕭賾。字宣遠。廟號世祖。本書卷四、《南齊書》卷三有紀。

[2]司徒左長史：官名。左、右長史皆爲司徒府僚屬之長，位次左高右低。左長史主要協助司徒主持選舉事務。宋六品。齊官品不詳。

[3]射雉：射獵野雞。魏晋以來流行射雉，射雉有射雉場（參見周一良《魏晋南北朝史札記·南齊書札記》，中華書局 1985 年版，第 220 頁）。

[4]御史中丞：官名。職掌監察、執法。南朝亦稱南司，其職雖重，世族名士多不樂爲之。

[5]丹楊：郡名。即丹陽。治建康縣，在今江蘇南京市。

[6]庾杲之：字景行，新野（今河南新野縣）人。本書卷四九、《南齊書》卷三四有傳。

[7]虞悰：字景豫，會稽餘姚（今浙江餘姚市）人。本書卷四七、《南齊書》卷三七有傳。

[8]王晏：字士彥，琅邪臨沂（今山東臨沂市）人。本書卷二四有附傳，《南齊書》卷四二有傳。

[9]王敬則：王恒。字敬則，臨淮射陽（今江蘇寶應縣）人，僑居晋陵南沙（今江蘇常熟市）。宋後廢帝時，成爲齊高帝蕭道成心腹，參與弑殺宋後廢帝。齊明帝即位，拜大司馬。受到疑忌，舉兵反叛，兵敗被殺。本書卷四五、《南齊書》卷二六有傳。 楑查：果名。一種喬木的果實。亦名楑楂。味澀，可入藥。

[10]左衛將軍：官名。掌宮禁宿衛，領宿衛營兵。爲禁衛軍將軍之一。

[11]隨王子隆：蕭子隆。字雲興，齊武帝第八子，封隨郡王。武帝永明三年（485），爲輔國將軍、南琅邪、彭城二郡太守。本書卷四四、《南齊書》卷四〇有傳。

[12]撝問訊不脩部下敬：部下，《南齊書》卷三七《到撝傳》作“民”。錢大昕《廿二史考異》卷三六：“《三國志》，秦宓與太守夏侯纂書稱：‘民請爲明府陳其本紀。’晋人法帖，多有自稱民者。到撝彭城武原人，於彭城守當修民敬，《南史》避唐諱，故改稱部下。《劉凝之傳》：‘臨川王義慶、衡陽王義季鎮江陵，並遣使存問。凝之答書三頓首稱僕，不爲百姓禮，人或譏焉。’亦是避諱改‘民’爲‘百姓’也。”

[13]五兵尚書：官名。主管全國軍事行政。

沆字茂瀣，幼聰敏，五歲時，父撝於屏風抄古詩，沆請教讀一遍，便能諷誦。及長，善屬文，工篆隸，美風神，容止可悦。

梁天監初，[1]爲征虜主簿。東宮建，以爲太子洗馬。時文德殿置學士省，[2]召高才碩學待詔，沆通籍焉。武帝宴華光殿，[3]命群臣賦詩，獨詔沆爲二百字，三刻便成。[4]沆於坐立奏，其文甚美。俄以洗馬管東宮書記及散騎省優策文。

[1]天監：南朝梁武帝蕭衍年號（502—519）。

[2]文德殿：梁殿名。在建康（今江蘇南京市）。藏圖書典籍，置學士。齊末戰亂之後，經籍遺散。梁初，秘書監任昉重加部集，於殿內列藏書凡23106卷，編有《文德殿目録》。梁武帝太清三年（549）侯景之亂，秘書省圖籍蕩然，而文德之書猶存。梁元帝克平侯景，命王僧辯收殿內圖書及公私經籍七萬餘卷歸於江陵。及元帝承聖三年（554），西魏破江陵，元帝命舍人高善寶焚宮內圖書（含文德藏書）十四萬卷。

[3]武帝：南朝梁武帝蕭衍。字叔達，小字練兒。南朝梁開國皇帝。本書卷六、卷七，《梁書》卷一至卷三有紀。

[4]三刻便成：《梁書》卷四九《到沆傳》作“二刻使成”。

三年，詔尚書郎在職清能者爲侍郎，以沆爲殿中曹侍郎。[1]此曹以文才選，沆從父兄溉、洽並有才名，時相代爲之，見榮當世。遷太子中舍人。[2]

[1]殿中曹侍郎：官名。尚書省殿中曹長官。東晋、南朝屬尚書左僕射。常代擬詔書，多用文學之士。梁侍郎六班，郎中五班。

[2]太子中舍人：官名。東宮屬官。與中庶子共掌文翰，位在中庶子下，洗馬之上。梁八班。

沆爲人謙敬，口不論人短。任昉、范雲皆與善。[1]後卒於北中郎諮議參軍。所著詩賦百餘篇。

[1]任昉：字彦升（《梁書》作“彦昇”），樂安博昌（今山

東博興縣）人。歷仕宋、齊、梁，以文才聞名，與沈約並稱“沈詩任筆”。好結交士友，爲後進所宗。本書卷五九、《梁書》卷一四有傳。　范雲：字彦龍，南鄉舞陰（今河南泌陽縣）人。梁時封霄城縣侯，官至尚書右僕射。本書卷五七、《梁書》卷一三有傳。

　　溉字茂灌，攝弟子也。父坦，齊中書郎。[1]溉少孤貧，與兄沼弟洽俱知名，起家王國左常侍。[2]樂安任昉大相賞好，坦提攜溉、洽二人，[3]廣爲聲價。所生母魏本寒家，悉越中之資，爲二兒推奉昉。

　　[1]中書郎：官名。中書侍郎的省稱。爲中書監、令之副，助監、令掌尚書奏事。
　　[2]王國左常侍：官名。王國屬官。掌侍從左右，贊相禮儀等。
　　[3]坦：中華本據《通志》改爲“恒”。

　　梁天監初，昉出守義興，[1]要溉、洽之郡，爲山澤之遊。昉還爲御史中丞，後進皆宗之。時有彭城劉孝綽、劉苞、劉孺，[2]吳郡陸倕、張率，[3]陳郡殷芸，[4]沛國劉顯及溉、洽，[5]車軌日至，號曰蘭臺聚。陸倕贈昉詩云：“和風雜美氣，下有真人遊，壯矣荀文若，[6]賢哉陳太丘。[7]今則蘭臺聚，萬古信爲儔。[8]任君本達識，張子復清脩，既有絶塵到，復見黄中劉。”時謂昉爲任君，比漢之三君，到則溉兄弟也。除尚書殿中郎。後爲建安太守，[9]昉以詩贈之，求二衫段云：“鐵錢兩當一，百易代名實，[10]爲惠當及時，無待涼秋日。”溉答云：“余衣本百結，閩中徒八蠶，假令金如粟，詎使廉夫貪。”還爲太子中舍人。

[1]義興：郡名。治陽羨縣，在今江蘇宜興市。

[2]劉孝綽：字孝綽，本名冉，彭城（今江蘇徐州市）人。本書卷三九有附傳，《梁書》卷三三有傳。　劉苞：字孝嘗，一字孟嘗。劉孝綽從弟。本書卷三九有附傳。

[3]吳郡：郡名。治吳縣，在今江蘇蘇州市。　陸倕：字佐公，吳郡吳（今江蘇蘇州市）人。本書卷四八有附傳，《梁書》卷二七有傳。　張率：字士簡，吳郡吳（今江蘇蘇州市）人。張瓌之子，張永之孫。善屬文，被沈約譽爲“南金”。本書卷三一有附傳，《梁書》卷三三有傳。

[4]殷芸：字灌蔬，陳郡長平（今河南西華縣）人。本書卷六〇有附傳，《梁書》卷四一有傳。

[5]劉顯：字嗣芳，沛國相（今安徽濉溪縣）人。幼而聰敏，當世號曰神童。官至戎昭將軍。本書卷五〇有附傳，《梁書》卷四〇有傳。

[6]荀文若：荀彧。字文若，潁川潁陰（今河南許昌市）人。《三國志》卷一〇有傳。

[7]陳太丘：陳寔。字仲弓，潁川許（今河南許昌市）人。曾任太丘令。《後漢書》卷六二有傳。

[8]萬古：中華本改作“方古”，其校勘記云：“‘方古’元大德本作‘万古’；其他各本作‘萬古’。按‘萬古’一詞用之於此不合。蓋‘方’誤爲‘万’，‘万’又易爲‘萬’。今據《册府元龜》八八二改正。”

[9]建安：郡名。治建安縣，在今福建建甌市。

[10]易代：中華本據《太平御覽》卷六九三引、《通志》改作“代易”。

　　溉長八尺，眉目如點，白晳美鬚髯，舉動風華，善於應答。上用爲通事舍人，[1]中書郎，兼吏部，太子中庶子。[2]湘東王繹爲會稽太守，[3]以溉爲輕車長史，行府郡事。武帝敕繹曰：“到溉非直爲汝行事，足爲汝師。”溉嘗夢武帝遍見諸子，至湘東而脱帽與之，於是密敬事焉。遭母憂，居喪盡禮。所處廬開方四尺，[4]毁瘠過人。服闋，猶蔬食布衣者累載。

　　[1]通事舍人：官名。亦稱中書通事舍人、中書舍人。中書省屬官。專掌草擬、發布詔令，受理文書章奏。職權日重，架空了中書省長官。梁四班。

　　[2]太子中庶子：官名。掌東宮管記。梁十一班。

　　[3]湘東王繹：蕭繹。字世誠，梁武帝蕭衍第七子。武帝天監十三年（514）封湘東王。簡文帝大寶三年（552）十一月在江陵稱帝，改元承聖。本書卷八、《梁書》卷五有紀。湘東，郡名。治臨烝縣，在今湖南衡陽市。　　會稽：郡名。治山陰縣，在今浙江紹興市。

　　[4]開方：大德本、汲古閣本同。殿本作“間方”，誤。

　　歷御史中丞，都官、左户二尚書，[1]掌吏部尚書。[2]時何敬容以令參選，[3]事有不允，溉輒相執。敬容謂人曰：“到溉尚有餘臭，遂學作貴人。”敬容日方貴寵，人皆下之，溉許之如初。[4]溉祖彦之初以擔糞自給，故世以爲譏云。後省門鴟尾被震，溉左遷光禄大夫。[5]所蒞以清白自脩，性又率儉，不好聲色，虚室單牀，傍無姬侍。冠履十年一易，朝服或至穿補，傳呼清路，示有朝章而已。

[1]都官：官名。即都官尚書。南朝宋設此官。掌管軍事刑獄，兼管水部、庫部、功論三曹。梁十三班。　左户：官名。左户尚書，即左民尚書。本書避唐太宗李世民諱，故改爲左户尚書。爲五曹尚書之一。掌户籍和工官之事。梁十三班。

[2]吏部尚書：官名。尚書省吏部長官。掌官吏銓選、任免等事宜。東晋、南朝尚書中以吏部爲最貴。《資治通鑑》卷一一九《宋紀一》少帝景平元年胡三省注：“自晋以來，謂吏部尚書爲大尚書，以其在諸曹之右，且其權任要重也。”梁十四班。

[3]何敬容：字國禮，廬江灊（今安徽霍山縣）人。梁武帝中大通三年（531），接替徐勉任尚書右僕射，後又任左僕射、尚書令。大同十年（544）因罪免職。史載其明習政事、勤於庶務，然“拙於草隸，淺於學術”，因此在當時受人嗤鄙。本書卷三〇有附傳，《梁書》卷三七有傳。

[4]許：汲古閣本同，大德本漫漶不清，殿本作“忤”，《册府元龜》卷六三七作“訐”，卷九三九作“忤”，中華本據改作“忤”。

[5]光禄大夫：官名。作爲在朝顯職的加官，無具體職掌。加金印紫綬者，稱金紫光禄大夫。加銀印青綬者，稱銀青光禄大夫。梁十三班。

後爲散騎常侍、侍中、國子祭酒。[1]表求列武帝所撰《正言》於學，[2]請置《正言》助教二人，學生二十八。[3]尚書左丞賀琛又請加置博士一人。[4]

[1]散騎常侍：官名。東晋時參掌機密，選望甚重，職任比於侍中。南朝以後隸屬集書省，掌管圖書文翰。地位驟降，用人漸

輕。梁十二班。　侍中：官名。門下省長官。參預機密政務，掌規諫及賓贊威儀，乃至封駁、平省尚書奏事等。梁十三班。　國子祭酒：官名。晋武帝始立國子學，置國子祭酒等，以教生徒。南朝齊國子祭酒，位比諸曹尚書。梁十三班。

　　[2]《正言》：即梁武帝所撰《孔子正言章句》，《隋書·經籍志一》經部著録梁武帝撰《孔子正言》二十卷。

　　[3]八：大德本、汲古閣本、殿本作“人”。按，此底本誤，應據諸本改。

　　[4]賀琛：字國寶，會稽山陰（今浙江紹興市）人。曾任步兵校尉，雲騎將軍、中軍宣城王長史。梁武帝太清二年（548），叛軍侯景突襲京師，皇帝留賀琛和司馬楊曒鎮守。但未守住，之後暗中尋找忠義之士起兵反抗叛軍，但以失敗告終。本書卷六二有附傳，《梁書》卷三八有傳。

　　溉特被武帝賞接，每與對棋，從夕達旦。或復失寢，加以低睡，帝詩嘲之曰：“狀若喪家狗，又似縣風槌。”當時以爲笑樂。[1]溉弟居近淮水，齋前山池有奇礓石，長一丈六尺，帝戲與賭之，并《禮記》一部，溉並輸焉。未進，帝謂朱异曰：[2]“卿謂到溉所輸可以送未？”斂板對曰：[3]“臣既事君，安敢失禮。”帝大咲，其見親愛如此。石即迎置華林園宴殿前。[4]移石之日，都下傾城縱觀，所謂到公石也。溉弈棋入第六品，常與朱异、韋黯於御坐校棋比勢，復局不差一道。後因疾失明，詔以金紫光禄大夫、散騎常侍就養疾。[5]溉少有美名，遂不爲僕射，人爲之恨，溉澹如也。

　　[1]笑樂：猶言笑料，可樂之事。

〔2〕朱异：字彦和，吴郡錢唐（今浙江杭州市）人。本書卷六二、《梁書》卷三八有傳。

〔3〕斂板對曰：按，“斂板”上《梁書》卷四〇《到溉傳》有“溉”字，本書删去，“則對曰云云爲朱异語矣”（馬宗霍《南史校證》，第452頁）。

〔4〕華林園宴殿前：中華本校勘記云：“按華林園有宴居殿，疑此脱‘居’字。”

〔5〕就養疾：大德本同，汲古閣本、殿本作“就第養疾”。

　　家門雍睦，兄弟特相友愛，初與弟洽恒共居一齋，洽卒後，便捨爲寺。蔣山有延賢寺，[1]溉家世所立。溉所得俸禄，[2]皆充二寺。因斷腥膻，終身蔬食。別營小室，朝夕從僧徒禮誦。武帝每月三致净饌，恩禮甚篤。性不好交游，唯與朱异、劉之遴、張緢同志友密。[3]及卧疾，門可羅雀，唯三人每歲時恒鳴騶枉道以相存問，置酒極歡而去。

〔1〕蔣山：山名。又稱鍾山。即今江蘇南京市中山門外紫金山。

〔2〕所：大德本、汲古閣本、殿本無。　俸禄：大德本、汲古閣本、殿本作“禄俸”。

〔3〕劉之遴：字思貞，南陽涅陽（今河南鄧州市）人。梁武帝大同年間官任都官尚書，博學善文，明曉朝儀。本書卷五〇有附傳，《梁書》卷四〇有傳。　張緢：字孝卿，范陽方城（今河北固安縣）人。本書卷五六、《梁書》卷三四有附傳。

　　太清二年卒，[1]臨終託張、劉勒子孫薄葬之禮。曰：“氣絶便斂，斂以法服，先有冢窆，[2]斂竟便葬，不須擇

日。凶事必存約儉，孫姪不得違言。”便屏家人請僧讀
經讚唄，及卒，顏色如恒，手屈二指，即佛道所云得果
也。時朝廷多事，遂無贈謚。有集二十卷行於時。

[1]太清二年卒：大德本、汲古閣本、殿本作“以太清二年
卒”。太清，南朝梁武帝蕭衍年號（547—549）。按，據《梁書》
卷四〇《到漑傳》載，卒時年七十二。
[2]冢竁（cuì）：冢壙，墓穴。

子鏡字圓照，[1]初在孕，其母夢懷鏡，及生，因以
名焉。鏡五歲便口授爲詩，婉有辭況。位太子舍人，[2]
作《七悟》文甚美，先漑卒。

[1]子鏡字圓照：大德本、汲古閣本、殿本作“子鏡鏡字圓
照”，按，底本脫“鏡”字，應據諸本補。
[2]太子舍人：官名。東宮屬官。掌文章書記。梁三班。

鏡子藎，早聰慧，位尚書殿中郎，嘗從武帝幸京
口，登北顧樓賦詩。藎受詔便就，上以示漑曰：“藎定是
才子，飜恐卿從來文章假手於藎。”因賜絹二十疋。後
漑每和御詩，上輒手詔戲漑曰：“得無貽厥之力乎？”又
賜漑《連珠》曰：[1]“硯磨墨以騰文，筆飛毫以書信，
如飛蛾之赴火，豈焚身之可吝。必藎年其已及，[2]可假
之於少藎。”其見知賞如此。後除丹楊尹丞。[3]太清亂，
赴江陵卒。漑弟洽。

[1]《連珠》：文體名。起於漢代。其體不指説事情，借譬喻委婉表達其意，文辭華麗，歷歷如貫珠，故名。按梁武帝蕭衍《連珠》今存三首，見《藝文類聚》卷五七引。

[2]耄：大德本、汲古閣本、殿本作“耄”。

[3]丹楊尹丞：官名。一作“丹陽丞”。東晉、南朝置，丹楊尹屬官。

洽字茂泈，清警有才學。父坦以洽無外家，乃求娶於羊玄保以爲外氏。[1]洽年十八，爲徐州迎西曹行事。謝朓文章盛於一時，[2]見洽深相賞好，每稱其兼資文武。朓後爲吏部，欲薦之，洽覘時方亂，深相拒絶，遂築室巖阿，幽居積歲，時人號曰居士。任昉與洽兄沼、溉並善，嘗訪洽於田舍，歎曰：“此子日下無雙。”遂申拜親之禮。

[1]羊玄保：泰山南城（今山東平邑縣）人。本書卷三六、《宋書》卷五四有傳。

[2]謝朓：字玄暉，陳郡陽夏（今河南太康縣）人。“竟陵八友”之一。本書卷一九有附傳，《南齊書》卷四七有傳。

梁武帝嘗問待詔丘遲曰：[1]“到洽如何沆溉？”遲曰：“正情過於沆，[2]文章不減溉；加此清言，[3]殆將難及。”即召爲太子舍人。御幸華光殿，詔洽及沆、蕭琛、任昉侍宴，[4]賦二十韻詩，以洽辭爲工，賜絹二十疋。上謂昉曰：“諸到可謂才子。”昉曰：“臣常竊議，宋得其武，[5]梁得其文。”遷司徒主簿，直待詔省，敕使抄甲部書爲十二卷。[6]遷尚書殿中郎。後爲太子中舍人，與庶子睦俺對掌東宮管記。俄爲侍讀，侍讀省仍置學士二人，洽充其選。遷國子博士，[7]奉敕撰《太學碑》。累遷尚書吏部郎，[8]請託不行。徙左丞，[9]準繩不避貴戚。時帝欲親戎，軍國禮容多自洽出。

[1]待詔：官名。備顧問應對，或奉詔而行某事。凡待詔，皆有一技之長。　丘遲：字希範，吳興烏程（今浙江湖州市）人。八歲能作文，何點見而異之。歷仕齊、梁。詩賦行於世。本書卷七二有附傳，《梁書》卷四九有傳。

[2]情：《梁書》卷二七《到洽傳》作“清”，馬宗霍《南史校證》疑作“情”是（第453頁）。

[3]此：《梁書·到洽傳》作“以”，疑“以”是。

[4]蕭琛：字彥瑜，南蘭陵（今江蘇常州市武進區）人。“竟陵八友”之一。南朝宋廷尉蕭僧珍孫子，太中大夫蕭惠訓之子。本書卷一八有附傳，《梁書》卷二六有傳。

[5]宋得其武：指到彥之以戰績有功於宋。

[6]甲部書：古代書籍四部分類法中四部之一。晋荀勖以六藝、小學爲甲部，東晋李充調整爲以五經爲甲部。

[7]國子博士：學官名。教授生徒儒學，並備政治咨詢及參與祭典的顧問。南朝齊設二員，位比中書郎。梁九班。

[8]尚書吏部郎：官名。尚書省吏部曹長官。主管官吏選任、銓叙、調動事務，對五品以下官吏之任免有建議權。歷朝皆重其選，職位高於尚書省諸曹郎。梁十一班。

[9]左丞：官名。即尚書左丞。尚書臺佐貳之官，居尚書右丞上。輔助令、僕射總理臺事，並職掌糾察彈劾。梁九班。

　　尋遷御史中丞，號爲勁直。少與劉孝綽善，下車便以名教隱穢，首彈之。孝綽託與諸弟書，實欲聞之湘東王。公事左降，猶居職。舊制中丞不得入尚書下舍，[1]洽兄溉爲左戶尚書，洽引服親不應有礙，刺省詳決。左丞蕭子雲議許入溉省，[2]亦以其兄弟素篤不相別也。出爲尋陽太守。[3]卒，贈侍中，諡理子。[4]洽美容質，善言吐，弱年聽伏曼容講，[5]未嘗傍膝，伏深歎之。文集行於世。[6]子仲舉。

[1]尚書下舍：又稱尚書下省。魏晉南北朝諸曹尚書辦公之署，爲當時處理日常政務的主要場所。因設在宮禁中，故亦常令輔政大臣入直。

[2]蕭子雲：字景喬，蕭子恪第九弟。本書卷四二、《梁書》卷三五有附傳。

[3]尋陽：郡名。治柴桑縣，在今江西九江市西南。

[4]諡理子：錢大昕《十駕齋養新錄》卷二〇《沈恭子》云：“六朝文臣無封爵而得諡者，例稱‘子’。如任昉稱敬子，周宏正稱簡子之類，不一而足。”

[5]伏曼容：字公儀，平昌安丘（今山東安丘市）人。本書卷七一、《梁書》卷四八有傳。

[6]文集行於世：《隋書·經籍志四》集部別集類小注載梁有鎮西錄事參軍《到洽集》十一卷，亡。

仲舉字德言，無他藝業，而立身耿正。仕梁爲長城令，[1]政號廉平。陳文帝居鄉里，[2]嘗詣仲舉，時天陰雨，仲舉獨坐齋內，聞城中有蕭鼓聲，[3]俄而文帝至，仲舉異之，乃深自結。帝父嘗因飲夜宿仲舉帳中，[4]忽有神光五采照于室內，由是祇事益恭。及侯景平，[5]文帝爲吳興太守，[6]以仲舉爲郡丞，與潁川庾持俱爲文帝賓客。[7]文帝嗣位，授侍中，參掌選事。天嘉元年，[8]守都官尚書，封寶安縣侯。三年，遷尚書左僕射、丹楊尹，[9]參掌如故。改封建昌縣侯。

[1]長城：縣名。治所在今浙江長興縣東。

[2]陳文帝：陳蒨。字子華，陳武帝兄始興昭烈王陳道談長子。南朝陳皇帝，廟號世祖。本書卷九、《陳書》卷三有紀。

[3]中：大德本、汲古閣本、殿本作“外”，《陳書》卷二〇《到仲舉傳》作“外”。

[4]父：大德本、汲古閣本、殿本作“又”，《陳書・到仲舉傳》作“又”。

[5]侯景：字萬景。初爲東魏河南道大行臺，梁武帝太清初降梁。太清二年（548），舉兵反，攻陷建康，困死梁武帝。又廢簡文帝，自立爲帝，改國號爲漢。史稱侯景之亂。動亂歷時四年，梁從此衰敗。陳寅恪《〈魏書・司馬叡傳〉江東民族條釋證及推論》云：“侯景之亂，不僅於南朝政治上爲鉅變，並在江東社會上，亦爲一劃分時期之大事。”（載《金明館叢稿初編》，生活・讀書・新知三聯書店 2001 年版，第 113 頁）本書卷八〇、《梁書》卷五六有傳。

[6]吳興：郡名。治烏程縣，在今浙江湖州市。

[7]潁川：郡名。治許昌縣，在今河南許昌市東。

[8]天嘉：南朝陳文帝陳蒨年號（560—566）。

[9]尚書左僕射：官名。尚書省次官，令不在，則代理其職。左僕射位在右僕射上。南朝梁、陳常缺尚書令，僕射實爲尚書省主官，列位宰相。陳二品，秩中二千石。《陳書・到仲舉傳》作“尚書右僕射”。　丹楊尹：官名。京畿行政長官，掌京城行政諸務並詔獄，屬於既機要又顯貴之職。陳五品，秩中二千石。

仲舉既無學術，朝章非其所長，選舉引用，皆出自袁樞。[1]性疏簡，不干時務，與朝士無所親狎，但聚財酣飲而已。文帝積年寢疾，不親萬機，尚書中書事，[2]皆使仲舉斷決。天康元年，[3]遷侍中、尚書僕射。文帝疾甚，入侍醫藥。及帝崩，宣帝受遺爲尚書令入輔，[4]仲舉與左丞王暹、中書舍人劉師知、殷不佞，[5]以朝望有歸，乃遣不佞宣旨遣宣帝還東府，事發，師知下獄賜死，暹、不佞並付推，乃以仲舉爲貞毅將軍、金紫光禄大夫。[6]

[1]袁樞：字踐言，陳郡陽夏（今河南太康縣）人。本書卷二六、《陳書》卷一七有附傳。

[2]尚書中書事：《陳書》卷二〇《到仲舉傳》作“尚書中事”。

[3]天康：南朝陳文帝陳蒨年號（566）。

[4]宣帝受遺爲尚書令入輔：《陳書·到仲舉傳》作“高宗受遺詔爲尚書令入輔”。按，底本脱“詔”字，應據《陳書》補。宣帝，即陳宣帝陳頊。字紹世，小字師利，陳武帝陳霸先兄始興昭烈王陳道談第二子。本書卷一〇、《陳書》卷五有紀。

[5]劉師知：沛國相（今安徽濉溪縣）人。任中書舍人，掌制誥。本書卷六八、《陳書》卷一六有傳。　殷不佞：字季卿，殷不害弟。本書卷七四、《陳書》卷三二有附傳。

[6]貞毅將軍：官名。南朝梁置。陳擬五品，比秩千石。

初，仲舉子郁尚文帝妹信義長公主，官至中書侍郎，出爲宣城太守，[1]文帝配以士馬。是年，遷南康内史，[2]以國哀未之任。仲舉既廢居私宅，與郁皆不自安。時韓子高在都，[3]人馬素盛，郁每乘小輿蒙婦人衣與子高謀。子高軍主告其事，宣帝收子高、仲舉及郁，並於獄賜死。[4]郁諸男女諸甥獲免。[5]

[1]宣城：郡名。治宛陵縣，在今安徽宣城市宣州區。

[2]南康：郡名。治贛縣，在今江西贛州市西南。

[3]韓子高：會稽山陰（今浙江紹興市）人。陳文帝親信。本書卷六八、《陳書》卷二〇有傳。

[4]並於獄賜死：按，據《陳書》卷二〇《到仲舉傳》載，時年五十一。

[5]郁諸男女諸甥獲免：大德本、汲古閣本、殿本"諸"作"帝"，《陳書·到仲舉傳》作"郁諸男女，以帝甥獲免"。

　　垣護之字彥宗，略陽垣道人也。[1]族姓豪强，石季龍時，自略陽徙鄴。[2]祖敞仕符氏，爲長樂國郎中令。伯父遵、父苗仕慕容超，[3]並見委任。遵爲尚書，苗爲京兆太守。宋武帝圍廣固，遵、苗踰城歸降，並以爲太尉行參軍。元嘉中，遵爲員外散騎常侍，苗屯騎校尉，仍家下邳。[4]

[1]略陽：郡名。治臨渭縣，在今甘肅天水市東。　垣道：《宋書》卷五〇《垣護之傳》作"桓道"。按，此底本誤，應據《宋書》改。桓道，縣名。治所在今甘肅隴西縣東南。

[2]鄴：縣名。治所在今河北臨漳縣西南鄴鎮。

[3]慕容超：鮮卑族。十六國時南燕國君。《晉書》卷一二八有載記。

[4]下邳：縣名。治所在今江蘇睢寧縣西北古邳鎮東。

護之少倜儻，不拘小節，形狀短陋而氣幹強果。元嘉初爲殿中將軍，[1]隨到彦之北侵魏。彦之將回師，護之書諫，彦之不納，散敗而歸。文帝聞而喜之。[2]累遷鍾離太守，[3]隨王玄謨入河。[4]玄謨攻滑臺，護之百舸爲前鋒，進據石濟。[5]及魏救將至，馳書勸玄謨急攻之，不見從。玄謨敗退，不暇報護之，而魏軍悉牽玄謨水軍大艚，連以鐵鏁三重，斷河以絶護之還路。河水迅急，護之中流而下，每至鐵鏁，以長柯斧斷之，魏人不能禁。唯失一舸，餘舸並全。留戍麋溝城。還爲江夏王義恭驃騎户曹參軍，[6]戍淮陰，[7]領濟北太守。[8]

[1]殿中將軍：官名。爲侍衛武職。宋六品。

[2]喜：大德本、汲古閣本、殿本作“善”。

[3]鍾離：郡名。治燕縣，在今安徽鳳陽縣臨淮關鎮。

[4]王玄謨：字彦德，太原祁（今山西祁縣）人。本書卷一六、《宋書》卷七六有傳。

[5]石濟：石濟津，又作棘津。在今河南滑縣西南古黄河畔。

[6]江夏王義恭：劉義恭。宋武帝之子。諸子之中，最受寵愛。文帝元嘉元年（424）封江夏王。前廢帝狂悖無道，欲謀廢立，被前廢帝所殺。本書卷一三、《宋書》卷六一有傳。江夏，郡名。治夏口城，在今湖北武漢市武昌區。

[7]淮陰：縣名。治所在今江蘇淮安市淮陰區西南。

[8]濟北：郡名。治蛇丘縣，在今山東肥城市東南。

三十年，文帝崩，還屯歷下。[1]孝武入討，[2]率所領馳赴，帝以爲冀州刺史。及南郡王義宣反，[3]兖州刺史徐遺寶，[4]護之妻弟也，與護之書，勸使同逆。護之馳

使以聞，率軍隨沈慶之等擊魯爽。[5]義宣率大衆至梁
山，[6]與王玄謨相持，柳元景率護之及護之弟詢之、柳
叔仁、鄭琨等出鎮新亭，[7]玄謨求，[8]上遣元景等進據南
州。[9]護之水軍先發，大破賊將龐法起，元景等乃以精
兵配護之追討，[10]會朱脩之已平江陵，至尋陽而還。遷
徐州刺史，封益陽縣侯。[11]後拜青、冀二州刺史，[12]
歷城。[13]

[1]歷下：地名。在今山東濟南市歷下區。下文“歷城”，亦
在今山東濟南市。

[2]孝武：宋孝武帝劉駿。字休龍，小字道民，宋文帝劉義隆
第三子。本書卷二、《宋書》卷六有紀。

[3]南郡王義宣：劉義宣。宋武帝之子。文帝元嘉元年（424）
封竟陵王。劉劭弑立，發兵助孝武帝入討。孝武帝即位，改封南郡
王。孝武帝孝建元年（454），在臧質誘説下謀反，兵敗被殺。本書
卷一三、《宋書》卷六八有傳。

[4]徐遺寶：字石儁，高平金鄉（今山東嘉祥縣）人。《宋書》
卷六八有附傳。

[5]沈慶之：字弘先，吴興武康（今浙江德清縣）人。隨宋孝
武帝討伐劉劭有功，封南昌縣公。後又平定豫州刺史魯爽、竟陵王
劉誕叛亂，封始興郡公。官至太尉，爲前廢帝所殺。本書卷三七、
《宋書》卷七七有傳。

[6]梁山：山名。在今安徽蕪湖市北長江濱。東梁山與對岸西
梁山相對峙，合稱天門山。歷代爲江防要地。

[7]柳元景：字孝仁，河東解（今山西臨猗縣）人。宋孝武帝
時封巴東郡公，後受召輔佐幼主，前廢帝殺戴法興，元景憂懼，遂
與顔師伯謀廢前廢帝，事泄被殺。本書卷三八、《宋書》卷七七有
傳。　新亭：地名。在今江蘇南京市西南。地近江濱，依山築城

壘，爲軍事和交通重地。

[8]玄謨求：《宋書》卷五〇《垣護之傳》作“玄謨求救”。

[9]上遣元景等進據南州：《資治通鑑》卷一二八《宋紀十》孝武帝孝建元年作“上使元景進屯姑孰”。《考異》云：“《垣護之傳》作‘南州’，蓋南州即姑孰也。按宋白《續通典》曰：‘桓玄居南州，以在國南，故曰南州。’載之宣州之下。《晋書》云：‘桓玄於南州起齋，號曰盤龍齋。劉毅小字盤龍。玄既敗，毅以豫州刺史出鎮姑孰，正居是齋。’桓玄既誅司馬元顯，出鎮姑孰，起盤龍齋，蓋是時也。《晋書》正指姑孰爲南州，宋白誤矣。”南州，亦作南洲。姑孰城別名，在今安徽當塗縣。

[10]等：大德本、汲古閣本、殿本無“等”字。

[11]益陽：縣名。治所在今湖南益陽市。

[12]青、冀二州：雙頭州名。治歷城縣，在今山東濟南市。

[13]歷城：大德本、汲古閣本、殿本作“鎮歷城”。按，此底本誤，應據諸本補“鎮”字。

大明二年，[1]徵爲右衛將軍還，於道聞竟陵王誕據廣陵反，[2]護之即率部曲受車騎大將軍沈慶之節度。事平，轉臨淮太守，徙豫州刺史。[3]護之所莅，多聚斂賄貨，七年，坐下獄免官。明年，起爲太中大夫，[4]未拜，以憤卒。謚壯侯。

[1]大明二年：中華本改“二”作“三”，其校勘記云：“‘三’各本作‘二’。按下云‘於道聞竟陵王誕據廣陵反’，誕之反在孝武大明三年，見本紀。今改正。”

[2]竟陵王誕：劉誕。字休文，宋文帝第六子。初封廣陵王，改封隨郡王，復改封竟陵王。本書卷一四、《宋書》卷七九有傳。竟陵，郡名。治石城，在今湖北鍾祥市。　廣陵：郡名。治廣陵

縣，在今江蘇揚州市西北蜀岡上。

[3]豫州：僑州名。治壽陽縣，在今安徽壽縣。

[4]太中大夫：官名。南朝多用以安置退免大臣，或作爲加官、兼官，無職掌。品秩不高，禄賜與卿相當。宋七品。

崇祖字敬遠，一字僧寶，護之弟子也。父詢之，驍敢有氣力。元凶弑逆，[1]嗣輔國將軍張柬。[2]時張超手行大逆，[3]亦領軍隸柬，詢之規殺之，慮柬不同，柬宿有此志，又未測詢之同否，互相觀察。會超來論事，柬色動，詢之覺之，即共定謀，遣召超。超疑之不至，改宿他所，詢之不知，逕往斫之，殺其僕於牀，因與柬南奔。時孝武已即位，以爲積射將軍。[4]梁山之役，力戰中流矢卒，贈冀州刺史。

[1]元凶弑逆：指宋文帝太子劉劭弑父。詳見本書卷一四、《宋書》卷九九《元凶劭傳》。

[2]嗣：《宋書》卷五〇《垣護之傳》作“副”。錢大昕《廿二史考異》卷三六云“當是‘隸’字”。存疑。

[3]張超：本書《元凶劭傳》、《宋書·元凶劭傳》、《資治通鑑》卷一二七《宋紀九》文帝元嘉三十年並作“張超之”。

[4]積射將軍：官名。雜號將軍。宋四品。

崇祖年十四，有幹略，伯父護之謂門宗曰：“此兒必大吾門。”後隨徐州刺史薛安都入魏。[1]尋又率門宗據朐山歸宋，[2]求淮北立功，明帝以爲北琅邪、蘭陵二郡太守，封下邳子。[3]

[1]薛安都：字休達，河東汾陰（今山西萬榮縣）人。初仕北魏，宋文帝元嘉二十三年（446）降宋。孝武帝時，累官徐州刺史。明帝即位，舉兵應晉安王子勛，兵敗後又降魏。本書卷四〇、《宋書》卷八八、《魏書》卷六一、《北史》卷三九有傳。

[2]朐山：城名。在今江蘇連雲港市西南。

[3]北琅邪、蘭陵：雙頭郡名。治所在今江蘇連雲港市西南錦屏山。

及齊高帝鎮淮陰，崇祖時戍朐山，既受都督，祗奉甚至，帝以其武勇，善待之，崇祖與其妹夫皇甫蕭曰：[1]“此真吾君也。”遂密布誠節。高帝威名已著，宋明帝尤所忌疾，徵爲黃門郎，規害高帝，崇祖建策以免，由是甚見親，參豫密謀。元徽末，高帝懼禍，令崇祖入魏。崇祖即以家口託皇甫蕭，勒數百人將入魏界，更聽後旨，會蒼梧廢，召崇祖還都。及齊高帝新踐阼，恐魏致討，以送劉昶爲辭。[2]以爲軍衝必在壽春，[3]非崇祖莫可爲捍，徙爲豫州刺史、監豫、司二州諸軍事，封望蔡侯。[4]

[1]與：大德本、汲古閣本、殿本作“謂”。

[2]劉昶：宋文帝第九子，初封義陽王。北魏文成帝和平六年（465）因懼禍奔魏，任侍中，封丹陽王。本書卷一四、《宋書》卷七二有傳。

[3]壽春：縣名。治所在今安徽壽縣。又爲豫州治所。

[4]望蔡：縣名。治所在今江西上高縣。

建元二年，魏遣劉昶攻壽春，崇祖乃於城西北立堰塞肥水，[1]堰北起小城，使數千人守之。謂長史封延伯曰：“虜必悉力攻小城，若破此堰，放水一激，急逾三峽，自然沉溺，豈非小勞而大制邪？”[2]及魏軍由西道集堰南，分軍東路，內薄攻小城，崇祖著白紗帽，肩輿上城，手自轉式，日晡時，決小史埭，水勢奔下，魏攻城之衆，溺死千數，大衆退走。初，崇祖於淮陰見高帝，便自比韓、白，唯上獨許之。及破魏軍啓至，上謂朝臣曰：“崇祖恒自擬韓、白，[3]今真其人也。”進爲都督。崇祖聞陳顯達、李安人皆增給軍儀，[4]乃啓求鼓吹橫吹。[5]上敕曰：“韓、白何可不與衆異。”給鼓吹一部。

[1]肥水：又稱淝水。源出今安徽合肥市西北將軍嶺，北流至壽縣東北兩河口（今名起檯子）入淮河。東晉孝武帝太元八年（383），謝玄等大敗前秦苻堅的“肥水之戰”，即發生於此。

[2]制：《南齊書》卷二五《垣崇祖傳》、《冊府元龜》卷三六三作“利”。

[3]韓、白：韓指韓信，秦末漢初淮陰（今江蘇淮安市淮陰區）人。助劉邦破項羽建立漢朝。《史記》卷九二、《漢書》卷三四有傳。白指白起，戰國時秦國郿（今陝西眉縣）人。曾大破趙軍於長平，帥秦軍攻六國，威震諸侯。《史記》七三有傳。兩人皆以善用兵著稱。

[4]李安人：蘭陵承（今山東棗莊市）人。本書卷四六、《南齊書》卷二七有傳。按，李安人應爲李安民，本書避唐太宗李世民諱改作“李安人”。

[5]鼓吹：演奏鼓吹樂的樂隊。皇帝賜予臣下的一種禮遇。橫吹：漢代的一種鼓吹樂。爲軍中馬上的音樂。

崇祖慮魏復攻淮北，啓徙下蔡戍於淮東。[1]其冬，魏果欲攻下蔡，及聞内徙，乃揚聲平除故城。衆疑魏當於故城立戍，崇祖曰："下蔡去鎮咫尺，魏豈敢置戍，實是欲除此城，正恐奔走，殺之不盡耳。"魏果夷掘下蔡城，崇祖大破之。[2]

　　[1]下蔡戍：即下蔡戍新城。南朝齊建，在今安徽鳳臺縣南淮河東岸。

　　[2]魏果夷掘下蔡城，崇祖大破之：馬宗霍《南史校證》云："按《南齊書》本傳作'崇祖自率衆渡淮與戰大破之'，《南史》省去'渡淮'二字，但上文云'徙下蔡戍於淮東'，則魏夷故城，自當渡淮而擊，《通鑑》卷一三五亦作'崇祖引兵渡淮擊魏'，從《齊書》也。殿本《南齊書考證》曰：'按《魏書》道成豫州刺史垣崇祖寇下蔡，昌黎王馮熙擊破之，兩書互異。'今按《考證》所引《魏書》，見《孝文帝紀》太和五年。余疑彼有夸詞，未必可據。"（第456頁）

　　武帝即位，爲五兵尚書，領驍騎將軍。[1]初，豫章王有盛寵，[2]武帝在東宮，崇祖不自附。及破魏軍，詔使還朝，與共密議，武帝疑之，曲加禮待。酒後謂曰："世間流言，我已豁懷抱，自今已後，富貴見付也。"崇祖拜謝。及去後，高帝復遣荀伯玉敕以邊事，[3]受旨夜發，不得辭東宮，武帝以爲不盡誠心，銜之。永明元年，詔稱其與荀伯玉構扇邊荒，誅之。故人無敢至者，獨有前豫州主簿夏侯恭叔出家財爲殯，時人以比欒布。[4]

［1］驍騎將軍：官名。擔任宮禁宿衛，是護衛皇帝的主要將領之一。齊官品不詳。

［2］豫章王：蕭嶷。字宣儼，齊高帝第二子。寬仁弘雅，官至大司馬。本書卷四二、《南齊書》卷二二有傳。豫章，郡名。治南昌縣，在今江西南昌市。

［3］苟伯玉：字弄璋，廣陵（今江蘇揚州市）人。本書卷四七、《南齊書》卷三一有傳。

［4］欒布：西漢時人。劉邦誅彭越，他不顧禁令，獨往哭祭。《史記》卷一〇〇有《季布欒布列傳》。

恭叔譙國人，[1]崇祖爲豫州，[2]聞其才義，辟爲主簿，[3]兼掌書翰。高帝即位，方鎮皆有賀表，王儉見崇祖啓，[4]咨嗟良久，曰："此恭叔辭也。"時宋氏封爵，隨軍遷改，[5]恭叔以柳元景中興元勳，劉勔殞身王事，不宜見廢，上表論之，甚有義理。事雖不從，優詔見答。後爲竟陵令，[6]惠化大行。木連理，上有光如燭，咸以善政所致。

［1］譙國：即譙郡。治譙縣，在今安徽亳州市。

［2］爲：大德本、殿本同，汲古閣本作"在"。

［3］主簿：官名。負責文書簿籍，掌管印鑒等事。雖非掾吏之首，然地位較高，縣之主簿較州之主簿更甚。

［4］王儉：字仲寶，琅邪臨沂（今山東臨沂市）人。尚宋明帝陽羨公主，入齊封南昌縣公，長於禮學，參與齊初制度、禮儀制定，官至中書監，卒贈太尉。本書卷二二有附傳，《南齊書》卷二三有傳。

［5］隨軍遷改：中華本改作"隨運遷改"。

[6]竟陵：縣名。治所在今湖北潛江市西南。

　　榮祖字華先，崇祖從父兄也。父諒之，宋北中郎府參軍。[1]榮祖少學騎射，或曰："何不學書？"榮祖曰："曹操、曹丕，上馬橫槊，下馬談論，此可不負飲食矣。[2]君輩無自全之伎，何異犬羊乎。"

　　[1]參軍：官名。王公軍府屬官。宋自六品至九品不等。
　　[2]此可不負飲食矣：《南齊書》卷二八《垣榮祖傳》作"此於天下可不負飲食矣"。不負飲食，意即不枉爲人。

　　宋孝建中，爲後軍參軍。伯父豫州刺史護之子襲祖爲淮陽太守，[1]孝武以事徙之嶺南，護之不食而死。帝疾篤，又使殺襲祖。臨死與榮祖書曰："弟嘗勸我危行言遜，今果敗矣。"

　　[1]淮陽：郡名。治角城縣，在今江蘇淮安市淮陰區西南。

　　明帝初即位，四方反，除榮祖冗從僕射，[1]遣還徐州，説刺史薛安都曰："天之所廢，誰能興之？使君今不同八百諸侯，如下官所見，[2]非計中也。"安都曰："今京都無百里地，莫論攻圍取勝，自可相拍手笑殺；且我不欲負孝武。"榮祖曰："孝武之行，足致餘殃，[3]今雖天下雷同，正是速死，無能爲也。"安都曰："不知諸人云何，我不畏此，大蹄馬在近，急便作計。"[4]榮祖被拘不得還，因爲安都將領。安都引魏軍入彭城，榮祖攜家屬南奔朐山。齊高帝在淮陰，榮祖歸附，高帝保持之。及宋明帝崩，高帝書送榮祖詣僕射褚彥回，[5]除東海太守。[6]彥回謂曰："蕭公稱卿幹略，故以郡相處。"

[1]冗從僕射：官名。南朝屬領軍將軍（中領軍），不領兵。宋明帝泰始以後，多以軍功得之，無復員限。宋五品。

[2]下官：《南齊書》卷二八《垣榮祖傳》作"民"。洪頤煊《諸史考異》云："榮祖下邳人，於徐州刺史例稱民，《南史》避唐諱，改作下官。"

[3]孝武之行，足致餘殃：《資治通鑑》卷一三一《宋紀十三》明帝泰始二年胡三省注云："不善之積，必有餘殃。孝武貪淫，濟以奢虐，人倫道盡，故榮祖云然。"

[4]作計：打算。

[5]褚彥回：褚淵。字彥回，本書避李淵諱而稱字，河南陽翟（今河南禹州市）人。尚宋文帝女南郡獻公主，拜駙馬都尉，除著作佐郎。受明帝遺命與尚書令袁粲輔佐蒼梧王。後助蕭道成代宋建齊，封南康郡公，官至尚書令、司空。本書卷二八有附傳，《南齊書》卷二三有傳。

[6]東海：僑郡名。治連口，在今江蘇漣水縣。

榮祖善彈，登西樓，見翔鵠雲中，謂左右當生取之。於是彈其兩翅，毛脫盡，墜地無傷，養毛生後飛去，其妙如此。

元徽末，蒼梧凶狂，[1]恆欲危害高帝。帝欲奔廣陵起事，荀伯玉等皆贊成之。榮祖諫曰："領府去臺百步，[2]公走人豈不知。若單騎輕行，廣陵人一旦閉門不相受，公欲何之？公今動足下牀，恐便有叩臺門者，公事去矣。"蒼梧明夕自至領府扣門，[3]欲害帝，帝嘗以書案下安鼻爲楯，[4]以鐵爲書鎮如意，甚壯大，以備不虞，欲以代杖。蒼梧至府，而曰："且申令夕，[5]須至一處作適，[6]還當取奴。"尋遇殺。齊高帝謂榮祖曰："不用卿言，幾無所成。"豫佐命勳，封將樂縣子。[7]

[1]蒼梧：南朝宋後廢帝劉昱。字德融，小字慧震。宋明帝劉彧長子。後被蕭道成所謀殺，以太后令追貶爲蒼梧郡王。本書卷三、《宋書》卷八有紀。

[2]領府：蕭道成時爲領軍將軍，故府邸稱領府。　臺：指朝廷禁省。宋人洪邁《容齋續筆》卷五《臺城少城》云："晉宋間，謂朝廷禁省爲臺，故稱禁城爲臺城，官軍爲臺軍，使者爲臺使。"

[3]扣：大德本、殿本同，汲古閣本作"叩"。

[4]楯：大德本、殿本同，汲古閣本作"相"。

[5]而曰且申令夕：中華本據《通志》卷一三七改作"而曰：且申令夕"。

[6]作適：玩耍，尋歡作樂。作某云云爲當時習語。

[7]將樂縣子：封爵名。將樂，縣名。治所在今福建將樂縣。

永明二年，爲尋陽相、南新蔡太守。[1]被告作大形棺材盛仗，使鄉人載度江北，案驗無實，見原。後拜兗州刺史。[2]初，巴東王子響事，[3]方鎮皆啓稱子響爲逆，榮祖曰："此非所宜言，政應云劉寅等孤負恩奬，逼迫巴東，使至於此。"時諸啓皆不得通，事平後，上乃省視，以榮祖爲知言。九年，卒。[4]

[1]南新蔡：僑郡名。治苞信縣，在今湖北黃梅縣西南。

[2]兗州：州名。治淮陰縣，在今江蘇淮安市淮陰區西南甘羅城。

[3]巴東王子響：蕭子響。字雲音，南蘭陵（今江蘇常州市武進區西北）人。齊武帝蕭賾第四子。初封巴東王。因擅殺長史劉寅等人，齊武帝遣使檢捕，子響率軍拒之，終被殺。本書卷四四、《南齊書》卷四〇有傳。

[4]九年，卒：按，據《南齊書》卷二八《垣榮祖傳》載，卒年五十七。

從弟歷生，亦爲驍將，位太子右率。[1]性苛暴，與始安王遙光同反，[2]伏誅。

[1]太子右率：官名。即太子右衛率。掌東宮護衛。齊官品不詳。

[2]始安王遙光：蕭遙光。齊明帝侄。齊明帝蕭鸞親信，遇事每相參議。明帝崩，遙光輔政，潛與江祏兄弟及垣歷生等謀自樹立，領兵圍東城三面。遣垣歷生從西門出戰，兵敗被斬。遙光亦被捕斬首。本書卷四一、《南齊書》卷四五有附傳。

閎字叔通，榮祖從父也。父遵，位員外常侍。閎爲宋孝武帝南中郎參軍。孝武帝即位，以爲交州刺史。[1]時交土全實，閎罷州還，資財鉅萬。孝武末年貪慾，刺史二千石罷任還都，必限使獻奉，又以蒲戲取之，要令罄盡乃止。閎還至南州，而孝武晏駕，擁南資爲富人。明帝初，以爲司州刺史。[2]北破薛道摽，封樂鄉縣男。出爲益州刺史。[3]蜀還之貨，亦數千金，先送獻物，傾西資之半，明帝猶嫌其少。及閎至都，詣廷尉自簿，先詔獄官留閎，於是悉送資財，然後被遣。凡蠻夷不受鞭罰，輸財贖罪，謂之賧，[4]時人謂閎被賧刺史。歷度支尚書，[5]衛尉。[6]

[1]交州：州名。治龍編縣，在今越南北寧省仙游縣東。

[2]司州：州名。治平陽縣，在今河南信陽市。

[3]益州：州名。治成都縣，在今四川成都市。

[4]賧（tàn）：以財物贖罪。

[5]度支尚書：官名。掌土地、户口、財賦等。宋三品。

[6]衛尉：官名。掌宫禁及京城防衛。南朝梁、陳及北朝稱衛尉卿。宋三品。

齊高帝輔政，使褚彦回爲子晃求閎女，閎辭以“齊大非偶”，帝雖嘉其退讓，而心不能歡，即以晃婚王仛女。謂豫章王嶷曰：“前欲以白象與垣公婚者，重其夷澹，事雖不遂，心常依然。”曰象，[1]晃小字也。及高帝即位，以有誠心，封爵如故。卒於金紫光禄大夫，謚曰定。子憘伯襲爵。

[1]曰象：大德本、汲古閣本、殿本作“白象”。

憘伯少負氣豪俠，妙解射雉，尤爲武帝所重，以爲直閣將軍。[1]與王文和俱任，頗以地勢陵之。後出爲巴西、梓潼二郡太守，[2]時文和爲益州刺史，曰：“每憶昔日俱在閣下，卿時視我，如我今日見卿。”因誣其罪，馳信啓之，又輒遣蕭寅代憘伯爲郡。憘伯亦别遣啓臺，閉門待報，寅以兵圍之。齊明帝輔政，知其無罪，不欲乖文和，乃敕憘伯解郡。還爲寅軍所躡，束手受害。

[1]直閣將軍：官名。南朝置。掌警衞宮廷。出入省閣，侍衞皇帝（參見張金龍《魏晋南北朝禁衞武官制度研究》，中華書局2004年版）。

[2]巴西、梓潼：雙頭郡名。治涪縣，在今四川綿陽市東。

　　閬弟子曇深，以行義稱。爲臨城縣，[1]罷歸，得錢十萬，以買宅奉兄，退無私蓄。先是劉楷爲交州，謂王儉曰：“欲一人爲南土所聞者同行。”儉良久曰：“得之矣。若垣閬爲交州，[2]閬弟閱又爲九真郡，[3]皆著信南中。羽林監曇深者，[4]閬之子也。雅有學行，當令同行。”及隨楷，未至交州而卒，儉惆悵良久。曇深妻鄭氏，字獻英，滎陽人，[5]時年二十，子文凝始生，仍隨楷到鎮。晝夜紡織，傍無親援，年既盛美，甚有容德，自屬冰霜，無敢望其門者。居一年，私裝了，乃告楷求還。楷大驚曰：“去鄉萬里，固非孀婦所濟。”遂不許。鄭又曰：“垣氏羈魂不反，而其孤藐幼，妾若一同灰壤，則何面目以見先姑。”因大悲泣。楷悽然許之，[6]厚爲之送，於是間關危險，遂得至鄉。葬畢，乃曰：“可以下見先姑矣。”時文凝年甫四歲，親教經禮，訓以義方，州里稱美。

[1]臨城：縣名。治所在今安徽青陽縣南。

[2]若：大德本、汲古閣本、殿本作“昔”。

[3]九真：郡名。治移風縣，在今越南清化省清化市北馬江南岸。

[4]羽林監：官名。禁衛軍之一，掌宿衛隨從。齊官品不詳。

[5]滎陽：郡名。治滎陽縣，在今河南滎陽市東北。

[6]樓：大德本、汲古閣本、殿本作"愴"。

又有吳興丘景賓，字彥先，亦以節義聞。父康祖，無錫令，[1]亡後，僮僕數十人及宅宇產畜，景賓悉讓與兄鎮之。鎮之又推齋屋三間與之，亦不肯受。太守孔山士歎曰："聞柳下惠之風，[2]貪夫廉，懦夫有立志。復見之矣。"終於奉朝請。[3]

[1]無錫：縣名。治所在今江蘇無錫市。

[2]柳下惠：春秋魯大夫展禽。魯僖公時人。因食邑柳下，謚惠，故稱柳下惠。任士師時，三次被黜。與伯夷並稱"夷惠"。事見《論語·微子》、《孟子·萬章下》、《左傳》僖公二六年、《國語·魯語上》。

[3]奉朝請：官名。東晉、南朝時獨立爲官，亦作加官。列爲散騎省（集書省）屬官，安置閑散，所授冗濫。

張興世字文德，竟陵人也。[1]本單名世，宋明帝益爲興世。少家貧，白衣隨王玄謨伐蠻。後隨孝武鎮尋陽，補南中郎參軍督護，[2]從入討元凶。及南郡王義宣反，又隨玄謨出梁山，有戰功。

[1]竟陵人：《宋書》卷五〇《張興世傳》作"竟陵竟陵人"。

[2]參軍督護：官名。東晉始置。爲王公軍府的屬官。地位較

低，在長兼行參軍之下。南朝梁列爲流外官。

　　明帝即位，四方反叛，進興世龍驤將軍，[1]領水軍拒南賊。時臺軍據赭圻，[2]行選。[3]是役也，皆先戰授位，檄板不供，由是有黃紙札。南賊屯在鵲尾，[4]既相持久不決，興世建議曰：“賊據上流，兵張地勝，今以奇兵潛出其上，使其首尾周惶，進退疑阻，[5]糧運艱礙，乃制勝之奇。”沈攸之、吳喜並贊其計，[6]分戰士七千配之。興世乃令輕舸泝流而上，旋復回還，一二日中輒復如此，使賊不爲之防。賊帥劉胡聞興世欲上，[7]笑之曰：“我尚不敢越彼下取楊州，興世何人欲據我上。”興世謂攸之等曰：“上流唯有錢溪可據。”[8]乃往據之。及劉胡來攻，將士欲迎擊之，興世曰：“賊來尚遠而氣驟盛矣。夫驟既力盡，盛亦易衰，此曹劌所以破齊也。壯士不得妄動。”[9]賊來轉近，興世乃命壽寂之、任農夫率壯士擊走之。袁顗慍曰：[10]“賊據人肝臟裏，[11]云何得活。”是月朔，赭圻軍士伐木爲柵，於青山遇一童子曰：“賊下旬當平，無爲自苦。”忽不見。至是果敗。興世又遏其糧道，賊衆漸飢，劉胡棄軍走，袁顗仍亦奔散，興世遂與吳喜共平江陵。遷右軍將軍，[12]封作唐縣侯，[13]歷雍州刺史，[14]右衛將軍。[15]以疾，徙光禄大夫，尋卒。[16]

　　[1]龍驤將軍：南朝時爲加官、散官性質的將軍。宋三品。
　　[2]赭圻：城名。在今安徽蕪湖市繁昌區西北赭圻嶺。東晋桓温所築，爲江防重鎮。
　　[3]行選：大德本、汲古閣本、殿本作“朝廷遣吏部尚書褚彦

回就赭圻行選"。按，此底本脱漏，應據諸本補。

[4]鵲尾：即鵲岸。在今安徽銅陵、無爲、繁昌等市縣間長江岸。《清一統志·廬州府》云："按，鵲尾渚，亦見南、北《史》，要屬濱江之地，當在今無爲州界。《舊志》云：與銅陵縣鵲頭山對面。"

[5]阻：《宋書》卷五〇《張興世傳》作"沮"。

[6]吳喜：本名喜公，宋明帝命爲喜，吳興臨安（今浙江杭州市臨安區）人。本書卷四〇、《宋書》卷八三有傳。

[7]劉胡：南陽涅陽（今河南鄧州市）人。本書卷四〇、《宋書》卷八四有附傳。

[8]錢溪：古水名。又稱梅根渚。即今安徽池州市貴池區東北梅根港。六朝時，溪側置梅根冶鑄錢，故名。

[9]壯士不得妄動：大德本、汲古閣本、殿本"壯士"作"將士"。《宋書·張興世傳》作"令將士不得妄動"。

[10]袁顗：字國章（《宋書》作"景章"），陳郡陽夏（今河南太康縣）人。本書卷二六有附傳，《宋書》卷八四有傳。

[11]臟：大德本、汲古閣本、殿本作"藏"。

[12]右軍將軍：《宋書·張興世傳》作"左軍將軍"。

[13]作唐：縣名。治所在今湖南安鄉縣北。

[14]雍州：僑州名。治襄陽縣，在今湖北襄陽市。

[15]右衛將軍：大德本、汲古閣本、殿本作"左衛將軍"。

[16]以疾，徙光禄大夫，尋卒：《宋書·張興世傳》載元徽"五年，以疾病徙光禄大夫，常侍如故。順帝昇明二年，卒，時年五十九"。

興世居臨沔水，[1]自襄陽以下至于江二千里，[2]先無洲嶼，興世初生，當其門前水中，一旦忽生洲，年年漸大。及興世爲方伯，而洲上遂十餘頃。

[1]沔水：水名。即今漢江及湖北武漢市以下之長江。

[2]自襄陽以下至于江二千里：《宋書》卷五〇《張興世傳》
作“沔水自襄陽以下，至于九江，二千里中”。

父仲子由興世致位給事中，[1]興世欲將往襄陽，愛
鄉里不肯去。嘗謂興世曰：“我雖田舍老公，樂聞鼓角，
汝可送一部，行田時欲吹之。”興世素恭謹畏法，譬之
曰：“此是天子鼓角，非田舍公所吹。”興世欲拜墓，仲
子謂曰：“汝衛從太多，先人必當驚怖。”興世減撤而行。
子欣泰。

[1]給事中：官名。南朝隸集書省，常侍從皇帝左右，收發文
書。宋五品。按張興世父爲此官，應是在家享受五品待遇。

欣泰字義亨，不以武業自居，好隸書，讀子史。年
十餘，詣吏部尚書褚彥回，彥回問：“張郎弓馬多少？”[1]
答曰：“性怯畏馬，無力牽弓。”彥回甚異之。歷諸
王佐。[2]

[1]多少：如何，怎樣。

[2]王佐：大德本、汲古閣本、殿本作“王府佐”。

宋元徽中，興世在家，擁雍州還資見錢三千萬，蒼
梧王自領人劫之，一夜垂盡，興世憂懼病卒。欣泰兄欣
華恃爲安成郡，[1]欣泰悉封餘財以待之。齊建元初，爲
尚書都官郎。[2]武帝與欣泰早款遇，及即位，以爲直閣

將軍。後爲武陵内史，[3]坐贓私殺人被糾，見原。還復爲直閤、步兵校尉，[4]領羽林監。

[1]恃：大德本、汲古閣本、殿本作“時”。按，此底本誤，應據諸本改。　安成：郡名。治平都縣，在今江西安福縣。

[2]尚書都官郎：官名。職掌刑獄，亦佐督軍事。齊官品不詳。

[3]武陵：郡名。治臨沅縣，在今湖南常德市。

[4]步兵校尉：官名。皇帝的侍衛武官，隸屬中領軍，不領兵，用以安置勳舊武臣。齊官品不詳。

　　欣泰通涉雅俗，交結多是名素，下直輒著鹿皮冠，納衣錫杖，[1]挾素琴。有以啓武帝，帝曰：“將家兒，何敢作此舉止。”後從駕出新林，[2]敕欣泰廉察，欣泰停仗，於松樹下飲酒賦詩。制局監呂文度以啓武帝，[3]帝大怒，遣出。數日意釋，召謂曰：“卿不樂武職，當處卿清貫。”[4]除正員郎。[5]出爲鎮軍南中兵參軍、南平内史。[6]

[1]納：汲古閣本、殿本同，大德本作“衲”。

[2]新林：又名新林浦、新林港。在今江蘇南京市西南。

[3]制局監：即外監。負責兵器、兵役徵發等事。多以寒門充任，因侍衛皇帝左右，頗具權勢。　呂文度：會稽（今浙江紹興市）人。齊武帝鎮溢城拒沈攸之時，其爲軍隊雜役，以此見親。武帝即位後，深受寵信，權勢甚重。本書卷七七有附傳，《南齊書》卷五六有傳。

[4]貫：大德本同，汲古閣本、殿本作“貴”。《南齊書》卷五一《張欣泰傳》作“貫”。

[5]正員郎：官名。即魏晉南北朝時編制以内的散騎侍郎，係與員外散騎侍郎相對而言。

[6]鎮軍南中兵參軍：《南齊書・張欣泰傳》作"鎮軍中兵參軍"。　南平：郡名。治屛陵縣，在今湖北公安縣西南。

巴東王子響殺僚佐，上遣中庶子胡諧之西討，使欣泰爲副。欣泰謂諧之曰："今太歲在西南，[1]逆歲行軍，兵家深忌，若且頓軍夏口，宣爾禍福，[2]可不戰而禽也。"諧之不從，進江津，尹略等見殺。事平，欣泰徙爲隨王子隆鎮西中兵，改領河東内史。子隆深相愛重，數與談宴，意遇與謝朓相次。典籤密啓之，[3]武帝怒，召還都。屛居家巷，置宅南岡下，面接松山，欣泰負弩射雉，恣情閑放，聲伎雜藝，頗多開解。[4]明帝即位，爲領軍長史，遷諮議參軍。上書陳便宜二十條，其一條言宜毀廢塔寺，帝並優詔報答。

[1]太歲：指歲星。《史記・天官書》："歲星……所在國不可伐。"

[2]爾：大德本、汲古閣本、殿本作"示"。《南齊書》卷五一《張欣泰傳》作"示"。

[3]典籤：官名。本爲掌管文書的小吏。南朝時爲監視出任方鎮的諸王和各州刺史，皇帝委派親信擔任此職，品階不高，實權在長史之上。

[4]開：《南齊書・張欣泰傳》作"閑"。

建武二年，[1]魏圍鍾離，[2]欣泰爲軍主，隨崔慧景救援。[3]及魏軍退，而邵陽洲上餘兵萬人，[4]求輸馬五百匹假道，慧景欲斷路攻之。欣泰説慧景曰："歸師勿遏，古人畏之，死地兵不可輕也。"慧景乃聽過。時領軍蕭坦之亦援鍾離，[5]還啓明帝曰："邵陽洲有死賊萬人，慧景、欣泰放而不取"。帝以此皆不加賞。

[1]建武：南朝齊明帝蕭鸞年號（494—498）。

[2]鍾離：郡名。治燕縣，在今安徽鳳陽縣臨淮關鎮。

[3]崔慧景：字君山，清河東武城（今河北清河縣）人。仕齊，官至護軍將軍，加侍中。東昏侯即位，誅大臣，慧景不自安。裴叔業反，慧景率軍出征。行至廣陵，亦反，舉兵向京師。本書卷四五、《南齊書》卷五一有傳。

[4]邵陽洲：地名。在今安徽鳳陽縣東北淮河中。

[5]蕭坦之：南蘭陵蘭陵（今江蘇常州市武進區）人。蕭道成族人。齊東昏侯時爲右將軍，以平始安王遥光功，遷尚書右僕射，進爵爲公，旋被殺。本書卷四一、《南齊書》卷四二有傳。

　　四年，出爲永陽太守。[1]永元初，[2]還都。崔慧景圍城，欣泰入城守備。事寧，除廬陵王安東司馬。梁武帝起兵，東昏以欣泰爲雍州刺史。欣泰與弟前始安内史欣時密謀結太子右率胡松、前南譙太守王靈秀、直閣將軍鴻選、含德主帥苟勵、直後劉靈運等，並同契會。帝遣中書舍人馮元嗣監軍救郢，[3]茹法珍、梅蟲兒及太子右率李居士、制局監楊明泰等十餘人相送中興堂。[4]欣泰使人懷刀，[5]於坐斫元嗣，頭墜果柈中。又斫明泰，破其腹。蟲兒傷數創，手指皆墜。居士踰墻得出，茹法珍亦散走還臺。靈秀仍往石頭迎建安王寶寅，[6]率文武數百，唱警蹕，至杜姥宅。[7]欣泰初聞事發，馳馬入宮，冀法珍等在外，城內處分，必盡見委，因行廢立。既而法珍得返，處分關門上仗，不配欣泰兵，鴻選在殿內亦不敢發，城外衆尋散。少日事覺，欣泰、胡松等皆伏誅。

[1]永陽：郡名。治營浦縣，在今湖南道縣西北。

[2]永元：南朝齊東昏侯蕭寶卷年號（499—501）。

[3]郢：州名。治夏口城，在今湖北武漢市武昌區。

[4]茹法珍：會稽（今浙江紹興市）人。備受齊東昏侯寵信，呼其爲“阿丈”。權過人主，佐成昏亂。梁武帝平建康，與諸佞幸同被殺。本書卷七七有傳。　梅蟲兒：吳興（今浙江湖州市）人。齊東昏侯親信。本書卷七七有附傳。　中興堂：即新亭。《資治通鑑》卷一四四《齊紀十》和帝中興元年胡三省注云：“宋孝武帝即位於新亭，改新亭曰中興堂。”

[5]欣泰：大德本、汲古閣本、殿本作“欣泰等”。

[6]建安王寶寅：蕭寶寅。字智亮，齊明帝第六子。時鎮石頭戍，欣泰等起事，擬廢東昏侯，立寶寅，特派王靈秀迎之。本書卷四四、《南齊書》卷五〇有傳。

[7]杜姥宅：在臺城南掖門外。在今江蘇南京市乾河沿南。東晉成帝杜皇后母裴氏於此建宅，故名。

欣泰少時，有人相其當得三公，而年裁三十，後瓦屋墜傷額，[1]又問相者，云：“無復公相，年壽更增，亦可得方伯耳。”死時年三十六。[2]

[1]瓦屋：大德本、汲古閣本同，殿本作“屋瓦”。《南齊書》

卷五一《張欣泰傳》作"屋瓦"。

[2]死時年三十六：《南齊書·張欣泰傳》作"死時年四十六"。按，許福謙《〈南齊書〉紀傳疑年錄》辨析："若張欣泰死時年三十六，則應生於劉宋泰始二年（466），然《南齊書》本傳云：'（欣泰）年十餘，詣吏部尚書褚淵。'……褚淵任吏部尚書凡兩次，但都在宋明帝之世（465—472）。若依上文，欣泰……終明帝之世，不過數歲而已，不得云'年十餘'。此其一。《南齊書》本傳又云：'建元初，歷官寧朔將軍，累除尚書都官郎中。'建元（479—482）爲齊高帝年號，共四年，'建元初'者，當指前一、二年。若依上所推算，張欣泰此時也不過十四五歲，又安能任寧朔將軍、尚書都官郎中？此其二。《南齊書》本傳又有一則文字云：'世祖與欣泰早經款遇。及即位，以爲直閤將軍，領禁旅。'世祖即齊武帝蕭賾，其即位在建元四年（482），若依上推算，此年張欣泰年方十七歲，'早經款遇'恐不可能，爲'直閤將軍領禁旅'亦嫌太早。此其三。綜上所述，張欣泰死時不應年僅三十六歲，當以《南齊書》本傳所云'年四十六'爲是。"（《首都師範大學學報》1998年第1期）丁福林《南齊書校議》亦認爲作"三十六"誤（中華書局2010年版，第340頁）。

　　論曰：王仲德受任二世，能以功名始終。入關之役，檀、王咸出其下。元嘉北討，則受督於人，有藺生之志，而無關公之墳，[1]長者哉。道豫雖地居豐、沛，[2]榮非恩假，時歷四代，人焉不絕，文武之道，不墜斯門，殆爲優矣。垣氏宋、齊之際，世著武節，崇祖陳力壃場，[3]以韓、白自許，竟而杜郵之酷，[4]可爲痛哉。興世鵲浦之奇，遠有深致，其垂組建斾，豈徒然也。

［1］墳：大德本、汲古閣本、殿本作“憤”。

［2］道豫：到彥之，字道豫。

［3］壃：大德本、汲古閣本、殿本作“疆”。

［4］杜郵之酷：戰國秦將白起行至杜郵，被秦王賜劍自殺。事
見《史記》卷七三《白起王翦列傳》。

南史　卷二六

列傳第十六

袁湛　弟豹　豹子淑　淑兄子顗　顗從弟粲　顗弟子彖　彖從弟昂
馬仙琕　昂子君正　君正子樞　憲[1]　君正弟敬　泌

　　[1]憲：大德本、汲古閣本同，殿本作“樞弟憲”。

　　袁湛字士深，陳郡陽夏人也。[1]祖耽，[2]晉歷陽太守，[3]父質，[4]琅邪內史，[5]並知名。湛少與弟豹並爲從外祖謝安所知，[6]安以其兄子玄女妻湛。[7]

　　[1]陳郡：郡名。治陳縣，在今河南周口市淮陽區。　陽夏：縣名。治所在今河南太康縣。
　　[2]耽：袁耽。字彥道。《晉書》卷八三有附傳。
　　[3]歷陽：郡名。治歷陽縣，在今安徽和縣。
　　[4]質：袁質。字道和。《晉書》卷八三有附傳。
　　[5]琅邪：郡名。治費縣，在今山東費縣西北。　內史：官名。相當於郡太守。
　　[6]謝安：字安石，陳國陽夏（今河南太康縣）人。在戰勝前秦苻堅的淝水之戰中有籌策大功，官至衛將軍、開府儀同三司，封

建昌縣公。著有《謝安集》十卷，今亡佚。《晉書》卷七九有傳。

[7]玄：謝玄。字幼度，謝安兄謝奕子。淝水之戰時，與謝石、桓伊等率八萬北府兵擊敗前秦苻堅八十萬衆。《晉書》卷七九有附傳。

宋武帝起兵，[1]以爲鎮軍諮議參軍。[2]以從征功，封晉寧縣五等男。[3]義熙十二年，[4]爲尚書左僕射。[5]武帝北伐，湛兼太尉，[6]與兼司空、尚書范泰奉九命禮拜授武帝，[7]帝沖讓。湛等隨軍至洛陽，住柏谷塢。[8]泰議受使未畢，不拜晉帝諸陵，湛獨至五陵展敬，[9]時人美之。

[1]宋武帝：劉裕。字德輿，小字寄奴。本書卷一、《宋書》卷一至卷三有紀。

[2]諮議參軍：官名。王公軍府屬官。掌顧問諫議，其位在列曹參軍上。

[3]晉寧縣五等男：所謂五等，非指公侯伯子男之五等級。此制之行，祇在東晉末劉裕執政時及劉宋初年。錢大昕《廿二史考異》卷二四云五等之封但假虛號，未有食邑，蓋出一時權宜之制。

[4]義熙：東晉安帝司馬德宗年號（405—418）。

[5]尚書左僕射：官名。尚書省次官，與尚書令同居宰相之任。左僕射位在右僕射上，輔助尚書令執行政務，參議大政，諫諍得失，監察糾彈百官，可封還詔旨，常受命主管官吏選舉。晉、宋三品。大德本、汲古閣本、殿本作“尚書右僕射”，《宋書》卷五二《袁湛傳》作“尚書右僕射”，未知孰是。

[6]太尉：官名。位三公之首，爲名譽宰相，多爲大臣加官，無實際職掌。晉、宋一品。

[7]司空：官名。三公之一，爲名譽宰相，多爲大臣加官。晉、宋一品。　范泰：字伯倫，順陽（今河南淅川縣）人。本書卷三

三、《宋書》卷六〇有傳。　奉九命禮拜授武帝：《宋書·袁湛傳》作“奉九命禮物拜授高祖”。

[8]柏谷塢：一名百谷塢。在今河南偃師市東南。

[9]五陵：即晉宣帝高原陵、晉景帝峻平陵、晉文帝崇陽陵、晉武帝峻陽陵和晉惠帝太陽陵。

初，陳郡謝重，[1]王胡之外孫也，[2]於諸舅敬禮多闕，重子絢，湛之甥也，嘗於公坐慢湛，湛正色謂曰：“汝便是兩世無渭陽情。”[3]絢有愧色。十四年，卒，贈左光禄大夫。[4]文帝即位，[5]以后父贈侍中，以左光禄大夫開府儀同三司，[6]謚曰敬公。大明三年，[7]孝武幸籍田，[8]經湛墓，遣使致祭，增守墓五户。

[1]謝重：字景重，謝朗子。事見《晉書》卷七九《謝朗傳》。

[2]王胡之：字修齡，王廙子。事見《晉書》卷七六《王廙傳》。

[3]渭陽：舅父的代稱。《詩·秦風·渭陽》：“我送舅氏，曰至渭陽。”朱熹集傳：“舅氏，秦康公之舅，晉公子重耳也。出亡在外，穆公召而納之。時康公為太子，送之渭陽而作此詩。”後因以“渭陽”表示甥舅情誼之典。

[4]左光禄大夫：官名。作為在朝顯職的加官，也作為年老退休或死後贈官。晉二品。

[5]文帝：南朝宋文帝劉義隆。小字車兒，宋武帝第三子。本書卷二、《宋書》卷五有紀。

[6]“以后父贈侍中”至“開府儀同三司”：《宋書》卷五二《袁湛傳》删“左”字上“以”字，標點作“以后父，追贈侍中、左光禄大夫、開府儀同三司”。侍中，官名。門下省長官。參預機密政務，掌規諫及賓贊威儀，乃至封駮、平省尚書奏事等。宋三

品。開府儀同三司，官名。爲大臣加號，指禮制、待遇與三公相同，許開設府署，自辟僚屬。係給非三公官員以三公待遇。

［7］大明：南朝宋孝武帝劉駿年號（457—464）。

［8］孝武：宋孝武帝劉駿。字休龍，小字道民，宋文帝第三子。本書卷二、《宋書》卷六有紀。　籍田：古時帝王於春耕前親耕農田，以示對農業的重視。南朝宋、齊均在正月用事。梁武帝改用二月，陳因而不改。

子淳，淳子植，[1]並早卒。

［1］淳子植：《宋書》卷五二《袁湛傳》作“淳子桓”，未知孰是。

湛弟豹字士蔚，好學博聞，善談雅俗。每商較古今，兼以誦詠，聽者忘疲。爲御史中丞時，[1]鄱陽縣侯孟懷玉上母檀拜國太夫人，[2]有司奏許。豹以婦人從夫爵，懷玉父大司農綽見居列卿，[3]妻不宜從子。奏免尚書右僕射劉柳等官，[4]詔並贖論。後爲丹楊尹，[5]太尉長史，義熙九年，卒官。[6]以參伐蜀謀，追封南昌縣五等子。[7]子淑。

［1］御史中丞：官名。職掌監察、執法。南朝時亦稱南司，其職雖重，世族名士多不樂爲之。晋、宋四品。

［2］鄱陽：縣名。治所在今江西鄱陽縣。　縣侯：封爵名。即開國縣侯，食邑爲縣。　孟懷玉：平昌安丘（今山東安丘市）人，世居京口（今江蘇鎮江市）。本書卷一七、《宋書》卷四七有傳。

［3］大司農：官名。九卿之一。掌倉儲園苑及供膳之庶務。晋、

宋三品。　綽：孟綽。官至給事中、光禄勳。

[4]劉柳：字叔惠，南陽（今河南南陽市）人。《晋書》卷六一有附傳。

[5]丹楊尹：官名。亦作"丹陽尹"。京畿行政長官，屬於既機要又顯貴之職。

[6]卒官：按，據《宋書》卷五二《袁豹傳》載，卒時年四十一。

[7]南昌縣五等子：封爵名。子爵等級之一，不食封。南昌，縣名。治所在今江西南昌市。

　　淑字陽源，少有風氣。年數歲，伯父湛謂人曰："此非凡兒。"至十餘歲，爲姑夫王弘所賞，[1]博涉多通，不爲章句學。文采遒豔，從横有才辯。彭城王義康命爲司徒祭酒。[2]義康不好文學，雖外相禮接，意好甚疏。從母兄劉湛欲其附己，[3]而淑不爲改意，由是大相乖失。淑乃賦詩曰："種蘭忌當門，懷璧莫向楚。楚少別玉人，門非植蘭所。"尋以久疾免官。

[1]王弘：字休元，琅邪臨沂（今山東臨沂市）人。王導曾孫。助劉裕代晋，宋文帝時官至司徒。本書卷二一、《宋書》卷四二有傳。

[2]彭城王義康：劉義康。宋武帝第四子。官至大將軍、司徒，權傾天下，爲文帝所忌，出爲江州刺史。後以范曄謀反事，被貶爲庶人。本書卷一三、《宋書》卷六八有傳。彭城，郡名。治彭城縣，在今江蘇徐州市。　司徒祭酒：官名。王府、公府屬官。因主閣内事，故有其名。

[3]劉湛：字弘仁，南陽涅陽（今河南鄧州市）人。本書卷三

五、《宋書》卷六九有傳。

　　元嘉二十六年,[1]累遷尚書吏部郎。[2]其秋大舉北侵,[3]從容曰:"今當席卷趙、魏,檢王岱宗,願上《封禪書》一篇。"[4]文帝曰:"盛德之事,我何足以當之。"出爲始興王濬征北長史、南東海太守。[5]淑始到府,濬引見謂曰:"不意舅遂垂屈佐?"淑答曰:"朝廷遣下官,本以光公府望也。"還爲御史中丞。

[1]元嘉:南朝宋文帝劉義隆年號(424—453)。

[2]尚書吏部郎:官名。尚書省吏部曹長官。主管官吏選任、銓叙、調動事務,對五品以下官吏之任免有建議權。歷朝皆重其選,職位高於尚書省諸曹郎。宋五品。

[3]其秋大舉北侵:《今注本二十四史·宋書》卷七〇《袁淑傳》言:"前文有元嘉二十六年,此言'其秋',似大舉北伐在二十六年秋。考之本書卷五《文帝紀》、卷九五《索虜傳》知大舉北伐乃在元嘉二十年也。"

[4]"今當席卷趙、魏"至"願上《封禪書》一篇":《宋書》卷七〇《袁淑傳》作"今當鳴鑾中岳,席卷趙、魏,檢玉岱宗,今其時也。臣逢千載之會,願上《封禪書》一篇"。大德本、汲古閣本、殿本"檢王"作"檢玉"。按,作"檢玉"是。檢玉,指封禪。古封禪有金册、石函、金泥、玉檢之封。檢玉即玉檢之封。岱宗,山名。即泰山。在今山東泰安市南。

[5]始興王濬:劉濬。宋文帝劉義隆第二子。本書卷一四、《宋書》卷九九有傳。始興,郡名。治曲江縣,在今廣東韶關市東南。　南東海:郡名。寄治京口城,在今江蘇鎮江市。

時魏軍南伐至瓜步，[1]文帝使百官議防禦之術，淑上議，其言甚誕。淑喜夸，每爲時人所嘲。始興王濬嘗送錢三萬餉淑，一宿復遣追取，謂爲使人謬誤，欲以戲淑，淑與濬書曰：“聞之前志曰，‘七年之中，一與一奪，義士猶或非之’。[2]況密邇旬次，何其袞益之亟也。竊恐二三諸侯有以觀大國之政。”遷太子左衛率。[3]

[1]瓜步：山名。又作瓜埠山。在今江蘇南京市六合區東南。古時南臨大江。南北朝時屢爲軍事爭奪要地。

[2]七年之中，一與一奪：語出《左傳》成公八年。原爲季文子關於晉大夫韓穿令魯將汶陽之田歸齊一事的反駁辭，此處意即反復無常。

[3]太子左衛率：官名。掌東宮護衛。宋五品。

元凶將爲逆，[1]其夜淑在直，呼淑及蕭斌等，[2]流涕告以“明旦當行大事，望相與戮力”。淑、斌並曰：“自古無此，願加善思。”劭怒，斌懼曰：“謹奉令。”淑叱之曰：“卿便謂殿下真有是邪？殿下幼時嘗患風，或是疾動耳。”劭愈怒，因問曰：“事當剋不？”淑曰：“居不疑之地，何患不剋；但既剋之後，爲天地所不容，大禍亦旋至耳。”劭左右引淑衣曰：“此是何事，而可言罷。”劭因起，賜淑等袴褶，[3]又就主衣取錦，裁三尺爲一段，又中裂之，分斌與淑及左右，使以縛袴褶。淑出還省，繞牀至四更乃寢。劭將出，已與蕭斌同載，呼淑甚急，淑眠終不起。劭停車奉化門，[4]催之相續。徐起至車後，劭使登車，辭不上。劭命左右殺之於奉化門外槐樹下。[5]劭即位，追贈太常。[6]孝武即位，贈侍中、太尉，[7]謚曰忠憲公。又詔淑及徐湛之、江湛、王僧綽、卜天興四家長給稟。[8]淑文集傳於世。[9]諸子並早卒。

[1]元凶：劉劭。宋文帝劉義隆長子。弑文帝自立，兵敗被殺。本書卷一四、《宋書》卷九九有傳。

[2]蕭斌：蕭思話從兄弟。宋文帝元嘉末，佐太子劉劭謀殺文帝。《宋書》卷七八有附傳。

[3]袴褶：服裝名。上穿褶，下著褲，不用穿長衣裘裳，便於騎乘行動。魏晋以後，袴褶被稱爲軍裝戎服。

[4]奉化門：建康宮門之一，在今江蘇南京市內。

[5]劭命左右殺之於奉化門外槐樹下：據《宋書》卷七〇《袁淑傳》載，時年四十六。

[6]太常：官名。南朝禮儀郊廟制度由尚書八座及儀曹裁定，太常位尊職閑。宋三品。

[7]太尉：官名。東漢時位列三公之首，魏晋南北朝爲名譽宰相。宋一品。按，袁淑的太尉是贈官。六朝慣例，死贈視同生前得官。

[8]徐湛之：字孝源，東海郯（今山東郯城縣）人。曾與宋文帝謀廢太子劉劭，爲劉劭所殺。本書卷一五有附傳，《宋書》卷七一有傳。　江湛：字徽淵，本書避唐高祖李淵諱作“徽深”，濟陽考城（今河南民權縣）人。歷任左衛將軍、吏部尚書，爲劉劭所殺。本書卷三六有附傳，《宋書》卷七一有傳。　王僧綽：琅邪臨沂（今山東臨沂市）人，王曇首之子。元凶劉劭即位後，任爲吏部尚書。後知其曾於文帝時參預廢立事，被殺。本書卷二二有附傳，《宋書》卷七一有傳。　卜天興：《宋書·袁淑傳》作“卜天與”，本書卷七三、《宋書》卷九一本傳均作“卜天與”，按，此底本誤，應據改。　稟：大德本、汲古閣本同，殿本作“廩”。馬宗霍《南

史校證》云："'稟'即'稟'之俗訛，其下從禾不從示，與'廩'通用，《宋書》稟下有'禄'字，當從之。"（湖南教育出版社 2008年版，第 465 頁）

［9］淑文集傳於世：《隋書·經籍志四》集部別集類著録宋太尉《袁淑集》十一卷。

　　兄洵，吳郡太守，[1]諡曰貞。洵子顗。

　　［1］吳郡：郡名。治吳縣，在今江蘇蘇州市。

　　顗字國章，[1]初爲豫州主簿，[2]累遷晉陵太守，[3]襲南昌縣五等子。大明末，拜侍中，領前軍將軍。[4]時新安王子鸞以母嬖有盛寵，[5]太子在東宫多過，上微有廢太子立子鸞之意，從容言之。顗盛稱太子好學，有日新之美。帝怒，振衣而入，顗亦屬色而出。左丞徐爰言於帝，[6]請宥之，帝意解。後帝又以沈慶之才用不多，[7]言論頗相嗤毀，顗又陳慶之忠勤有幹略，堪當重任。由是前廢帝深感顗，慶之亦懷其德。

　　［1］國章：《宋書》卷八四《袁顗傳》作"景章"。
　　［2］豫州：州名。治壽陽縣，在今安徽壽縣。
　　［3］晉陵：郡名。治晉陵縣，在今江蘇常州市。
　　［4］前軍將軍：官名。四將軍之一，領宿衛營兵，非雜號將軍之比。宋四品。
　　［5］新安王子鸞：劉子鸞。字孝羽，宋孝武帝劉駿第八子。其母殷淑儀得盛寵。本書卷一四、《宋書》卷八〇有傳。
　　［6］左丞：官名。即尚書左丞。尚書省佐官，居尚書右丞上。

輔助令、僕射總理臺事，並職掌糾察彈劾。宋六品。　　徐爰：字長玉，南琅邪開陽（今江蘇常州市武進區）人。本書卷七七、《宋書》卷九四有傳。

[7]沈慶之：字弘先，吳興武康（今浙江德清縣）人。隨宋孝武帝討伐劉劭有功，封南昌縣公。後又平定豫州刺史魯爽、竟陵王劉誕叛亂，封始興郡公。官至太尉，爲前廢帝所殺。本書卷三七、《宋書》卷七七有傳。

　　景和元年誅群公，[1]欲引進顗，任以朝政，遷爲吏部尚書，[2]封新淦縣子。[3]俄而意趣乖異，寵待頓衰，始令顗與沈慶之、徐爰參知選事；尋復反以爲罪，使有司糾奏，坐白衣領職。[4]從幸湖熟，[5]往反數日不被命，顗慮禍求出，乃除建安王休仁安西長。[6]休仁不行，即以顗爲領寧蠻校尉、雍州刺史，[7]加都督。[8]顗舅蔡興宗謂曰：[9]“襄陽星惡，[10]豈可冒邪？”顗曰：“白刃交前，不救流矢。今者之行，[11]本願生出虣口。[12]且天道遼遠，何必皆驗？如其有徵，當脩德以禳之。”於是狼狽上路，恒慮見追。行至尋陽，[13]曰：“今知免矣。”與鄧琬款狎過常，[14]每清閑必盡日窮夜。[15]顗與琬人地本殊，衆知其有異志矣。

[1]景和：南朝宋前廢帝劉子業年號（465）。
[2]吏部尚書：官名。尚書省吏部長官。掌官吏銓選、任免等事宜。東晉、南朝尚書中以吏部爲最貴。宋三品。《資治通鑑》卷一一九《宋紀一》少帝景平元年胡三省注：“自晉以來，謂吏部尚書爲大尚書，以其在諸曹之右，且其權任要重也。”
[3]新淦縣子：中華本《宋書》《南史》據《册府元龜》卷四

六一改爲"新淦縣子"。

[4]白衣領職：免職留用。官員因失誤削除官職，或以白衣守、領原職。是一種對官員的處罰方式。

[5]湖熟：縣名。治所在今江蘇南京市江寧區湖熟街道。

[6]建安王休仁：劉休仁。宋文帝第十二子。文帝元嘉二十九年（452），立爲建安王。明帝泰始七年（471），賜死。後降封始安縣王。本書卷一四、《宋書》卷七二有傳。建安，郡名。治建安縣，在今福建建甌市。　安西長：大德本、汲古閣本、殿本皆作"安西長史"。按，底本脫字，應據諸本補"史"字。

[7]寧蠻校尉：官名。掌管雍州（今湖北襄陽市）的少數民族事務。領兵，設府於襄陽，稱小府。宋四品。　雍州：僑州名。治襄陽縣，在今湖北襄陽市。

[8]都督：官名。地方軍政長官。魏晋以後，都督諸州軍事多兼任駐地州刺史，爲該地區的軍政長官。分使持節、持節、假節三種，職權各有不同。

[9]蔡興宗：濟陽考城（今河南民權縣）人，蔡廓之子。本書卷二九、《宋書》卷五七有附傳。

[10]襄陽星惡：大德本、汲古閣本、殿本"星"作"至"。馬宗霍《南史校證》云："洪頤煊《南史考異》曰：'下文云，天道遼遠，何必皆驗，字當作星。'余按洪說是也。元刊本《南史》亦作'至惡'，與殿本同，星、至形近，蓋轉寫之誤。《通鑑》卷一三〇正作'星惡'。"（第466頁）星惡，謂星象不吉。古代人以爲天上五星二十八宿與地面各地區分別相對應，某些星象的不正常運行會預示著某地區將有凶禍。

[11]者：大德本、汲古閣本、殿本作"日"，《宋書》卷八四《袁顗傳》作"者"。

[12]彪口：《宋書·袁顗傳》作"虎口"，本書避唐高祖李淵祖父李虎諱改。

[13]行：大德本、汲古閣本、殿本作"後"，《宋書·袁顗

傳》、《資治通鑑》卷一三〇《宋紀十二》明帝泰始元年作"行"。

尋陽：郡名。治柴桑縣，在今江西九江市西南。

[14]鄧琬：字元琬（《宋書》作"元琬"），豫章南昌（今江西南昌市）人。本書卷四〇、《宋書》卷八四有傳。

[15]清閑：談話，閑談。《南齊書》卷四五《蕭遙光傳》："每與上久清閑，言畢，上索香火，明日必有誅殺。"

及至襄陽，使劉胡繕脩兵械，[1]會明帝定大事，[2]進顒號右將軍。[3]遣荆州典籤邵宰乘驛還江陵，[4]道由襄陽。顒反意已定，而糧仗未足，欲且奉表於明帝。顒子秘書丞戩曰：[5]"一奉表疏，便爲彼臣，以臣伐君，於義不可。"顒從之。顒詐云被太皇太后令，使其起兵。便建牙馳檄，奉勸晋安王子勛即大位，[6]與琬書使勿解甲。子勛即位，進顒號安北將軍，[7]加尚書左僕射。[8]顒本無將略，在軍中未嘗戎服，語不及戰陣，唯賦詩談議而已，[9]不能撫接諸將。劉胡每論事，酬對甚簡，由此大失人情，胡常切齒恚恨。

[1]劉胡：南陽涅陽（今河南鄧州市）人。本書卷四〇、《宋書》卷八四有附傳。

[2]明帝：南朝宋明帝劉彧。字休炳，小字榮期，宋文帝第十一子。初封淮陽王，後改封湘東王。前廢帝死後，自立爲帝。本書卷三、《宋書》卷八有紀。

[3]右將軍：官名。地位略高於雜號將軍。不典禁軍，不與朝政，多用作加官。宋三品。

[4]荆州：州名。治江陵縣，在今湖北荆州市荆州區。 典籤：官名。南北朝置，亦稱典籤帥或籤帥、主帥。本爲州、府掌管文書

的佐吏，因南朝宋時多以年幼的皇子出鎮，皇帝委派親信擔任此職，協助處理政事，故品階雖不高，但有實權。出任者多爲寒人，每州、府員數人，一歲中輪番還都，匯報當地情況，成爲皇帝升黜地方長官的主要依據。歷宋末以至齊，其權益重。齊時凡王府均置典籤，諸王出鎮州、郡，均置典籤。齊明帝之害諸王，均假典籤之手。梁中葉以後，典籤權勢逐漸衰微。

[5]秘書丞：官名。爲秘書監之副。負責典籍圖書的管理和整理校定。南朝以來尤爲清選。

[6]晋安王子勛：劉子勛。字孝德，宋孝武帝劉駿第三子。孝武帝死，何邁迎立子勛，前廢帝誅何邁。明帝泰始二年（466）鄧琬奉子勛稱帝，改元義嘉，兵敗被殺。本書卷一四、《宋書》卷八〇有傳。晋安，郡名。治候官縣，在今福建福州市。

[7]安北將軍：官名。四安將軍之一，多爲出鎮北方某地區的軍事長官，權任很重。宋三品。

[8]尚書左僕射：官名。尚書省次官，與尚書令同居宰相之任。左僕射居右僕射上。輔助尚書令執行政務，參議大政，諫諍得失，監察糾彈百官，可封還詔旨，常受命主管官吏選舉。宋三品。

[9]談議：《宋書》卷八四《袁顗傳》作“談義”，馬宗霍《南史校證》言“皆是”（第467頁）。

胡以南軍未至，[1]軍士匱乏，就顗換襄陽之資。[2]顗答曰：“都下兩宅未成，方應經理，不可損徹。”又信往來之言，言都下米貴，斗至數百，以爲不勞攻伐，行自離散，於是擁甲以待之。明帝使顗舊門生徐碩奉手詔譬顗曰：“卿未經爲臣，今追蹤竇融，[3]猶未晚也。”及劉胡叛走不告顗，顗至夜方知，大怒，罵曰：“今年爲小子所誤。”呼取飛燕，[4]謂其衆曰：“我當自出追之。”因又遁走。至鵲頭，[5]與成主薛伯珍及其所領數千，步取青林，欲向尋陽。夜止山間宿，殺馬勞將士。顗顧伯珍曰："我舉八州以謀王室，未一戰而散，豈非天耶。非不能死，豈欲草間求活，望一至尋陽，謝罪主上，然後自刎耳。"因慷慨叱左右索節，無復應者。及旦，伯珍請求間言，乃斬顗首詣錢溪馬軍主襄陽俞湛之降。[6]湛之因斬伯珍併送首以爲己功。明帝忿顗違叛，流尸於江，弟子象收瘞於石頭後岡。[7]後廢帝即位，[8]方得改葬。

[1]南軍：中華本《宋書》《南史》據《資治通鑑》改爲"南運"。

[2]換：借，借貸。

[3]竇融：東漢初年，竇融割據河西地區，光武帝劉秀即位，遂歸順東漢朝廷。《後漢書》卷二三有傳。

[4]飛燕：古代良馬名。《資治通鑑》卷一三一《宋紀十三》明帝泰始二年作"呼取常所乘善馬飛鷰"，文意更明。

[5]鵲頭：地名。在今安徽銅陵縣北長江中鵲頭山上。

[6]錢溪：古水名。又稱梅根渚。即今安徽池州市貴池區東北梅根港。六朝時，溪側置梅根冶鑄錢，故名。

[7]石頭：城名。六朝時，江流緊迫山麓，城負山面江，南臨秦淮河口，當交通要衝，爲建康軍事重鎮。在今江蘇南京市清涼山。

[8]後廢帝：南朝宋後廢帝劉昱。字德融，小字慧震，宋明帝長子。後被蕭道成謀殺，以太后令追貶蒼梧郡王。本書卷三、《宋書》卷八有紀。

顗子戢、昂。戢爲黃門侍郎，[1]戍盆城。[2]尋陽敗，伏誅。

[1]黃門侍郎：官名。門下省次官，與侍中俱掌門下衆事，位頗重要。宋五品。

[2]盆城：城名。又名溢城、溢口城。以地當溢水入長江口得名。在今江西九江市。

粲字景倩，洵弟子也。父濯，楊州秀才，[1]早卒。粲幼孤，祖哀之，名之曰愍孫。伯叔並當世榮顯，而愍孫飢寒不足。母琅邪王氏，[2]太尉長史誕之女也。[3]躬事績紡，以供朝夕。

[1]楊州：即揚州。治建康縣，在今江蘇南京市。

[2]琅邪：郡名。治開陽縣，在今山東臨沂市北。

[3]太尉長史：官名。太尉屬吏，爲太尉府僚之長。　誕：王誕。字茂世。本書卷二三、《宋書》卷五二有傳。

愍孫少好學，有清才，隨伯父洵爲吳郡，擁弊裘讀書，[1]足不蹦户。其從兄顗出遊，要愍孫，愍孫輒稱疾不動。叔父淑雅重之，語子弟曰：“我門不乏賢，愍孫必當復三公。”[2]或有欲與顗婚，顗父洵曰：“顗不堪，政可與愍孫婚耳。”[3]愍孫在坐，流涕起出。早以操行見知，宋孝武即位，稍遷尚書吏部郎，太子右衛率，[4]侍中。孝建元年，[5]文帝諱日，群臣並於中興寺八關齋，[6]中食竟，愍孫別與黃門郎張淹更進魚肉食。[7]尚書令何尚之奉法素謹，[8]密以白孝武，孝武使御史中丞王謙之糾奏，並免官。

[1]裘：大德本、汲古閣本、殿本作“衣”。

[2]愍孫必當復三公：中華本據《通志》補爲“愍孫必當復爲三公”。

[3]政：袛，僅僅。《宋書》卷七七《沈慶之傳》云：“左右從者不過三五人，騎馬履行園田，政一人視馬而已。”

[4]太子右衛率：官名。太子的侍衛武官，職領太子衛隊，與太子左衛率並置。宋五品。

[5]孝建：南朝宋孝武帝劉駿年號（454—456）。

[6]八關齋：佛教指在家信徒一晝夜受持的八條戒律。一不殺生，二不偷盜，三不邪淫，四不妄語，五不飲酒、食肉，六不著花鬘瓔珞、香油塗身、歌舞倡伎故往觀聽，七不得坐高廣大床，八不得過齋後吃食。

[7]黃門郎：官名。即黃門侍郎。　張淹：吳郡吳（今江蘇蘇州市）人，張暢子。本書卷三二、《宋書》卷四六有附傳。

[8]尚書令：官名。尚書省長官，綜理全國政務，參議大政。宋三品。　何尚之：字彥德，廬江灊（今安徽霍山縣）人。宋文帝元嘉年間曾任丹陽尹，於城南講學，招聚生徒，時稱“南學”。本書卷三〇、《宋書》卷六六有傳。

　　大明元年，復爲侍中，領射聲校尉，[1]封興平縣子。[2]三年，坐納山陰人丁承文貨，[3]舉爲會稽郡孝廉，[4]免官。五年，爲左衛將軍，[5]加給事中。[6]七年，轉吏部尚書，左衛如故。其年，皇太子冠，[7]上臨宴東宮，與顏師伯、柳元景、沈慶之等並擩餔，[8]愍孫勸師伯酒，師伯不飲，愍孫因相裁辱曰：“不能與佞人周旋。”

師伯見寵於上，上常嫌愍孫以寒素陵之，因此發怒曰：
“袁濯兒不逢朕，員外郎未可得也，而敢寒士遇物！”將
手刃之，命引下席。愍孫色不變，沈、柳並起謝，久之
得釋。出爲海陵太守。[9]

[1]射聲校尉：官名。爲侍衛武官，隸中領軍（領軍將軍），
用以安置勳舊武臣。宋四品。

[2]興平縣子：封爵名。興平，縣名。治所在今江西永豐縣東
北。縣子，即開國縣子，食邑爲縣。

[3]山陰：縣名。治所在今浙江紹興市。

[4]會稽：郡名。治山陰縣，在今浙江紹興市。

[5]左衛將軍：官名。掌宮禁宿衛，領宿衛營兵。爲禁衛軍長
官之一。宋四品。

[6]給事中：官名。南朝隸集書省，常侍從皇帝左右，獻納得
失，收發文書。宋五品。

[7]皇太子：即前廢帝劉子業。

[8]顏師伯：字長淵，本書避唐高祖李淵諱作“字長深”，琅
邪臨沂（今山東臨沂市）人。本書卷三四有附傳、《宋書》卷七七
有傳。　柳元景：字孝仁，河東解（今山西臨猗縣）人。宋孝武帝
時封巴東郡公，後受召輔佐幼主，前廢帝殺戴法興，元景憂懼，遂
與顏師伯謀廢前廢帝，事泄被殺。本書卷三八、《宋書》卷七七有
傳。　摴蒱：古代的一種賭博游戲。以擲骰決勝負，得采有盧、
雉、犢、白等稱，視擲出的骰色而定。

[9]海陵：郡名。治建陵縣，在今江蘇泰州市東北。

廢帝即位，愍孫在郡，夢日墮其肾上，因驚。尋被
徵管機密，歷吏部尚書，侍中，驍衛將軍。[1]愍孫峻於

儀範，廢帝倮之迫使走，愍孫雅步如常，顧而言曰："風雨如晦，雞鳴不已。"[2]明年泰初元年，[3]爲司徒左長史、南東海太守。[4]

[1]驍衛將軍：《宋書》卷八九《袁粲傳》作"驍騎將軍"，按，《宋書·百官志》中無"驍衛將軍"之號，此疑《宋書》是。

[2]風雨如晦，雞鳴不已：語出《詩·鄭風·風雨》。此處喻於險惡處境中不改變氣節操守。

[3]明年泰初元年：大德本、汲古閣本、殿本作"明帝泰初元年"。《宋書》卷八九《袁粲傳》作"太宗泰始元年"。按，此底本誤，且明帝無"泰初"年號，此應作"明帝泰始元年"。

[4]司徒左長史：官名。左、右長史皆爲司徒府僚屬之長，位次左高右低，共同佐司徒掌各曹等府事。宋六品。

愍孫清整有風操，自遇甚高，常著《妙德先生傳》以續嵇康《高士傳》後以自况曰：[1]"有妙德先生，陳國人也。氣志深虛，姿神清映，性孝履順，棲沖業簡，有舜之遺風。先生幼夙多疾，性疏懶，無所營尚；然九流百氏之言，雕龍談天之藝，皆汎識其大歸，而不以成名。家貧嘗仕，非其好也。混其聲，[2]晦其心用，席門常掩，[3]三逕裁通。雖揚子寂寞，[4]嚴叟沈冥，[5]不是過也。脩道遂志，終無得而稱焉。"又嘗謂周旋人曰："昔有一國，國中有水號曰狂泉，[6]國人飲此水無不狂，唯國君穿井而汲，獨得無恙。國人既並狂，反爲國主之不狂爲狂，[7]於是聚謀共執國主，療其狂疾。火艾針藥，莫不必具，國主不任其苦，於是到泉所酌水飲之，飲畢便狂，君臣大小其狂若一，衆乃歡然。我既不狂，難以獨立，比亦欲試飲此水矣。”

[1]常：大德本、汲古閣本、殿本作“嘗”。　嵇康：字叔夜，譙國銍（今安徽宿州市）人。竹林七賢之一。好老莊，精音律。《晋書》卷四九有傳。

[2]聲：大德本、汲古閣本、殿本作“聲迹”，《宋書》卷八九《袁粲傳》亦作“聲迹”。按，此底本誤，應據諸本補“迹”字。

[3]席門：以席爲門。喻指清貧之家或隱者之居。

[4]揚子：楊雄。字子雲，西漢學者。《漢書》卷八七有傳。

[5]嚴叟：嚴光。字子陵，一名遵，會稽餘姚（今浙江餘姚市）人。《後漢書》卷八三有傳。

[6]有：大德本、汲古閣本、殿本作“一”，《宋書·袁粲傳》亦作“一”。

[7]反爲：大德本、汲古閣本、殿本作“反謂”，《宋書·袁粲傳》亦作“反謂”。

　　幼慕荀奉倩爲人，[1]孝武時求改名粲，不許，至明帝立，乃請改爲粲，字景倩。其外孫王筠又云：[2]“明帝多忌諱，反語袁愍爲‘殞門’，[3]帝意惡之，乃令改焉。”二年，遷領軍將軍，[4]仗士三十人入六門。[5]其年，徙中書令，[6]領太子詹事。[7]三年，轉尚書僕射，[8]尋領吏部。[9]五年，加中書令，又領丹楊尹。

　　[1]荀奉倩：荀粲。字奉倩，荀彧子。事見《三國志》卷一○《魏書·荀彧傳》裴松之注引《晋陽秋》。

　　[2]王筠：字元禮，一字德柔，琅邪臨沂（今山東臨沂市）人

人。本書卷二二有附傳，《梁書》卷三三有傳。

[3]反語：魏晉南北朝時的一種隱語。以兩個字先正切，再倒切，成爲另外兩個字。

[4]領軍將軍：官名。南朝時掌禁衛軍及京都諸軍，爲禁衛軍最高統帥。資深者稱領軍將軍，資淺者爲中領軍。宋三品。

[5]六門：宮廷及中央官廨集中所在的臺城之門。《資治通鑑》卷一六四《梁紀二十》梁元帝承聖元年胡三省注：“臺城六門，大司馬門、萬春門、東華門、西華門、太陽門、承明門。”

[6]中書令：官名。中書省長官之一，典尚書奏事，掌朝政機密，出納詔命。南朝時中書令清閑無事。宋三品。

[7]太子詹事：官名。總領東宮官屬、庶務，爲太子官屬之長。兩晉南北朝東宮位重，置官擬於朝廷，時號宮朝。常設重兵，故權任甚重，或參預朝政。宋三品。

[8]尚書僕射：官名。尚書省次官。置一人則稱尚書僕射，置二人，則稱左、右僕射，若尚書令缺，則以左僕射爲尚書省長官。宋三品。

[9]領：暫攝。

粲負才尚氣，愛好虛遠，雖位任隆重，不以事務經懷。獨步園林，詩酒自適。家居負郭，每杖策逍遥，當其意得，悠然忘反。郡南一家頗有竹石，粲率爾步往，亦不通主人，亦造竹所，[1]嘯詠自得。主人出，語笑款然。俄而車騎羽儀併至門，方知是袁尹。又嘗步屧白楊郊野間，道遇一士大夫，便呼與酤飲，明日此人謂被知顧，到門求進。粲曰：“昨飲酒無偶，聊相要耳。”竟不與相見。嘗作五言詩，云“訪迹雖中宇，循寄乃滄洲”。[2]蓋其志也。

[1]亦：大德本、汲古閣本、殿本作"直"。

[2]云：大德本、汲古閣本、殿本作"言"。

　　七年，爲尚書令。初，粲忤於孝武，其母候乘輿出，負塼叩頭流血，塼碎傷目。自此後，粲與人語，有誤道眇目者，輒涕泣彌日。嘗疾，母憂念，晝寢，夢見父容色如平生，與母語曰："愍孫無憂，將爲國家器，不患沈没。但恐富貴，終當傾滅耳。"母未嘗言及。粲貴重，恒懼傾滅，乃以告之，粲故自抑損。明帝臨崩，粲與褚彦回、劉勔並受顧命，[1]加班劍二十人，[2]給鼓吹一部。[3]後廢帝即位，加兵五百人。元徽元年，[4]丁母憂，葬竟，攝令親職，加衛將軍，[5]不受。性至孝，居喪毀甚，祖日及祥，[6]詔衛軍斷客。

[1]褚彦回：褚淵。字彦回，本書避唐高祖李淵諱而稱彦回，河南陽翟（今河南禹州市）人。尚宋文帝女南郡獻公主，拜駙馬都尉，除著作佐郎。受明帝遺命與尚書令袁粲輔佐蒼梧王。後助蕭道成代宋建齊，封南康郡公，官至尚書令、司空。本書卷二八有附傳，《南齊書》卷二三有傳。　劉勔：字伯猷，彭城（今江蘇徐州市）安上里人。本書卷三九、《宋書》卷八六有傳。

[2]班劍：飾有花紋的木劍。漢制，朝服帶劍。至晉代之以木，謂之班劍，虎賁持之，用作儀仗，是皇帝對王公大臣的一種恩賜。

[3]鼓吹：演奏鼓吹樂的樂隊。成爲皇帝賜予臣下的一種禮遇。

[4]元徽：南朝宋後廢帝劉昱年號（473—477）。

[5]衛將軍：官名。多作爲軍府名號，以加授大臣或重要州郡長官。宋二品。

[6]祖日及祥：祖日，爲死者設祭奠之日。祥（日），親喪之

祭日。

　二年，桂陽王休範爲逆，[1]粲扶曳入殿，詔加兵自隨，府置佐吏。時兵難危急，賊已至南掖門，[2]諸將意沮，咸莫能奮。粲慷慨謂諸將帥曰：“寇賊已逼，而衆情離阻，孤子受先帝顧託，本以死報，今日當與諸護軍同死社稷。”[3]因命左右被馬，辭色哀壯。於是陳顯達等感激出戰，[4]賊即平殄。事寧，授中書監，[5]即本號開府儀同三司，領司徒。[6]以揚州解爲府，固不肯移。三年，徙尚書令，衛軍、開府如故，並固辭，服終乃受命。加侍中，進爵爲侯，又不受。

　[1]桂陽王休範：劉休範。宋文帝第十八子。本書卷一四、《宋書》卷七九有傳。桂陽，郡名。治郴縣，在今湖南郴州市。

　[2]南掖門：宋宮城南門名。

　[3]諸護軍：《宋書》卷八九《袁粲傳》作“褚護軍”，馬宗霍《南史校證》云：“按‘諸’《宋書》本傳作‘褚’，謂褚淵也，時爲護軍，與粲同受顧命，故粲言及之。《南史》作‘諸’，蓋形近轉寫之誤。《通鑑》卷一三三作‘請與諸君同死社稷’，疑因褚淵後來變節，與粲異趣，惡其爲人，故改爲諸君耳。”（第469頁）

　[4]陳顯達：南彭城彭城（今江蘇鎮江市）人。仕宋以軍功遷廣州刺史。入齊，以參與廢鬱林王之功，進位司空。明帝時，進太尉，封鄱陽郡公。因懼東昏侯，於尋陽起兵，至新亭兵敗被殺。本書卷四五、《南齊書》卷二六有傳。

　[5]中書監：官名。與中書令共爲中書省長官，唯入朝時班次略高於令。典尚書奏事，掌朝政機密，草擬及發布詔令。南朝時多用作重臣加官。宋三品。

[6]司徒：官名。三公之一，爲名譽宰相。宋一品。魏晉以降，多爲大官之榮銜或加銜。

　　時粲與齊高帝、褚彦回、劉彦節遞日入直，[1]平決萬機。粲閑默寡言，不肯當事，主書每往諮决，[2]或高詠對之。時立一意，則衆莫能改。素寡往來，門無雜賓，閑居高臥，一無所接。談家文士，[3]所見不過一兩人。順帝即位，遷中書監，司徒、侍中如故。

　　[1]齊高帝：蕭道成。字紹伯，小字鬥將，南蘭陵（今江蘇常州市武進區）人。南朝齊開國君主，廟號太祖。本書卷四，《南齊書》卷一、卷二有紀。　劉彦節：劉秉。字彦節，本書避唐高祖之父李昞諱以字行。本書卷一三、《宋書》卷五一有附傳。
　　[2]主書：官名。主書令史省稱。晉置，掌管文書。南朝尚書、中書、秘書等省皆置。
　　[3]家：大德本、汲古閣本、殿本作“客”，《宋書》卷八九《袁粲傳》亦作“客”。

　　齊高帝既居東府，[1]故使粲鎮石頭。粲素静退，每有朝命，逼切不得已，然後方就。及詔移石頭，即便順旨。有周旋人解望氣，[2]謂粲曰：“石頭氣甚凶，往必有禍。”粲不答。又給油絡通幰車，[3]仗士五十人入殿。

　　[1]東府：城名。南臨秦淮河，爲宰相兼揚州刺史的府第。每建康有事，必置兵鎮守。在今江蘇南京市通濟門附近。
　　[2]望氣：古代方士的一種占候術。觀察雲氣以預測吉凶。
　　[3]油絡通幰車：車名。油絡，古代一種絲質網狀的車飾。通

幰車，一種遍覆帷幔的車子。《晋書·輿服志》："通幰車，駕牛，猶如今犢車制，但舉其幰通覆車上也。諸王三公並乘之。"

　　時齊高帝方革命，粲自以身受顧託，不欲事二姓，密有異圖。劉彦節，宋氏宗室，前湘州刺史王蘊，[1] 太后兄子，素好武事，並慮不見容於齊高帝，皆與粲結。諸將帥黄回、任候伯、孫曇瓘、王宜興、彭文之、卜伯興等並與粲合。[2] 昇明元年，[3] 荆州刺史沈攸之舉兵反，[4] 齊高帝自詣粲，粲稱疾不見。粲宗人袁達以爲不宜示異同。粲曰："彼若劫我入臺，便無辭以拒，一如此，不復得出矣。" 時齊高帝入屯朝堂，彦節從父弟領軍將軍韞入直門下省，[5] 卜伯興爲直閣，黄回諸將皆率軍出新亭。[6] 粲尅日謀矯太后令，韞、伯興率宿衛兵攻齊高帝於朝堂，[7] 回率軍來應，彦節、候伯等並赴石頭。事泄。[8] 先是，齊高帝遣將薛深、蘇烈、王天生等領兵戍石頭，[9] 云以助粲，實禦之也。又令腹心王敬則爲直閣，[10] 與伯興共總禁兵。王蘊聞彦節已奔，歎曰："今年事敗矣。" 乃狼狽率部曲向石頭，[11] 薛深等據門射之。蘊謂粲已敗，乃便散走。齊高帝以報敬則，敬則誅韞并伯興，[12] 又遣軍主戴僧静向石頭助薛深自倉門入。[13] 時粲與彦節等列兵登東門，僧静分兵攻府西門，彦節與兒踰城出。粲還坐，列燭自照，謂其子最曰："本知一木不能止大厦之崩，但以名義至此耳。" 僧静挺身暗往，奮刀直前欲斬之。子最覺有異，人叫抱父乞先死，[14] 兵士人人莫不隕涕。粲曰："我不失忠臣，汝不失孝子。" 仍求筆作啓云："臣義奉大宋策名兩畢，今便歸魂墳壟，永就山丘。"僧静乃并斬之。

[1]王蘊：字彦深，小字阿益。王彧兄子。本書卷二三、《宋書》卷八五有附傳。

[2]黄回：竟陵郡（今湖北鍾祥市）人。本書卷四〇、《宋書》卷八三有傳。　任候伯：臨淮（今江蘇盱眙縣）人，任農夫之弟。曾任輔國將軍，行湘州刺史，以反蕭道成被誅。《宋書》卷八三有附傳。　孫曇瓘：吳郡富陽（今浙江杭州市富陽區）人。以軍功進爲越州刺史，後被誅。《宋書》卷八三有附傳。　王宜興：吳興（今浙江湖州市）人。與黃回共應袁粲反蕭道成，事敗，被黃回所殺。《宋書》卷八三有附傳。　彭文之：泰山（今山東泰安市）人。《宋書》卷八三有附傳。　卜伯興：吳興餘杭（今浙江杭州市餘杭區）人。卜天與之子。《宋書》卷九一有附傳。

[3]昇明：南朝宋順帝劉準年號（477—479）。

[4]沈攸之：字仲達，吳興武康（今浙江德清縣）人。本書卷三七有附傳，《宋書》卷七四有傳。

[5]領軍將軍韞：丁福林《宋書校議》據《宋書》卷五一《長沙景王道憐傳》附《劉韞傳》《劉秉傳》、卷一〇《順帝紀》考證，"皆云劉韞時爲中領軍。則此作‘領軍將軍’，恐誤"（上海古籍出版社 2002 年版，第 364 頁）。韞，劉韞。宋宗室劉道憐之孫。本書卷一三、《宋書》卷五一有附傳。　入直：值守宿衛。　門下省：官署名。爲掌權的三省之一，由侍中主之，是皇帝的參謀機構。

[6]新亭：地名。在今江蘇南京市西南。地近江濱，依山築城壘，爲軍事和交通重地。

[7]韞、伯興率宿衛兵攻齊高帝於朝堂：《宋書》卷八九《袁粲傳》作"使韞、伯興率宿衛兵攻齊王於朝堂"。

[8]事泄：按，此事本書叙述不清，未能把"事泄"的原因講明白。據《宋書·袁粲傳》，"石頭"二字下有"本期夜發，其日

秉悒擾不知所爲，晡後便束裝，未暗，載婦女席卷就粲，由此事泄"。本書删去此段話，直云"事泄"，從而使"事泄"之原委不明，此因删致疑也（高敏《南北史掇瑣》，中州古籍出版社 2003 年版，第 144 頁）。

[9]薛深：河東汾陰（今山西萬榮縣）人。本書卷四〇有附傳，《南齊書》卷三〇有傳。《宋書·袁粲傳》作"薛淵"，據張忱石《南朝五史人名索引》考證，薛淵本名道淵，《南齊書》避蕭道成諱，省道字，本書避唐高祖李淵諱改作"薛深"。　蘇烈：字休文，武邑（今河北武邑縣）人，蘇侃之弟。《南齊書》卷二八有附傳。　王天生：曾任沈仲玉益州府司馬，平定巴西李承明叛亂，後爲蕭道成軍主，在平定袁粲之戰中，屢立戰功。

[10]王敬則：王恒。字敬則，臨淮射陽（今江蘇寶應縣）人，僑居晋陵南沙（今江蘇常熟市）。宋後廢帝時期，成爲齊高帝蕭道成心腹，參與弑殺後廢帝。齊明帝即位，拜大司馬。受到疑忌，舉兵反叛，兵敗被殺。本書卷四五、《南齊書》卷二六有傳。　直閤：官名。即直閤將軍。南朝新置。掌警衛宫廷。出入省閤，侍衛皇帝。屬於中層禁衛武官（參見張金龍《魏晉南北朝禁衛武官制度研究》，中華書局 2004 年版）。

[11]"王藴聞彦節已奔"至"乃狼狽率部曲向石頭"：馬宗霍《南史校證》云："按'敗矣'下《宋書》本傳有'時齊王使藴募人已得數百'十一字，《南史》删去。《通鑑》卷一三四本條《考異》曰：'《宋書》云，齊王使藴募人，已得數百。《宋略》云，是夕徵其私衆，倏忽之間，被甲數百，莫知所從出。按道成素已疑藴，必不使之募兵，《宋略》近是也。'據此，則《南史》删此一句，正與情事相符。"（第 470 頁）

[12]"藴謂粲已敗"至"敬則誅韞并伯興"：《宋書·袁粲傳》作"藴謂粲已敗，即便散走。齊王以報敬則，率所領收藴殺之，并誅伯興"，馬宗霍《南史校證》云："是敬則所誅殺者，《南史》以爲韞，《宋書》以爲藴，二字形近音同，而實爲兩人。"（第 470

頁）錢大昕《廿二史考異》卷二四云：“是時劉韞爲領軍將軍、直門下省，卜伯興爲直閣，故粲欲令二人率宿衛兵攻蕭道成。而道成亦以王敬則爲直閣，防二人之變。此敬則所殺者，劉韞非王蘊也。王蘊自石頭逃闒場，被禽斬於秣陵市，與伯興非同時。《傳》因上文有‘蘊謂粲已敗’云云，故誤爾。當從《南史》。”

〔13〕軍主：官名。一軍的主將，所統兵力自數百人至萬人以上不等。 戴僧静：會稽永興（今浙江杭州市蕭山區）人。本書卷四六、《南齊書》卷三〇有傳。

〔14〕人叫：大德本、汲古閣本、殿本作“大叫”。按，底本、大德本誤，應據諸本改。

初，粲大明中與蕭惠開、周朗同車行，[1]逢大舸開駐車，[2]惠開自照鏡曰：“無年可仕。”朗執鏡良久曰：“視死如歸。”粲最後曰：“當至三公而不終。”至是如言。

〔1〕蕭惠開：南蘭陵（今江蘇常州市武進區）人，蕭思話子。曾爲益州刺史。本書卷一八有附傳，《宋書》卷八七有傳。 周朗：字義利，汝南安成（今河南汝南縣）人。宋孝武帝時，上書陳國策，多自矜誇，書奏忤旨，自解去職。後因居喪無禮被殺。本書卷三四、《宋書》卷八二有傳。

〔2〕大舸：浮橋名。亦作朱雀航、朱雀橋，又稱南桁、大航等。建康南城門朱雀門外之浮橋，橫跨秦淮河上。連船而成，長九十步，廣六丈。在今江蘇南京市鎮淮橋東南。

最字文高，時年十七，既父子俱殞，左右分散，任候伯等其夜並自新亭赴石頭，其後皆誅。

粲小兒數歲，乳母將投粲門生狄靈慶。靈慶曰："吾聞出郎君者有厚賞，今袁氏已滅，汝匿之尚誰爲乎？"遂抱以首。乳母號泣呼天曰："公昔於汝有恩，故冒難歸汝，奈何欲殺郎君以求小利。若天地鬼神有知，我見汝滅門。"此兒死後，靈慶常見兒騎大氋狗戲如平生，[1]經年餘，鬬場忽見一狗走入其家，遇靈慶於庭噬殺之，少時妻子皆没。此狗即袁郎所嘗騎也。[2]

[1]氋（ning）：狗多毛的樣子。　生：大德本、汲古閣本、殿本作"常"。

[2]此狗即袁郎所嘗騎也：中華本據《通志》補"者"字，作"此狗即袁郎所常騎者也"。嘗，大德本、汲古閣本、殿本作"常"。騎，大德本、殿本同，汲古閣本作"馳"。

齊永明元年，[1]武帝詔曰：[2]"袁粲、劉彦節並與先朝同獎宋室，沈攸之於景和之世特有乃心，雖末節不終，而始誠可録。歲月彌往，宜霑優隆。"於是並命改葬。

[1]永明：南朝齊武帝蕭賾年號（483—493）。

[2]武帝：南朝齊武帝蕭賾。字宣遠。廟號世祖。本書卷四、《南齊書》卷三有紀。

粲省事莫嗣祖，[1]粲常所委信，與劉彦節等宣密謀。至是齊高帝問曰："汝知袁粲謀逆，何不啓？"嗣祖曰："小人無識，曲蒙袁公厚恩，實不忍仰負，[2]今日就死分

甘。官若賜性命，亦不忍背粲而獨生也。"戴僧静勸殺
之。帝曰："彼各爲其主。"遂赦焉，用爲省事。歷朝所
賞。梁豫章王直新出閣，中旨用嗣祖爲師。[3]

[1]省事：官吏名。誦讀文書的小吏。
[2]不忍：大德本、汲古閣本、殿本作"不"。
[3]師：官名。掌輔導諸王。宋六品。梁十一班。

象字緯才，[1]顗弟覬之子也。覬好學美才，早有清
譽，仕宋位武陵内史。[2]象少有風氣，善屬文及談玄，
舉秀才，[3]歷諸王府參軍，[4]不就。覬臨終與兄顗書曰：
"史公才識可喜，足慰先基矣。"[5]史公，象小字也。及
顗見誅，宋明帝投尸江中，不許斂葬。象與舊奴一人，
微服求尸，四十餘日乃得，密瘞石頭後岡，身自負土。
懷其文集，[6]未嘗離身。明帝崩後，乃改葬顗。從叔司
徒粲、祖舅征西將軍蔡興宗並器之。

[1]緯才：《南齊書》卷四八《袁象傳》作"偉才"。
[2]武陵：郡名。治臨沅縣，在今湖南常德市。 内史：《南
齊書·袁象傳》作"太守"。按，《宋書·州郡志三》郢州武陵郡
置太守，然馬宗霍《南史校證》云："武陵爲王國，似以'内史'
爲是。"（第471頁）存疑。
[3]舉秀才：南朝舉薦人才的科目之一。由於州郡中正把持察
舉權，故所舉多士族高門。
[4]參軍：官名。王公軍府屬官。
[5]慰：大德本、汲古閣本、殿本作"慰"，《南齊書·袁象
傳》作"慰"。按，此底本不誤。

[6]懷其文集：《南齊書·袁彖傳》作“懷其父集”。馬宗霍《南史校證》云：“殿本《南齊書考證》曰：‘父集《南史》作文集，即指其伯父顗之集也。’檢《隋書·經籍志》載梁有宋武陵太守《袁顗集》八卷，但爲武陵太守者，乃彖父覬而非顗，則與《齊書》作‘父集’正合，疑《隋志》‘顗’爲‘覬’之誤字。”（第471—472頁）

仕宋爲齊高帝太傅相國主簿，[1]秘書丞。[2]仕齊爲中書郎，[3]兼太子中庶子。[4]又以中書郎兼御史中丞。坐彈謝超宗簡奏依違，[5]免官。後拜廬陵王諮議。[6]時南郡江陵縣人苟蔣之弟胡之婦爲曾口寺沙門所淫，[7]夜入苟家，蔣之殺沙門，爲官司所檢，蔣之列家門穢行，欲告則恥，欲忍則不可，實己所殺，胡之列又如此，兄弟争死。江陵令宗躬啓州，荆州刺史廬江王求博議。彖曰：“夫迅寒急節，乃見松筠之操，危機迴構，方識貞孤之風。竊以蔣之、胡之殺人，原心非暴，辯讞之日，友于讓生，事憐左右，義哀行路。昔文舉引謗，[8]獲漏疏網，蔣之心迹，同符古人，若陷以深刑，實傷爲善。”由是蔣之兄弟免死。

[1]主簿：官名。負責文書簿籍，掌管印鑑等事。其品位秩級隨府署長官地位高下而異。

[2]秘書丞：官名。爲秘書監之副。負責典籍圖書的管理和整理校定。南朝以來尤爲清選。宋六品。

[3]中書郎：官名。中書侍郎省稱。爲中書監、令之副，助監、令掌尚書奏事。

[4]太子中庶子：官名。東宮屬官，與太子中舍人共掌文翰。

　　[5]謝超宗：陳郡陽夏（今河南太康縣）人。謝靈運孫。玩世不恭，對上輕慢。朝廷命御史中丞袁彖參奏，彖奏書依違不力，齊武帝大怒，詔曰：“超宗釁同大逆，罪不容誅。彖匿情欺國，愛朋罔主。”彖因被免官。本書卷一九有附傳，《南齊書》卷三六有傳。

　　[6]廬陵王：蕭寶源。字智淵，齊明帝第五子。明帝建武元年（494）封爲廬陵郡王。本書卷四四、《南齊書》卷五〇有傳。　諮議：官名。即諮議參軍。

　　[7]南郡：郡名。治江陵縣，在今湖北荊州市荊州區。

　　[8]文舉：孔融。字文舉。《後漢書》卷七〇有傳。

　　累遷太子中庶子，出爲冠軍將軍，[1]監吳興郡事。[2]彖性剛固，以微言忤武帝，又薄王晏爲人，[3]晏請交不答。武帝在便殿用金柄刀子翦爪，晏在側曰：“外聞有金刀之言，恐不宜用此物。”帝窮問所以，晏曰：“袁彖爲臣説之。”帝銜怒良久。[4]彖到郡，坐逆用禄錢，[5]免官付東冶。[6]彖妹爲竟陵王子良妃，[7]子良世子昭冑時年八歲，見武帝而形容慘悴，帝問其故，昭冑流涕曰：“臣舅負罪，今在尚方，臣母悲泣不食已積日，臣所以不寧。”帝曰：“特爲兒赦之。”既而帝遊孫陵，望東冶，曰：“冶中有一好貴囚。”數日，與朝臣幸冶，履行庫藏，因宴飲，賜囚徒酒肉，敕見彖與語，明日釋之。後爲侍中。彖充腴異衆，每從射雉郊野，[8]數人推扶，乃能徒步。幼而母卒，養於伯母王氏，事之如親，閨門孝義。隆昌元年卒，[9]諡靖子。

　　[1]冠軍將軍：官名。雜號將軍。宋三品。齊官品不詳，位在輔國將軍上。

［2］吴興：郡名。治烏程縣，在今浙江湖州市。

［3］王晏：字士彦，琅邪臨沂（今山東臨沂市）人。本書卷二四有附傳，《南齊書》卷四二有傳。

［4］帝：大德本、汲古閣本、殿本作"上"，《南齊書》卷四八《袁彖傳》亦作"上"。

［5］逆：大德本、汲古閣本、殿本作"過"，《南齊書·袁彖傳》作"逆"。

［6］東冶：官署名。隸屬少府。掌鼓鑄鍛冶。多以役徒服勞作，亦爲繫罪囚之所。

［7］竟陵王子良：蕭子良。字雲英，齊武帝第二子。高帝建元四年（482），武帝即位後，封爲竟陵王。本書卷四四、《南齊書》卷四〇有傳。竟陵，郡名。治萇壽縣，在今湖北鍾祥市。

［8］射雉：射獵野雞。魏晋以來流行射雉，射雉有射雉場（參見周一良《魏晋南北朝史札記》，中華書局 1985 年版，第 220 頁）。

［9］隆昌元年卒：《南齊書·袁彖傳》載"年四十八"。隆昌，南朝齊鬱林王蕭昭業年號（494）。

象宗人廓之，字思度，宏之曾孫也。父景儁，宋世爲淮南太守，[1]以非罪見誅。廓之終身不聽音樂，布衣蔬食，足不出門，示不臣於宋，時人以比晋之王裒。[2]顔延之見其幼時，[3]歎曰："有子如袁廓足矣。"[4]齊國建，方出仕，稍至殿中郎，[5]王儉、柳世隆傾心待之。[6]爲太子洗馬。[7]于時何澃亦稱才子，[8]爲文惠太子作《楊畔歌》，[9]辭甚側麗，太子甚悦。廓之諫曰："夫《楊畔》者，既非典雅，而聲甚哀思，殿下當降意《簫韶》，[10]奈何聽亡國之響。"太子改容謝之。

[1]淮南：僑郡名。治于湖縣，在今安徽當塗縣。

[2]王裒：字偉元，城陽營陵（今山東濰坊市）人。父爲司馬昭所殺，因不臣西晉。《晋書》卷八八有傳。

[3]顏延之：字延年，琅邪臨沂（今山東臨沂市）人。與陳郡謝靈運俱以文章齊名，時稱“顏謝”。本書卷三四、《宋書》卷七三有傳。

[4]有子如袁廓足矣：中華本校勘記云：“‘袁廓’即上之‘袁廓之’。六朝人名帶‘之’字，有時可省去，非脫文。”

[5]殿中郎：官名。爲皇帝的文學侍從官，常代擬詔書。

[6]王儉：字仲寶，琅邪臨沂（今山東臨沂市）人。尚宋明帝陽羨公主，入齊封南昌縣公，長於禮學，參與齊初制度、禮儀制定，官至中書監，卒贈太尉。本書卷二二有附傳，《南齊書》卷二三有傳。　柳世隆：字彥緒，河東解（今山西臨猗縣）人。尚書令柳元景之侄。本書卷三八有附傳，《南齊書》卷二四有傳。

[7]太子洗馬：官名。東宮屬官。“洗”亦作“先”。先馬，即前驅。掌賓贊受事，太子出行則爲前導。

[8]何澗：王鳴盛《十七史商榷》卷六〇《何澗》云：“《何遜傳》作‘從叔個字彥夷’，作‘澗’誤。”

[9]文惠太子：蕭長懋，字雲喬，齊武帝長子。初封南郡王，中軍將軍，置府，鎮石頭戍，尋轉征北將軍。武帝即位，長懋爲太子，未繼皇位而早卒。本書卷四四、《南齊書》卷二一有傳。

[10]《簫韶》：舜所制的樂曲。《尚書·益稷》云：“《簫韶》九成，鳳皇來儀。”後亦泛指優美的音樂。

　　昂字千里，雍州刺史顗之子也，顗敗，藏於沙門。沙門將以出關，關吏疑非常人，沙門杖而語之，遂免。或云：顗敗時，昂年五歲，乳媪攜抱匿於廬山，[1]州郡於野求之，於乳媪匿所見一彪，[2]因去，遂免。會赦得出，猶徙晉安。在南唯勤學，至元徽中聽還，時年十五。初，顗敗傳首建鄴，[3] 藏於武庫，以漆題顗名以爲誌，至是始還之。昂號慟嘔血，絶而復蘇，以淚洗所題漆字皆滅，人以爲孝感。葬訖，更制服廬于墓次，從兄象常撫視抑譬之。

[1]廬山：山名。在今江西九江市。

[2]於乳媪匵所見一彪："彪"當作"虎"，本書避唐高祖李淵祖父李虎諱改。

[3]建鄴：東晋、南朝都城，又稱建業、建康，在今江蘇南京市。東漢獻帝建安十六年（211），孫權徙治丹陽郡秣陵縣，次年改名建業。吴大帝黄龍元年（229），正式定都於建業。西晋滅吴，恢復秣陵舊名。晋武帝太康三年（282），以秦淮水爲界兩分秣陵縣境，以南爲秣陵，以北爲建業，並改名建鄴。建興元年（313）因避愍帝司馬鄴諱，改名建康。其後宋、齊、梁、陳沿用爲都城，故稱六朝古都。《太平寰宇記》卷九〇《江南東道二·昇州》引《金陵記》云："梁都之時，城中二十八萬餘户。西至石頭城，東至倪塘，南至石子岡，北過蔣山，東西南北各四十里。"城市西界至石頭城，位於今江蘇南京市水西門以北至清涼山；東界爲倪塘，在今江蘇南京市江寧區上坊街道泥塘社區附近；南界石子岡，是包含今雨花臺在内的城南東西走向的一系列岡阜；北界逾過蔣山，也就是鍾山，今稱紫金山（參見張學鋒《南朝建康的都城空間與葬地》，《中華文史論叢》2019 年第 3 期）。

昂容質脩偉，冠絶人倫，以父亡不以理，終身不聽音樂。後與象同見從叔司徒粲，粲謂象曰："昂幼孤而能至此，故知名器自有所在。"仕齊爲王儉鎮軍府功曹史。[1]儉後爲丹楊尹，於後堂獨引見昂，指北堂謂曰：
"卿必居此。" 累遷黃門郎。[2]

[1]功曹史：官名。王公軍府及地方郡縣屬官。
[2]黃門郎：官名。黃門侍郎省稱。

昂本名千里，齊永明中，武帝謂曰："昂昂千里之
駒，在卿有之。今改卿名爲昂，即字千里。" 後爲衛軍
武陵王長史。丁母憂，哀毀過禮，服未除而從兄象卒。
昂幼孤，爲象所養，乃制朞服。[1]人有怪而問之，昂致
書以喻之曰：

[1]朞（jī）服：齊衰爲期一年的喪服。朞，同"期"。

　　竊聞禮由恩斷，服以情申，故小功他邦，加制
一等，同爨有緦，明之典籍。孤子夙以不天，幼傾
乾蔭，資敬未奉，過庭莫承，藐藐沖年，未達朱
紫。從兄提養訓教，示以義方，每假其談價，虛其
聲譽，得及人次，實亦有由。兼開拓房宇，處以華
曠，同財共有，恣其取足，爾來三十餘年。憐愛之
至，言無異色，姊妹孤姪，成就一時。篤念之深，
在終彌固，此恩此愛，畢壤不追。[1]既情若同生，
而服爲諸從，言心即事，實未忍安。昔馬稜與從弟
毅同居，[2]毅亡，稜爲心服三年。由也之不除喪，
亦緣情而致制。雖識不及古，誠懷感慕。常願千秋
之後，從服朞齊；不圖門衰禍集，一旦草土，殘息

復罹今酷。尋惟慟絕，彌劇彌深。今以餘喘，欲遂素志，庶寄其罔慕之痛，少申無已之情。[3]雖禮無明據，乃事有先例，率迷而至，必欲行之。臨紙哽咽，言不識次。

[1]畢壤：直到泉壤，謂終身。
[2]馬棱：馬援族孫。詳《後漢書》卷二四《馬援傳》。
[3]申：大德本、汲古閣本、殿本作“伸”。

後爲御史中丞。時尚書令王晏弟詡爲廣州，多納賕貨，昂依事劾奏，不憚權家，[1]當時號爲正直。

[1]家：大德本、汲古閣本同，殿本作“豪”，《梁書》卷三一《袁昂傳》作“豪”。

初，昂爲洗馬，明帝爲領軍，[1]欽昂風素，頻降駕焉。及踐祚，奏事多留與語，謂曰：“我昔以卿有美名，親經相詣。”昂答曰：“陛下在田之日，遂蒙三顧草廬。”帝甚悅。尋出爲豫章內史，[2]丁所生母憂去職。以喪還，江路風潮暴駭，昂乃縛衣著柩，誓同沈溺。及風止，餘船皆沒，唯昂船獲全，咸謂精誠所致。葬訖，起爲吳興太守。

[1]明帝：南朝齊明帝蕭鸞。字景栖，小字玄度，始安貞王蕭道生子。本書卷五、《南齊書》卷六有紀。
[2]豫章：郡名。治南昌縣，在今江西南昌市。

永元末，[1]梁武帝起兵，[2]州郡望風皆降，昂獨拒境。帝手書喻之曰：

[1]永元：南朝齊東昏侯蕭寶卷年號（499—501）。

[2]梁武帝：蕭衍。字叔達，小字練兒。南朝梁開國皇帝。本書卷六、卷七，《梁書》卷一至卷三有紀。

夫禍福無門，興亡有數，天之所棄，人孰能匡。機來不再，圖之宜早。須藉聽道路，[1]承欲狼顧一隅，既未喻雅懷，聊申往意。獨夫狂悖，振古未聞，窮凶極虐，歲月滋甚。天未絶齊，聖明啓運，億兆有賴，百姓來蘇。吾荷任前驅，埽除京邑，屠潰之期，當不云遠。兼熒惑出端門，太白入氏室，[2]天文表於上，人事符於下，不謀同契，寔在兹辰。且范岫、申胄久薦誠款，[3]各率所守，仍爲掎角；而足下欲以區區之郡，禦堂堂之師，根本既傾，枝葉安附？今竭力昏主，未足爲忠，家門屠滅，非所謂孝。忠孝俱盡，將欲何依，去就之宜，幸加詳擇。

[1]須：大德本、汲古閣本、殿本作“頃”，《梁書》卷三一《袁昂傳》作“頃”。

[2]熒惑出端門，太白入氏室：熒惑，火星。端門，太微垣的南門。太微被古人視爲天帝之廷。熒惑入太微，星占家認爲是朝廷禍亂之象。《開元占經》卷三六《熒惑占七》引《河圖帝覽嬉》曰：“熒惑入太微而出端門者，臣不臣。”太白，金星。星占家以爲

太白星主殺伐，故多以喻兵戎。氐，星名。二十八宿之一。氐宿，東方蒼龍七宿的第三宿，有星四顆。也稱"天根"。按熒惑主戰亂，和太白一起被並稱爲兩大凶星。

〔3〕范岫：字懋賓，濟陽考城（今河南民權縣）人。本書卷六〇、《梁書》卷二六有傳。　申胄：齊輔國將軍，時屯破岡墩。

昂答曰：

都史至辱誨，承藉以衆論，謂僕有勤王之舉，兼蒙誚責，獨無送款。循復嚴旨，若臨萬仞。三吳內地，非用兵之所，況以偏隅一郡，何能爲役？近奉敕，以此境多虞，見使安慰。自承麾斾屆止，[1]莫不膝袒軍門，[2]唯僕一人敢後至者，正以自揆庸素，文武無施，直是陳國賤男子耳。雖欲獻心，不增大軍之勇，置其愚默，寧沮衆帥之威。幸籍將軍含弘之大，[3]可謂從容以禮。[4]竊以一殞微施，尚復投殞；[5]況食人之禄，而頓忘一旦，非唯物議不可，亦恐明公鄙之。

〔1〕麾斾：即摩旌。引申指軍隊。
〔2〕膝袒：膝行肉袒。表示投降請罪。
〔3〕籍：大德本、汲古閣本、殿本作"藉"。
〔4〕謂：大德本、汲古閣本、殿本作"得"。
〔5〕投殞：投身殞命。謂以死相報。

建康城平，昂舉哀慟哭。時帝使豫州刺史李元履巡撫東土，敕元履曰："袁昂道素之門，世有忠節，天下須共容之，勿以兵威陵辱。”元履至宣旨，昂亦不請降，開門徹備而已。及至，帝亦不問其過。

天監二年，[1]以爲後軍臨江王參軍事。[2]昂啓謝曰：

[1]天監：南朝梁武帝蕭衍年號（502—519）。

[2]臨江王：大德本、汲古閣本、殿本作“臨川王”，《梁書》卷三一《袁昂傳》亦作“臨川王”。按，底本誤，應據諸本改。臨川王，蕭宏。梁武帝蕭衍之弟。梁武帝天監元年封爲臨川郡王。本書卷五一、《梁書》卷二二有傳。臨川，郡名。治南城縣，在今江西南城縣東南。　參軍事：官名。簡稱參軍。王公軍府屬官。

　　恩隆絶望之辰，慶集冥心之日，[1]焰灰非喻，[2]萎枯未擬。[3]摳衣聚足，顚狽不勝。臣徧歷三墳，備詳六典，巡校賞罰之科，備檢生死之律，[4]莫不嚴五辟於明君之朝，峻三章於聖主之日。是以塗山始會，致防風之誅，鄷邑方搆，有崇侯之伐。[5]未有緩憲於斯戮之人，[6]賖刑於耐罪之族，出萬死入一生如臣者也。惟恩及罪，[7]在臣實大，披心瀝血，敢乞言之。

[1]恩隆絶望之辰，慶集冥心之日：《梁書》卷三一《袁昂傳》作“恩降絶望之辰，慶集寒心之日”。

[2]焰灰：物體燃燒後的餘燼。

[3]萎枯：即“枯楊生稊”之意。比喻絶處逢生；起死回生。

[4]備：大德本、汲古閣本、殿本作“洞”，《梁書·袁昂傳》作“調”。

[5]“是以塗山始會”至“有崇侯之伐”：《國語·魯語下》

云："丘聞之，昔禹致群神於會稽之山，防風氏後至，禹殺而戮之。其骨節專車。"崇侯，崇侯虎。周文王滅崇侯虎而築豐邑。事見《史記》卷四《周本紀》。

[6]斯：大德本、汲古閣本同，殿本作"斳"，《梁書·袁昂傳》作"斳"。

[7]惟：大德本、汲古閣本作"唯"，殿本作"推"，《梁書·袁昂傳》作"推"。

　　臣東國賤人，學行何取，既殊鳴鴈直木，固無結綬彈冠，徒藉羽儀，易農就仕。往年濫職，守秩東隅，仰屬龔行，風驅電掩，是時也，[1]負鼎圖者日至，執玉帛者相望；獨在愚臣，頓昏大義，徇鴻毛之輕，忘同德之重。但三吳險薄，五湖交通，屢起田儋之變，[2]每懼殷通之禍，[3]空慕君魚保境，[4]遂失師涓抱器。[5]後至者斬，臣甘斯戮，明刑徇衆，誰曰不然。幸因約法之弘，承解網之宥，猶當降等薪粲，[6]遂乃頓釋鉗赭。[7]斂骨吹魂，還編黔庶，濯疵蕩穢，入楚遊陳，天波既洗，雲油遽沐。古人有言：非死之難，處死之難。臣之所荷，曠古不書，臣之所死，未知何地。

[1]是時也：大德本、汲古閣本、殿本作"其時也"，《梁書》卷三一《袁昂傳》作"當其時也"。

[2]田儋：秦末齊國貴族。《史記》卷九四有《田儋列傳》。

[3]殷通：秦末會稽守。被項梁、項羽斬殺。事見《史記》卷七《項羽本紀》。

[4]君魚：孔奮。字君魚。東漢光武帝任爲武都郡丞，討伐郡

内隗囂殘餘勢力，雖妻子被擄作人質而在所不顧。《後漢書》卷三一有傳。

[5]師涓：春秋時衛國樂師。事見《史記·樂書》。

[6]薪粲：鬼薪和白粲的並稱。"鬼薪""白粲"均爲秦漢時的刑罰名。

[7]鉗赭：古刑法名。以鐵束頸，著以赤衣。

武帝答曰："朕遺射鉤，[1]卿無自外。"

[1]射鉤：指管仲射齊桓公事。桓公即位後不記舊仇，任管仲爲相，終成霸業。事見《史記》卷三二《齊太公世家》。

尋爲侍中，遷吏部尚書。帝謂曰："齊明帝用卿爲黑頭尚書，我用卿爲白頭尚書，良以多愧。"對曰："臣生四十七年于兹矣，四十以前，臣之自有，七年以後，陛下所養。七歲尚書，未爲晚達。"帝曰："士固不妄有名。"

十五年，爲尚書左僕射，[1]尋爲尚書令。時僕射徐勉勢傾天下，[2]在昂處宴，賓主甚歡。勉求昂出内人傳盃，昂良久不出，勉苦求之。昂不獲已，命出五六人，始至齋閣，昂謂勉曰："我無少年，老嫗並是兒母，非王妃母，便是主大家，今令問訊卿。"勉聞大驚，[3]方知昂爲貴。

[1]尚書左僕射：官名。尚書省次官，令不在，則代理其職。左僕射位在右僕射上。輔助尚書令執行政務，參議大政，諫諍得失，監察糾彈百官，可封還詔旨，常受命主管官吏選舉。梁十

五班。

　[2]徐勉：字脩仁，東海郯（今山東郯城縣）人。本書卷
六〇、《梁書》卷二五有傳。

　[3]勉聞大驚：大德本、汲古閣本、殿本作“勉聞大驚求止”。

　　昂在朝謇諤，[1]世號宗臣。昭明太子薨，[2]立晋安王
綱爲皇太子，[3]昂獨表言宜立昭明長息歡爲皇太孫。雖
不見用，擅聲朝野。自是告老乞骸骨，不干時務。

　[1]謇：大德本、汲古閣本、殿本作“謇”。

　[2]昭明太子：蕭統。字德施，小字維摩，梁武帝長子。諡昭
明，故稱。本書卷五三、《梁書》卷八有傳。

　[3]晋安王綱：蕭綱。即梁簡文帝。字世纘，小字六通，梁武
帝第三子。武帝天監五年（506）封晋安王。本書卷八、《梁書》
卷四有紀。

　　昂雅有人鑒，遊處不雜，入其門者號登龍門。[1]大
通中，[2]位司空，[3]大同六年，[4]薨，時年八十。詔即日
舉哀。初，昂臨終遺疏不受贈諡，敕諸子不得言上行狀
及立銘誌，凡有所須，悉皆停省。因復曰：“吾釋褐從
仕，不期富貴，但官序不失等倫，衣食粗知榮辱，以此
闔棺，無慙鄉里。往忝吳興，屬在昏明之際，既闇於前
覺，無誠於聖朝，不識天命，甘貽顯戮，幸遇殊恩，得
全門户。自念負罪私門，階榮望絶，保存性命，以爲幸
甚，不謂叨竊寵靈，一至於此。常欲竭誠酬報，申吾乃
心，所以朝廷每興師北伐，吾輒啓求行。誓之丹款，實

非矯言。既庸懦無施，皆不蒙許，雖欲罄命，其議莫從。今日瞑目，畢恨泉壤，聖朝遵古，如吾名品，或有追遠之恩，脫有贈官，慎勿祗奉。"諸子累表陳奏，詔不許，諡曰穆正公。有集二十卷。[5]

[1]登龍門：比喻有聲望的人。《後漢書》卷六七《李膺傳》云："膺獨持風裁，以聲名自高。士有被其容接者，名爲登龍門。"

[2]大通：南朝梁武帝蕭衍年號（527—529）。

[3]司空：官名。三公之一，爲名譽宰相，多爲重臣加官。梁十八班。

[4]大同：南朝梁武帝蕭衍年號（535—546）。

[5]有集二十卷：袁昂著述，《隋書·經籍志》未見。《舊唐書·經籍志下》《新唐書·藝文志四》均著錄《袁昂集》二十卷。

初，昂之歸梁，有馬仙琕者亦以義烈稱。

仙琕字靈馥，扶風郿人。[1]父伯鸞，宋冠軍司馬。仙琕少以果敢聞，父憂毀瘠過禮，負土成墳，手植松柏。仕齊位豫州刺史。

[1]扶風郿：按，東晉曾在襄陽僑立扶風郡，馬仙琕應該是襄陽人（參見韓樹峰《南北朝時期淮漢迤北的邊境豪族》，社會科學文獻出版社 2003 年版，第 102 頁）。

梁武起兵，使其故人姚仲賓説之，仙琕先爲設酒，乃斬於軍門以徇。帝又遣其族叔懷遠説之，仙琕曰："大義滅親。"又命斬之。懷遠號泣，軍中爲請乃免。

武帝至新林，[1]仙琕猶於江西口抄軍。[2]建康城平，仙琕舉哀謂衆曰:"我受人任寄,義不容降,今衆寡不侔,勢必屠滅。公等雖有二心,[3]其如親老何。我爲忠臣,君爲孝子,各盡其道,不亦可乎。"於是悉遣城內兵出降,餘壯士數十,閉門獨守。俄而兵入,圍之數十重。仙琕令士皆持滿,[4]兵不敢近。日晚乃投弓曰:"諸君但來見取,我義不降。"乃檻送建康,至石頭而脫之。帝使待袁昂至俱入,曰:"使天下見二義士。"帝勞之曰:"射鉤斬袪,[5]昔人弗忌,卿勿以戮使斷運苟自嫌絶也。"謝曰:"小人如失主犬,後主飼之,便復爲用。"帝咲而美之。俄而母卒,帝知其貧,賵給甚厚。仙琕號泣謂弟仲艾曰:"蒙大造之恩,未獲上報,今復荷殊澤,當與爾以心力自效耳。"

[1]新林:古水名。又名新林浦、新林港。在今江蘇南京市西南。

[2]江西:長江在今安徽蕪湖市、江蘇南京市之間,折向東北流,古時稱這段江路東岸之地爲江東(即長江以南的蘇、浙、皖一帶),西岸之地爲江西(即皖中和淮河下游一帶)。

[3]有:大德本、汲古閣本、殿本作"無"。

[4]持滿:拉滿弓弦。

[5]斬袪:斬斷其袖。借指舊怨。《左傳》僖公五年:重耳"踰垣而走,披斬其袪"。

天監四年,師侵魏,仙琕每戰,恒冠三軍,與諸將論議,口未嘗言功。人問其故,仙琕曰:"大丈夫爲時所知,當進不求名,退不逃罪,乃平生願也,何功可論?"

爲南義陽太守，[1]累破山蠻，郡境清謐。以功封含洭縣伯。遷司州刺史，進號貞威將軍。[2]

[1]南義陽：僑郡名。治孝昌縣，在今湖北孝感市北。梁武帝天監三年（504）爲司州治。天監七年屬南司州。後廢。

[2]貞威將軍：官名。南朝梁置，爲加官、散官性質的將軍。梁八班。

魏豫州人白旱生使以懸瓠來降，[1]武帝使仙琕赴之，又遣直閤將軍武會超、馬廣率眾爲援。仙琕進頓楚王城，遣副將齊苟兒助守懸瓠。魏中山王英攻懸瓠，執齊苟兒，進禽馬廣送洛陽，仙琕不能救。會超等亦相次退散，魏軍進據三關，[2]仙琕坐徵還爲雲騎將軍。[3]

[1]旱生：馬宗霍《南史校證》云："按'旱'元刊本《南史》作'早'，是也，此殿本《南史》轉寫之誤。宋蜀本《梁書》本傳亦作'早'可證，殿本《梁書》本傳作'皁'，與《梁武帝本紀》同，亦形近之訛。《通鑑》卷一四七不從《梁帝紀》而從《魏書》作'早'，又可互證也。"（第475頁） 懸瓠：城名。在今河南汝南縣。懸瓠城控帶潁洛，當時視爲淮泗屏蔽。東晉、南北朝爲南北軍事爭奪要地。

[2]三關：又稱義陽三關。南北朝時義陽郡（今河南信陽市）南黃峴、武陽、平靖三關的總稱。處南來北往的交通要道，爲南北兵爭要地。

[3]雲騎將軍：官名。將軍名號。梁十班。

十年，朐山人殺琅邪太守劉晰，[1]以城降魏，詔假仙琕節討之。魏徐州刺史盧昶以衆十餘萬赴焉，[2]仙琕累戰破走之。進爵爲侯，遷豫州刺史，加都督。

[1]朐山：城名。在今江蘇連雲港市西南。　劉晣：大德本同，汲古閣本作“晣”，殿本作“晰”，馬宗霍《南史校證》云：“按，‘晰’元刊本《南史》作‘晣’，從折不從析，殿本宋蜀本《梁書》本傳並作‘昕’，《通鑑》卷一四七亦作‘劉晣’，胡三省注：‘晣，之舌翻。’正爲從折作音也，《通鑑考異》又引《梁書·馬仙琕傳》及《魏帝紀》《盧昶傳》皆云劉晣，是又北宋時《梁書》本傳作晣之證，然則殿本《南史》作‘晰’固誤，殿本宋蜀本《梁書》作‘昕’更誤也。”（第475—476頁）

[2]盧昶：字叔達，小字師顔，范陽涿（今河北涿州市）人。《魏書》卷四七有傳。

仙琕自爲將及居州郡，能與士卒同勞逸，身衣不過布帛，所居無幃幕衾屏，行則飲食與厮養最下者同。其在邊境，常單身潛入敵境，伺知壁壘村落險要處所，攻戰多剋捷，[1]士卒亦甘心爲用，帝雅愛仗之。卒於州，贈左衛將軍，謚曰剛。初，仙琕幼名仙婢，及長以婢名不典，乃以玉代女云。子巖夫嗣。

[1]攻戰多剋捷：《梁書》卷一七《馬仙琕傳》作“故戰多剋捷”。馬宗霍《南史校證》云：“按‘攻’《梁書》本傳作‘故’，《通鑑》卷一四七亦作‘攻戰’，與《南史》同。又按此處句讀，當以‘處所’二字連屬上文，胡三省《通鑑注》從‘處’字斷句，以‘所’字下屬‘攻戰’爲讀，似未安。”（第476頁）

昂子君正字世忠，少總敏。年數歲，父疾，晝夜不眠，專侍左右。家人勸令暫臥，答曰："官既未差，[1]眠亦不安。"歷位太子庶子。[2]

[1]官既未差：兒稱父爲"官"。
[2]太子庶子：官名。東宮屬官。爲太子的親近侍從官，獻納規諫。梁九班。

君正美風儀，善自居處，以貴公子早得時譽。爲豫章內史。性不信巫邪，有師萬世榮稱道術，爲一郡巫長。君正在郡小疾，主簿熊岳薦之。師云："須疾者衣爲信命。"君正以所著襦與之，事竟取襦，云"神將送與北斗君"。君正使檢諸身，於衣裏獲之，以爲亂政，即刑於市而焚神，一郡無敢言巫。[1]

[1]言：大德本、汲古閣本、殿本作"行"。

遷吳郡太守。[1]侯景亂，[2]率數百人隨邵陵王綸赴援，[3]及臺城陷，還郡。君正當官苟事有名稱，而蓄聚財產，服玩美麗。[4]賊遣張太墨攻之，新城戍主戴僧易勸令拒守，己以戍兵自外擊之，君正不能決。吳人陸映公等懼不濟，賊種族其家，勸之迎賊。君正性怯懦，乃送米及牛酒郊迎賊，賊掠奪其財物子女，因是感疾卒。子樞。

[1]遷吳郡太守：《梁書》卷三一《袁君正傳》作"吳興太

守”，《陳書》卷一七《袁樞傳》作“梁吳郡太守君正之子也”，本卷《袁泌傳》作“泌兄君正爲吳郡太守”，馬宗霍《南史校證》云：“則此當從《南史》作‘吳郡’爲是。梁陳二《書》同出姚思廉，不當岐出，疑《梁書》此之‘吳興’，蓋轉寫之誤。《通鑑》卷一六二亦稱吳郡太守袁君正，又其證也。”（第476頁）

［2］侯景：懷朔鎮（今内蒙古固陽縣）人。爲東魏河南道大行臺，於梁武帝太清初降梁。太清二年（548），舉兵反，攻陷建康，困死梁武帝。又廢簡文帝，自立爲帝，改國號爲漢。史稱侯景之亂。動亂歷時四年，梁從此衰敗。陳寅恪《〈魏書·司馬叡傳〉江東民族條釋證及推論》云：“侯景之亂，不僅於南朝政治上爲鉅變，並在江東社會上，亦爲一劃分時期之大事。”（載《金明館叢稿初編》，生活·讀書·新知三聯書店2001年版，第113頁）本書卷八〇、《梁書》卷五六有傳。

［3］邵陵王綸：蕭綸。字世調，梁武帝第六子。本書卷五三、《梁書》卷二九有傳。邵陵，郡名。治邵陵縣，在今湖南邵陽市。

［4］美：大德本、汲古閣本、殿本作“麾”。

樞字踐言，美容儀，性沈静，好學，手不釋卷。家本顯貴，貲産充積，而樞獨處率素，傍無交往，非公事未嘗出游，榮利之懷淡如也。

侯景之亂，樞往吳郡省父，因丁父憂。[1]時四方擾亂，人求苟免，樞居喪以至孝聞。王僧辯平侯景，[2]鎮建鄴，衣冠争往造請，樞杜門静居，不求聞達。

［1］樞往吳郡省父，因丁父憂：大德本、汲古閣本、殿本作“樞往吳郡省父疾，丁父憂”。

［2］王僧辯：字君才，太原祁（今山西祁縣）人。初爲北魏將領，梁初隨父南渡，任湘東王蕭繹府中司馬等職。後與陳霸先收復

建業。蕭繹即位後，爲太尉。侯景之亂時，被蕭繹任爲大都督，討破侯景。梁元帝死後，在北齊壓力下，納貞陽侯蕭淵明爲帝。後爲陳霸先襲殺。本書卷六三有附傳，《梁書》卷四五有傳。

　　紹泰中，[1]歷吏部尚書、吳興郡太守。陳永定中，[2]徵爲侍中，掌選。遷都官尚書，[3]掌選如故。

　　[1]紹泰：南朝梁敬帝蕭方智年號（555—556）。
　　[2]永定：南朝陳武帝陳霸先年號（557—559）。
　　[3]都官尚書：官名。南朝宋設此官。掌管軍事刑獄，兼管水部、庫部、功論三曹。陳三品，秩中二千石。隋朝改名刑部尚書。

　　樞博學，明悉舊章。初，陳武帝長女永嗣公主，[1]先適陳留太守錢藏，[2]生子昂，[3]主及昂並卒于梁時。武帝受命，唯主專封。[4]至是將葬，尚書請議加藏駙馬都尉，[5]并贈昂官。樞議曰：

　　[1]陳武帝：陳霸先。梁敬帝太平二年（557）十月辛未，梁敬帝禪位於陳霸先。本書卷九，《陳書》卷一、卷二有紀。　永嗣公主：《陳書》卷一七《袁樞傳》作“永世公主”，本書避唐太宗李世民諱改。
　　[2]陳留：郡名。治石封縣，在今安徽廣德市。陳武帝永定二年（558）改廣梁郡置，屬南豫州。　藏：大德本、殿本同，汲古閣本作“藏”，《陳書·袁樞傳》作“蔵”。按，此底本不誤，本卷下同。
　　[3]昂：大德本、汲古閣本、殿本作“昂”。按，此底本誤，應據諸本改，本卷下同。

　　[4]專：大德本、汲古閣本、殿本作“追”，《陳書·袁樞傳》作“追”。按，此底本誤，應據諸本改。

　　[5]駙馬都尉：官名。魏、晉時多用作宗室、外戚、功臣子、貴族、親近之臣的加官，或亦加於尚公主者。至南朝梁、陳漸成定制，專加尚公主者。陳七品，秩六百石。

　　昔王姬下嫁，必適諸侯。同姓爲主，聞於《公羊》之説；[1]車服不繫，顯於詩人之篇。漢氏初興，列侯尚主，自斯已後，[2]降嬪素族。[3]駙馬都尉，置由漢武，[4]或以假諸功臣，或以加於戚屬。是以魏曹植表駙馬、奉車取爲一號。[5]《齊職儀》曰：[6]“凡尚公主，必拜駙馬都尉，魏、晉以來，因爲瞻準。”蓋以王姬之重，庶姓之輕，若不加其等級，寧可合卺而酳。[7]所以假駙馬之位，乃崇於皇女也。今公主早薨，伉儷已絶，既無禮數致疑，何須駙馬之授。案杜預尚晉宣帝第二女，[8]晉武踐阼而主已亡，[9]泰始中追贈公主，元凱無復駙馬之號。梁文帝女新安穆公主早薨，[10]天監初，王氏無追拜之事。遠近二例，足以校明，無勞此授。今宜追贈亭侯。

　　[1]“昔王姬下嫁”至“聞於《公羊》之説”：《公羊傳》莊公元年：“天子嫁女乎諸侯必使諸侯同姓者主之。諸侯嫁女于大夫必使大夫同姓者主之。”

　　[2]已：大德本、汲古閣本、殿本作“以”，《陳書》卷一七《袁樞傳》作“以”。

　　[3]降嬪：皇室之女下嫁。

[4]駙馬都尉，置由漢武：《漢書·百官公卿表上》：“奉車都尉掌御乘輿車，駙馬都尉掌駙馬，皆武帝初置，秩比二千石。”

[5]魏曹植表駙馬、奉車取爲一號：《三國志》卷一九《魏書·陳思王植傳》：魏明帝太和五年（231），復上疏求存問親戚表：“若得辭遠游，戴武弁，解朱組，佩青紱，駙馬、奉車，趣得一號，安宅京室，執鞭珥筆，出從華蓋，入侍輦轂，承答聖問，拾遺左右，乃臣丹誠之至願，不離於夢想者也。”取，《陳書·袁樞傳》作“趣”。

[6]《齊職儀》：書名。南朝宋王珪奉敕撰集，典制類史書，五十卷。已散佚，《藝文類聚》《初學記》等類書存有若干條目。

[7]合巹（jǐn）而酳（yìn）：《禮記·昏義》：“婦至，婿揖婦以入，共牢而食，合巹而酳，所以合體同尊卑以親之也。”後世遂以合巹指成婚。

[8]杜預：字元凱，京兆杜陵（今陝西西安市長安區）人。曾代羊祜爲鎮南大將軍，鎮荆州。後從荆州發兵平吳，以功封縣侯。曉律曆，擅文章，著有《春秋左氏經傳集解》《春秋長曆》等。《晋書》卷三四有傳。 晋宣帝：司馬懿。其孫司馬炎稱帝，追尊爲宣帝。《晋書》卷一有紀。

[9]晋武：晋武帝司馬炎。《晋書》卷三有紀。

[10]梁文帝：南朝梁武帝父蕭順之。梁武帝即位後，追尊爲文帝。事見本書卷六《梁武帝紀上》。

時議以爲當。

天嘉三年，[1]爲吏部尚書，領丹楊尹。以葬父拜表自解，詔令葬訖停宅視郡事，服闋還職。時僕射到仲舉雖參掌選事，[2]銓衡汲引，並出於樞，舉薦多會上旨。謹慎周密，清白自居，文武職司，鮮有遊其門者。廢帝即位，[3]遷尚書左僕射，卒，[4]諡曰簡懿。有集十卷行於世。弟憲。

［1］天嘉：南朝陳文帝陳蒨年號（560—566）。

［2］到仲舉：字德言，彭城武原（今江蘇邳州市）人。本書卷二五有附傳，《陳書》卷二〇有傳。

［3］廢帝：南朝陳廢帝陳伯宗。字奉業，陳文帝嫡長子。光大二年（568）被廢爲臨海王。本書卷九、《陳書》卷四有紀。

［4］卒：按，據《陳書》卷一七《袁樞傳》載，陳廢帝光大元年卒，時年五十一。

憲字德章，幼聰敏好學，有雅量。梁武帝脩建庠序，別開五館，[1]其一館在憲宅西，憲常招引諸生與之談論，新義出人意表，同輩咸嗟服焉。

［1］五館：梁武帝天監四年（505）開設五館，主要面向寒門子弟。以平原明山賓、吳郡陸璉、吳興沈峻、建平嚴植之、會稽賀瑒爲《五經》博士，各主一館。有學生數百人，皆給其餼稟，其射策通明經者，即除爲吏。

大同八年，[1]武帝撰《孔子正言章句》，[2]詔下國學宣制旨義。[3]憲時年十四，被召爲正言生，祭酒到溉目送之，[4]愛其神采。國子博士周弘正謂憲父君正曰：[5]“賢子今兹欲策試不？”君正曰：“未敢令試。”居數日，君正遣門客岑文豪與憲候弘正。會弘正將升講坐，弟子畢集，乃延憲入室，授以麈尾，[6]令憲豎義。時謝岐、何妥在坐，[7]弘正謂曰：“二賢雖窮奧賾，得無憚此後生邪？”何、謝乃遞起義端，深極理致，憲與往復數番，酬對閑敏。弘正謂妥曰："恣卿所問，勿以童幼期之。"時觀者重沓，憲神色自若，辯論有餘，弘正亦起數難，終不能屈。因告文豪曰："卿還諮袁吳郡，此郎已堪見代博士矣。"時生徒對策，多行賄賂，文豪請具束脩。君正曰："我豈能用錢爲兒買第邪？"學司銜之。及憲試，爭起劇難，憲隨問抗答，剖析如流。到溉顧憲曰："袁君正其有後矣。"及君正將之吳郡，溉祖道於征虜亭，[8]謂君正曰："昨策生，蕭敏孫、徐孝克非不解義，[9]至於風神器局，去賢子遠矣。"尋舉高第，以貴公子選尚南沙公主，[10]即梁簡文帝女也。[11]

[1]大同：南朝梁武帝蕭衍年號（535—546）。

[2]《孔子正言章句》：《隋書·經籍志一》經部著錄梁武帝撰《孔子正言》二十卷。

[3]國學：學校名。一般意義上的國學，指始設於西周的國學，有大學、小學兩級，與鄉學相對。秦以後成爲京師官學的通稱。此處國學是國子學省稱。國子學始立於晋武帝咸寧二年（276），其設國子祭酒、博士各一人，助教十五人，專收貴族子弟，與太學並立。因國子學專門培養貴族子弟，遂成爲古代教育史上貴族與平民教育雙軌制肇始。南北朝時，或設國子學，或設太學，或兩者同設。楊恩玉認爲，梁代國子學與太學各自獨立，二者均開設於梁武帝天監元年（502），國子學面向貴族與上層士族子弟，太學面向下層士族子弟（《蕭梁政治制度考論稿》，中華書局2014年版，第268—300頁）。閻步克《南朝"二學"考》則認爲，南朝國子學外無分立之太學（《察舉制度變遷史稿》，遼寧大學出版社1991年版，第220—228頁）。

[4]祭酒：官名。國子祭酒省稱。晋武帝始立國子學，置國子

祭酒等，以教生徒。南朝齊國學祭酒，位比諸曹尚書。梁十三班。

到溉：字茂灌，彭城武原（今江蘇邳州市）人。本書卷二五有附傳，《梁書》卷四〇有傳。

［5］國子博士：官名。教授生徒儒學，並備政治咨詢及參與祭典的顧問。南朝齊設二員，位比中書郎。梁九班。　周弘正：字思行，汝南安成（今河南汝南縣）人。於陳文帝天嘉元年（560）出使北周，迎回陳頊。陳廢帝時，陳頊爲太傅，周弘正爲太傅長史。本書卷三四有附傳，《陳書》卷二四有傳。

［6］麈尾：拂塵。六朝人清談時常執的一種拂子，用麈的尾毛製成。

［7］謝岐：會稽山陰（今浙江紹興市）人。梁太學博士謝達之子。本書卷六八、《陳書》卷一六有傳。　何妥：字栖鳳，西城（今陝西安康市）人。《隋書》卷七五、《北史》卷八二有傳。

［8］祖道：餞別。祖，遠行時祭祀道路神的儀式。　征虜亭：東晉孝武帝太元年間征虜將軍謝石所建，原位於石頭城内，在今江蘇南京市鼓樓區。

［9］徐孝克：字法整，東海郯（今山東郯城縣）人。徐摛之子，徐陵弟。本書卷六二、《陳書》卷二六有附傳。

［10］南沙公主：《建康實錄》卷二〇作“南海公主”。

［11］梁簡文帝：蕭綱。簡文爲其謚號。本書卷八、《梁書》卷四有紀。

大同元年，[1]釋褐秘書郎，[2]遷太子舍人。[3]侯景寇逆，憲東之吳郡。尋丁父憂，哀毀過禮。陳武帝作相，除司徒户曹，[4]初謁，遂抗禮長揖。中書令王勱謂憲曰：[5]“卿何矯衆，不拜録公？”[6]憲曰：“於理不應致拜。”衛尉趙知禮曰：“袁生舉止詳中，故有陳、汝之風。”

　　[1]大同元年：羅新本云：“此處之‘大同元年’有誤。應爲
‘中大同元年’。袁憲於大同八年（542）時爲十四歲（以卒年證
之，此處所記大同八年爲十四歲不誤），則大同元年（535）爲七歲
（實爲六周歲）。七歲孩童即尚公主，並釋褐秘書郎，於理不合。
又：以行文順序窺之，叙大同元年事於大同八年之後，且袁憲先釋
褐而後爲國子生，大悖常規。故此處之‘大同元年’應爲‘中大
同元年’，即公元546年，憲時年十八歲。”（羅新本《〈魏書〉〈陳
書〉勘誤二則》，《西南民族學院學報》2000年第4期）

　　[2]秘書郎：官名。典校書籍。南朝以來爲清流美職，多爲世
家甲族子弟起家之選。梁二班。

　　[3]太子舍人：官名。東宮屬官。掌文章書記。梁三班。

　　[4]司徒户曹：官名。即司徒户曹參軍。司徒府僚佐，掌民户。
梁三班。按，梁敬帝太平元年（556）七月，陳霸先由司空進位
司徒。

　　[5]王勱：字公濟，琅邪臨沂（今山東臨沂市）人。梁敬帝
時，爲中書令。時陳霸先先後爲司空、丞相，王勱兼任其長史。本
書卷二三、《陳書》卷一七有附傳。

　　[6]録公：録尚書事的尊稱。當時陳霸先位丞相，録尚書事。

　　陳受命，授中書侍郎，兼散騎常侍，[1]與黄門郎王
瑜使齊，[2]數年不遣，天嘉初乃還。

　　[1]散騎常侍：官名。東晋時參掌機密，選望甚重，職任比於
侍中。南朝以後隸屬集書省，掌管圖書文翰。地位驟降，用人漸
輕。陳三品，秩中二千石。

　　[2]王瑜：字子珪，琅邪臨沂（今山東臨沂市）人。陳武帝永
定元年（557）與副使袁憲出使北齊，因王琳之故一同被扣留，“並
危殆者數矣”，幸賴楊愔多次救護而得免，於文帝天嘉二年（561）

返回南朝。本書卷二一、《陳書》卷二三有附傳。

太建三年，[1]累遷御史中丞，羽林監。[2]時豫章王叔英不奉法度，[3]逼取人馬，憲依事劾奏，免叔英。自是朝野嚴憚。

[1]太建：南朝陳宣帝陳頊年號（569—582）。

[2]羽林監：官名。掌宿衛送從。南朝多以文官領此職。陳七品，秩六百石。

[3]豫章王叔英：陳叔英。字子烈，陳宣帝第三子。陳宣帝太建元年封爲豫章王。本書卷六五、《陳書》卷二八有傳。

憲詳練朝章，尤明聽斷，至有微情未盡而有司具法者，[1]即伺閑爲帝言之，所申理甚衆。嘗陪宴承香閣，[2]賓退後，宣帝留憲與衛尉樊俊徙席山亭，[3]談宴終日。帝謂俊曰：“袁家故爲有人。”其見重如此。

[1]微：大德本、汲古閣本、殿本作“獄”，《陳書》卷二四《袁憲傳》作“獄”。按，此底本誤，應據諸本改。

[2]承香閣：《建康實録》卷二〇亦作“承香閣”，然本書卷一二《張貴妃傳》作“承香殿”，《資治通鑑》同，《隋書·經籍志二》又有“《陳承香殿五經史記目録》二卷”，疑“閣”爲“殿”字之誤，抑或承香閣時又稱作承香殿。

[3]宣帝：南朝陳宣帝陳頊。陳武帝兄陳道談子，陳文帝弟。本書卷一〇、《陳書》卷五有紀。

自侍中遷吳郡太守，以父任固辭，改授南康内史。[1]遷吏部尚書。憲以久居清顯，累表自解任，帝曰：
“諸人在職，屢有謗書，卿處事已多，可謂清白，別相
甄録，且勿致辭。”

[1]南康：郡名。治贛縣，在今江西贛州市西南。

遷右僕射，參掌選事。先是憲長兄樞爲左僕射，至
是憲爲右僕射，臺省目樞爲大僕射，憲爲小僕射，朝廷
榮之。

及宣帝不豫，[1]憲與吏部尚書毛喜俱受顧命。[2]始興
王叔陵之肆逆也，[3]憲指麾部分，預有力焉。後主被創
病篤，[4]執憲手曰：“我兒尚幼，後事委卿。”憲曰：“群
情喁喁，冀聖躬康復，後事之旨，[5]未敢奉詔。”

[1]不豫：天子有疾的諱稱。
[2]毛喜：字伯武，滎陽陽武（今河南原陽縣）人。本書卷六
八、《陳書》卷二九有傳。
[3]始興王叔陵：陳宣帝太建元年（569）封第二子陳叔陵爲
始興王。陳叔陵，陳宣帝駕崩後，他發動叛亂，以剉藥刀斫傷陳後
主，後兵敗被殺。本書卷六五、《陳書》卷三六有傳。
[4]後主：陳後主陳叔寶。字元秀，小字黃奴，陳宣帝嫡長子，
陳末代皇帝。本書卷一〇、《陳書》卷六有紀。
[5]旨：大德本、汲古閣本、殿本作“委”，《陳書》卷二四
《袁憲傳》作“旨”。

以功封建安縣伯，[1]領太子中庶子。尋除侍中、太
子詹事。及太子加元服，[2]行釋奠禮，憲表請解職，不

許，尋給扶二人。[3] 皇太子頗不率典訓，憲手表陳諫十條，皆援引古今，言辭切直。太子雖外示容納，心無悛改。後主欲立寵姬張貴妃子始安王爲嗣，[4] 嘗從容言之，吏部尚書蔡徵順旨稱贊，[5] 憲厲色折之曰：“皇太子國家儲副，億兆宅心，卿是何人，輕言廢立。”然是夏竟廢太子爲吳興王。後主知憲有規諫之事，歎曰：[6] “袁德章實骨鯁臣。”即日詔爲尚書僕射。

[1] 建安：縣名。治所在今福建建甌市。　縣伯：封爵名。開國縣伯省稱。食邑爲縣。陳爲九等爵第四等，第四品，秩視中二千石。

[2] 太子：陳胤。字承業，陳後主長子，母孫姬因産卒，爲沈皇后所養。陳後主即位後立爲皇太子，禎明二年（588）被廢爲吳興王。本書卷六五、《陳書》卷二八有傳。　加元服：行冠禮，以示成人。冠爲首之所著，故稱元服。

[3] 給扶：給予扶侍之人。古時君主賜給大臣的一種禮遇。

[4] 張貴妃：張麗華。本書卷一二、《陳書》卷七有傳。　始安王：陳深。字承源，後主第四子。陳後主至德元年（583）封始安王。本書卷六五、《陳書》卷二八有傳。始安，郡名。治始安縣，在今廣西桂林市。

[5] 蔡徵：本名覽，後更名徵，字希祥，濟陽考城（今河南民權縣）人。本書卷六八有附傳，《陳書》卷二九有傳。

[6] 歎：大德本、汲古閣本、殿本作“答”，《陳書》卷二四《袁憲傳》作“歎”。按，此底本不誤。

禎明三年，[1] 隋軍來伐，隋將賀若弼進燒宮城北掖門，[2] 兵衛皆散走，朝士各藏，唯憲侍左右。後主謂曰：

"我從來待卿不先餘人，今日見卿，可謂歲寒知松柏後凋也。非唯由我無德，亦是江東衣冠道盡。"後主將避匿，憲正色曰："北兵之入，必無所犯，大事如此，陛下安之？臣願陛下依梁武見侯景故事以待之。"[3]不從，因下榻馳去。憲從出後堂景陽殿，後主投井中，憲拜哭而出。

[1]禎明三年：《陳書》卷二四《袁憲傳》作"禎明元年"，按，此底本不誤，《陳書》誤。禎明，南朝陳後主陳叔寶年號（587—589）。

[2]賀若弼：字輔伯，河南洛陽（今河南洛陽市）人，鮮卑族。隋軍伐陳時，他任行軍總管，從廣陵渡江攻克京口，在蔣山大敗陳軍，爲平陳立下大功。《隋書》卷五二有傳，《北史》卷六八有附傳。　北掖門：建康宮臺城外城北門。本名承明門，齊高帝時避其父蕭承之諱改爲北掖門。

[3]臣願陛下依梁武見侯景故事以待之：據本書卷八〇《侯景傳》記載，侯景攻陷臺城，攜甲士五百人帶劍升殿，梁武帝神色不變，從容問話。侯景出謂王僧貴曰："吾常據鞍對敵，矢刃交下，而意了無怖。今見蕭公，使人自慴，豈非天威難犯。吾不可以再見之。"

及至長安，[1]隋文帝嘉其雅操，[2]下詔以爲江表稱首，授開府儀同三司、昌州刺史。[3]開皇十四年，[4]授晉王廣府長史。[5]十八年，卒，時年七十，贈大將軍、安成郡公，[6]謚曰簡。

[1]長安：縣名。治所在今陝西西安市西北。

[2]隋文帝：楊堅。小名那羅延，弘農華陰（今陝西華陰市）人。隋朝開國皇帝。《隋書》卷一、卷二，《北史》卷一一有紀。

[3]昌州：州名。治所在今湖北襄陽市。隋煬帝大業初改爲春陵郡。

[4]開皇：隋文帝楊堅年號（581—600）。

[5]晋王廣：楊廣。隋文帝第二子。開皇元年封爲晋王。《隋書》卷三、卷四，《北史》卷一一有紀。

[6]安成：《陳書》卷二四《袁憲傳》作“安城”。　郡公：隋爵制，分王、五等爵二等，包括國王、郡王、國公、郡公、縣公、縣侯、縣伯、縣子、縣男二等九級，郡公爲第四級，屬五等爵，在國公之下，縣公之上。從一品。

長子承家，仕隋至秘書丞、國子司業。[1]君正弟敬。

[1]國子司業：官名。即國子監司業。隋煬帝大業三年（607）於國子監置，輔佐國子祭酒。一員，從四品。

敬字子恭，純素有風格。幼便篤學，老而無倦。仕梁位太子中舍人。[1]魏尅江陵，流寓嶺表。陳武帝受禪，敬在廣州依歐陽頠。[2]頠卒，其子紇據州，[3]將有異志，敬累諫不從。

[1]太子中舍人：官名。東宮屬官。與中庶子共掌文翰，位在中庶子下，洗馬之上。梁八班。

[2]歐陽頠：字靖世，長沙臨湘（今湖南長沙市）人。爲郡豪族，有聲南土。起家信武府中兵參軍。後與陳霸先深自結託，遂成心腹。本書卷六六、《陳書》卷九有傳。

[3]紇：歐陽紇。字奉聖，歐陽頠子。本書卷六六、《陳書》卷九有附傳。

　　宣帝即位，遣章昭達討紇，[1]紇將敗，恨不納敬言。朝廷義之，徵爲太子中庶子。歷左戶、都官二尚書，[2]太常卿，[3]散騎常侍，金紫光禄大夫，[4]加特進。[5]至德二年，[6]卒，[7]謚靖德子。子元友嗣。敬弟泌。

　　[1]章昭達：字伯通，吳興武康（今浙江德清縣）人。本書卷六六、《陳書》卷一一有傳。

　　[2]左戶：官名。即左民尚書。爲五曹尚書之一，掌戶籍和工官之事。陳三品，秩中二千石。唐人避唐太宗李世民諱，故改爲左戶尚書。

　　[3]太常卿：官名。南朝禮儀郊廟制度由尚書八座及儀曹裁定，太常位尊職閑。陳三品，秩中二千石。

　　[4]金紫光禄大夫：官名。作爲在朝顯職的加官，無具體職掌。加金印紫綬者，稱金紫光禄大夫。陳三品，秩中二千石。

　　[5]特進：官名。魏晋南北朝成爲正式加官名號，用以安置閑退大臣，位在三公下。陳二品，秩中二千石。

　　[6]至德：南朝陳後主陳叔寶年號（583—586）。　二年：大德本、汲古閣本、殿本作“三年”，《陳書》卷一七《袁敬傳》亦作“三年”。按，此底本誤，應據諸本改。

　　[7]卒：據《陳書·袁敬傳》載，時年七十九。

　　泌字文洋，清正有幹局，容體魁岸，志行脩謹。仕梁歷諸王府佐。

　　侯景之亂，泌兄君正爲吳郡太守，梁簡文帝在東宮，板泌爲東宮領直，[1]令往吳中，[2]召募士卒。及景圍臺城，泌率所領赴援。城陷，依鄱陽嗣王範。[3]範卒，泌降景。景平，王僧辯表泌爲富春太守，[4]兼丹楊尹。貞陽侯明僭位，[5]以爲侍中，使於齊。

[1]板：官制術語。指不由吏部正式任命，而由地方軍政長官自行選用官員。板官不給印綬，但可食禄。　東宮領直：官名。南朝梁置，韋粲曾任此職。

[2]吳中：今江蘇蘇州市吳中區一帶。亦泛指吳地。

[3]鄱陽嗣王範：蕭範。字世儀，梁武帝弟蕭恢子。本書卷五二、《梁書》卷二二有附傳。

[4]富春：郡名。南朝梁武帝太清三年（549）置，屬吳州。治富陽縣，在今浙江杭州市富陽區。尋廢。

[5]貞陽侯明：蕭明。即蕭淵明，梁宗室。本書卷五一有附傳。本書避唐高祖李淵諱省“淵”字。

　　陳武帝受禪，泌自齊從梁永嘉王莊往王琳所。[1]及莊稱尊號，以泌爲侍中、丞相長史。琳敗，衆皆散，唯泌輕舟送達于北境，屬莊於御史中丞劉仲威，然後拜辭歸陳請罪，文帝深義之。[2]

[1]梁永嘉王莊：蕭莊。梁元帝孫。陳禪代梁，王琳於郢州扶其即帝位，改年號天啓，署置百官。後兵敗卒於鄴。本書卷五四有附傳。永嘉，郡名。治永寧縣，在今浙江溫州市。　王琳：字子珩，會稽山陰（今浙江紹興市）人。原爲梁元帝大將。江陵陷落後，盤踞湘、郢諸州，奉梁元帝之孫蕭莊爲梁主。公元557年十月王琳軍敗陳軍於沌口，對下游陳政權構成巨大威脅。陳文帝天嘉元

年（560）在蕪湖之役中被侯瑱擊敗，逃奔北齊。本書卷六四、《北齊書》卷三二有傳。

[2]文帝：南朝陳文帝陳蒨。陳武帝侄。本書卷九、《陳書》卷三有紀。

累遷通直散騎常侍，兼侍中，聘周。及宣帝入輔，以泌爲司徒左長史，卒于官。臨終戒其子芳華曰：[1]“吾於朝廷素無功績，瞑目之後，斂手足旋葬，無得受贈諡。”其子述泌遺意，朝廷不許，贈金紫光禄大夫，諡曰質。

[1]芳華：《陳書》卷一八《袁泌傳》作“蔓華”。

論曰：天長地久，四時代謝，靈化悠遠，生不再來，所以據洪圖而輕天下，悋寸陰而賤尺璧。夫義重於生，空傳前誥，投軀徇主，罕遇其人。觀夫宋、齊以還，袁門世蹈忠義，固知風霜之槩、松筠其性乎。若無陽源之節，[1]丹青夫何取貴。顗雖末路披猖，原心有本。象之出處所蹈，實戀家風。粲執履之迹，近乎仁勇，古人所謂疾風勁草，豈此之謂乎？昔王經峻節，[2]既被旌於晉世，粲之貞固，亦改葬於齊朝，其激厲之方，異代同符者矣。昂命屬崩離，身逢危季，雖獨夫喪德，臣節無改。拒梁武之命，義烈存焉，隆從兄之服，悌心高已。既而抗言儲嗣，無忘直道，辭榮身後，有心黜殯。自初及末，無虧風範，從微至著，皆爲稱職，蓋一代之名公也。樞風格峻整，憲仁義率由，韓子稱“人臣委

質，心無有二”，[3]憲弗渝歲暮，良可稱云。敬、泌立履
之地，亦不爲替矣。

[1]陽源：袁淑。字陽源。

[2]王經：三國魏人，因高貴鄉公曹髦事爲司馬氏所誅。詳見
《三國志》卷四《魏書·三少帝紀》。

[3]韓子稱“人臣委質，心無有二”：韓子，韓非。《韓非子·
有度》云：“賢者之爲人臣，北面委質，無有二心。”